AS TEORIAS DA JUSTIÇA DEPOIS DE RAWLS

AS TEORIAS DA JUSTIÇA DEPOIS DE RAWLS
Um breve manual de filosofia política

Roberto Gargarella

Tradução
ALONSO REIS FREIRE

Revisão da tradução
ELZA MARIA GASPAROTTO

Revisão técnica
EDUARDO APPIO

SÃO PAULO 2020

Esta obra foi publicada originalmente em espanhol com o título
LAS TEORÍAS DE LA JUSTICIA DESPUÉS DE RAWLS
por Ediciones Paidós Ibérica, Barcelona, Espanha.
Copyright © 1999 by Ediciones Paidós Ibérica, S.A.
Copyright © 2008, Livraria Martins Fontes Editora Ltda.,
São Paulo, para a presente edição.

1ª edição *2008*
3ª tiragem *2020*

Tradução
ALONSO REIS FREIRE

Revisão da tradução
Elza Maria Gasparotto
Acompanhamento editorial
Luzia Aparecida dos Santos
Revisões
*Letícia Braun
Alessandra Miranda de Sá
Dinarte Zorzanelli da Silva*
Produção gráfica
Geraldo Alves
Paginação
Studio 3 Desenvolvimento Editorial

Dados Internacionais de Catalogação na Publicação (CIP)
(Câmara Brasileira do Livro, SP, Brasil)

Gargarella, Roberto
As teorias da justiça depois de Rawls : um breve manual de filosofia política / Roberto Gargarella ; tradução Alonso Reis Freire ; revisão da tradução Elza Maria Gasparotto ; revisão técnica Eduardo Appio. – São Paulo : WMF Martins Fontes, 2008. – (Biblioteca jurídica WMF)

Título original: Las teorías de la justicia después de Rawls.
Bibliografia.
ISBN 978-85-7827-007-0

1. Direito – Filosofia 2. Filosofia política 3. Justiça – Teoria 4. Rawls, John, 1921-2002 I. Título. II. Série.

07-6745   CDU-340.114

Índices para catálogo sistemático:
1. Justiça : Direito : Teoria   340.114

Todos os direitos desta edição reservados à
Editora WMF Martins Fontes Ltda.
*Rua Prof. Laerte Ramos de Carvalho, 133 01325.030 São Paulo SP Brasil
Tel. (11) 3293.8150 e-mail: info@wmfmartinsfontes.com.br
http://www.wmfmartinsfontes.com.br*

SUMÁRIO

Agradecimentos XI
Apresentação ao texto de Roberto Gargarella XIII
Introdução XIX

1. A teoria da justiça de John Rawls 1
   A "teoria da justiça" contra o utilitarismo 1
   O contratualismo rawlsiano 13
   Os traços distintivos da "teoria da justiça" 19
   O compromisso com a igualdade 26

2. A "teoria da justiça" como uma teoria insuficientemente liberal 33
   O Estado justificado 41
   Nozick contra o igualitarismo: justiça nas transferências 44
   Primeiras objeções à teoria das transferências justas... 48
   A teoria da aquisição justa. Da propriedade sobre si próprio à propriedade sobre os recursos externos .. 51
   A cláusula de Locke e a modificação proposta por Nozick 55
   A crítica à injustiça na apropriação 56
   Nozick poderia enfrentar seus críticos? Implicações de seu "princípio de retificação" 60

3. A "teoria da justiça" como uma teoria insuficientemente igualitária 63

As modificações sugeridas por Dworkin na teoria de
    Rawls... 65
As críticas de Sen a Rawls e Dworkin 72
G. A. Cohen e a crítica radical ao liberalismo de Rawls . 77
    As primeiras objeções à obra de Rawls 78
    Sobre o papel dos "incentivos" na teoria de Rawls.. 79
    Justiça na estrutura básica e justiça nas escolhas
        pessoais 83
A crítica feminista à teoria de Rawls 85

4. Marxismo analítico e teoria da justiça 103
    O que é o marxismo analítico 105
    Fundamentos e microfundamentos 107
    A questão da justiça 109
    Marx e a justiça 111
    A auto-realização como ideal 113
    A filosofia da história em Marx 115
    Teoria da revolução 117
    Exploração 122
    Quais são as alternativas? 125
        Renda básica universal 126
        Socialismo de mercado 130
    Alguns esclarecimentos finais 134

5. O embate comunitarista 137
    As principais críticas do comunitarismo ao liberalismo igualitário 137
    Comunitarismo e justiça 149
    Um balanço do debate comunitarismo-liberalismo .. 153
    Comunitarismo, liberalismo e "multiculturalismo" .. 158
    Sobre o fato de pertencer a determinada cultura 164
    A polêmica em torno dos direitos coletivos 169
    Direitos de minorias e "presença" institucional 172
    Direitos de minorias e representação democrática: a
        implementação de um sistema de "cotas" para
        grupos desfavorecidos 175

6. O republicanismo 183

Qual republicanismo?.. 183
As precondições da vida republicana......................... 190
O republicanismo contra o liberalismo 200
Republicanismo e comunitarismo 204
Um novo olhar sobre as relações entre republicanismo e liberalismo... 210
Algumas questões sobre o republicanismo 216

7. John Rawls, *O liberalismo político* e seus críticos . 223
Introdução 223
A questão da estabilidade perante o "fato do pluralismo razoável"... 225
O "consenso sobreposto".. 229
Razões públicas 236
As objeções feitas a LP.. 239
Críticas derivadas da busca de "estabilidade" para a teoria política da justiça 245

Bibliografia 249

Para aqueles que estão cansados de seu trabalho, e para os que não têm trabalho.

AGRADECIMENTOS

Alguns dos temas incluídos neste livro foram enriquecidos por discussões com professores e alunos na Universidade Di Tella e na Universidade de Buenos Aires. José Luis Martí e Víctor Ferreres, da Universidade Pompeu Fabra de Barcelona, e Germán Lodola, da Universidade de Buenos Aires, enviaram-me minuciosos, perspicazes e solidários comentários sobre uma primeira versão desta obra. Albert Calsamiglia e Neus Torbisco também me ajudaram, generosamente, com suas observações. Apresentei minhas conclusões sobre a relação feminismo-liberalismo igualitário em dois seminários, um orientado por Cass Sunstein e o outro, por Ronald Dworkin. Comecei a discutir minhas reflexões sobre o caráter "insuficientemente igualitário" do liberalismo de Rawls durante uma temporada em Oxford, sob a orientação do professor Joseph Raz e com a enorme ajuda de G. A. Cohen. Ambos foram muito amáveis em seus comentários e em suas indicações bibliográficas. O capítulo sobre republicanismo foi objeto de muitas correções, sobretudo após pertinentes sugestões de Eric Herrán e Andrés de Francisco. Anteriormente já tinha sentido necessidade de repensar algumas páginas iniciais desse capítulo, a partir de discussões desenvolvidas no seminário de Filosofia Política coordenado por Claudia Hilb, no Instituto Gino Germani. Uma versão um pouco modificada dessa parte sobre o republicanismo aparecerá em um livro editado por E. Herrán, sobre filosofia política contemporânea. Pude comentar o último capítulo, sobre os novos trabalhos de John Rawls, perante diversos (e muito eruditos) públicos: na Universidade de Oslo – graças, sobretudo, à valiosa ajuda de Andreas Follesdal; na Universidade de Alicante, diante do sólido grupo coordenado por Manuel Atienza; e na Universidade Central de Barcelona, por iniciativa do meu amigo Félix Ovejero. Uma versão desse capítulo foi publicada na revista *Doxa*, n.º 20 (1997). Nas *Doxa*, n.ºs 17-18 (1995), publiquei também um trabalho sobre marxismo analítico, que aqui aparece reproduzido em boa parte. Além disso, discuti trechos do capítulo sobre marxismo analítico na Universidade de Buenos Aires – principalmente em relação à proposta de renda do cidadão – e no CIEPP, junto com alguns excelentes colegas: Rubén Lo Vuolo, Laura Pautassi e Alberto Barbeiro. Sendo tão valiosas as contribuições que recebi, só posso atribuir à minha própria incapacidade qualquer falha que se evidencie nas páginas seguintes.

APRESENTAÇÃO AO TEXTO DE
ROBERTO GARGARELLA
*A BIOGRAFIA DE UM ERUDITO, escrita por rivais,
aliados e outros admiradores.*

    A obra e o pensamento do filósofo norte-americano John Rawls (1921-2002) representaram um verdadeiro divisor de águas na história do pensamento contemporâneo. Muito embora *A Theory of Justice** tenha sido publicado nos Estados Unidos em 1973, somente anos mais tarde a repercussão mundial de sua obra assumiu sua verdadeira dimensão. Com esse sentido, Roberto Gargarella não somente aloca o pensamento de Rawls como um (adequado) marco a partir do qual se torna possível revisitar o passado e ampliar as possibilidades futuras da filosofia política, como ainda confronta o próprio Rawls com algumas de suas obras posteriores, como por exemplo *Political Liberalism***, 2003. A verdadeira miríade de obras que centraram críticas no pensamento de Rawls somente evidencia a importância capital desse autor para todos os que estudam e trabalham com o Direito e a Filosofia Política. Bem por isso, Roberto Gargarella se lança em uma empresa que para a grande maioria dos juristas resultaria em uma verdadeira aventura de resultados improváveis, qual seja estabelecer as distinções entre as diversas teorias da justiça surgidas depois de Rawls. Para os que, como eu, já haviam tido o prazer de ter conta-

---

* Trad. bras. *Uma teoria da justiça*, São Paulo, Martins Fontes, 3.ª ed., 2008.
** Trad. bras. *Liberalismo político*, São Paulo, Ática, 2000.

to direto com os textos de Roberto Gargarella, até então não publicados em língua portuguesa, não foi nenhuma surpresa descobrir que o autor sai exitoso do desafio que impõe a si próprio. Através de uma linguagem direta e precisa, Roberto Gargarella consegue sintetizar todas as principais teorias da justiça surgidas a partir de Rawls, sem prejuízo da objetividade e elegância. A capacidade de síntese e de simplicidade de Roberto Gargarella é invejável e somente pode ser encontrada junto àqueles que possuem um completo domínio acerca da matéria versada. A convivência direta de Roberto Gargarella com expoentes da filosofia política nos Estados Unidos, tais como Cass Sunstein e Ronald Dworkin, fornece-lhe as credenciais de um guia seguro em uma incursão sobre a melhor tradição do chamado liberalismo norte-americano. Roberto Gargarella, após construir uma sólida carreira acadêmica internacional, não poderia ter sido mais feliz na escolha do tema, já que a obra de Rawls – a exemplo do que já havia sucedido com outros filósofos no passado – estabelece um novo paradigma no pensamento contemporâneo. A obra que a Martins Fontes Editora publica em língua portuguesa – e que tenho a honra de apresentar – mais do que um "breve manual de filosofia política" como modestamente o autor quer nos levar a crer no subtítulo do livro, consiste em um estudo de grande profundidade, sem contudo renunciar à simplicidade e objetividade dos argumentos. Estabelecer (com segurança) as distinções entre as diversas teorias da justiça surgidas a partir da obra de Rawls é um verdadeiro desafio técnico, já que as sutilezas que demarcam as obras dos autores referidos por Gargarella representam verdadeiro cipoal de idéias e concepções que nada mais são que o resultado de vidas inteiras dedicadas ao estudo e à reflexão. Em mãos menos hábeis que as de Roberto Gargarella o leitor poderia ser conduzido a uma confusa torre de babel da filosofia política. Ocorre exatamente o inverso, pois Gargarella consegue colocar a obra de Rawls como um ponto central a partir do qual o leitor se sente em confortável companhia para observar diversas teorias que simbolizam o melhor da capacidade intelectual do ser humano, qual seja o pluralismo de idéias. É fascinante observar, com Gargarella, como outros importantes autores conseguiram encontrar formas de expressão do próprio pensamento a partir da obra de Rawls, sem que isso implicasse um cansativo exercício de uma critica auto-referente. Bem por isso, Roberto Gargarella inicia esta obra tratando diretamente do compromisso histórico da obra *Uma teoria da justiça* de Rawls com o liberalismo igualitário e do repúdio ao utilitarismo (funcionalismo) que também irá marcar a obra de vários outros autores de grande expressão, como por exemplo Ronald Dworkin. Seria impossível falar das teorias que escolheram Rawls como um aliado/adversário sem que Gargarella deixasse de lado os dois princípios sobre os quais o autor norte-americano ancorou sua teoria da justiça, o princípio da igualdade e o princípio da diferença. Esses princípios buscam sintetizar uma verdadeira ambigüidade persistente na (notável) comunidade norte-americana, qual seja a busca de uma (justa) divisão de bens (sociais) em uma comunidade próspera sem que se aniquilem os fundamentos da livre iniciativa. Igualdade e liberdade. Liberalismo igualitário. Comunitarismo liberal. Conceitos que parecem verdadeiras contradições e que decorrem de sociedades marcadas pelo chamado pluralismo sem o qual as mais promissoras formas de expressão do pensamento humano seriam vazias tentativas na busca da civilidade. Já em um segundo momento, Roberto Gargarella, de forma brilhante, deixa muito claro ao leitor de seu prazeroso texto que se de um lado Rawls sofreu a crítica dos liberais conservadores – por conta de uma suposta insuficiência de sua teoria na proteção da liberdade – nem por isso os liberais igualitários o pouparam, por conta de uma suposta deficiência na defesa da igualdade. Já nesse momento o pensamento de Rawls servia como um verdadeiro paradigma a partir do qual se compreendia a realidade e se lançavam as bases filosóficas que deveriam orientar o comportamento político do ser humano em todas as suas esferas. Gargarella nos ensina que a teoria da justiça de Rawls muito embora simples em sua formulação – baseada em uma concepção otimista da condição humana – produziu efeitos complexos que conduziram o próprio Rawls a rever algumas de suas bases epistêmicas em obra posterior (*Liberalismo político*). Ainda assim, os principais fundamentos da teoria da justiça restaram intocados, até por fruto da interpretação que foi conferida à essa obra seminal de Rawls por parte dos autores que lhe sucederam. Não satisfeito com a competente narrativa acerca dos fundamentos da teoria da justiça de Rawls, Roberto Gargarella segue, então, rumo ao exame das diferentes teorias produzidas por diversos autores que vão desde o liberalismo conservador de Robert Nozick, passando pelo liberalismo igualitário de Ronald Dworkin (também com raiz em Rawls) para chegar a autores neomarxistas, como G. A. Cohen e Jon Elster. A essa altura o leitor já estará se perguntando – não em vão – à qual dessas múltiplas correntes o próprio Gargarella estará filiado? O autor, todavia, toma o prudente cuidado de se afastar de um debate precoce mais imediato acerca de suas próprias posições, vez que o objetivo declarado da obra consiste em fornecer ao leitor uma prazerosa viagem pelo universo da filosofia política contemporânea. Como todo bom (e competente) "biógrafo" também Gargarella se deixa seduzir pelo notável encanto da teoria da justiça de Rawls, bem como por sua capacidade de conciliar, através de uma doutrina inicialmente abrangente, princípios tão díspares como o igual acesso a bens e serviços a todos os cidadãos e o resgate dos vitimados pela "loteria natural". Em uma sociedade norte-americana tradicionalmente caracterizada como uma meritocracia, resta evidenciada a preocupação de Rawls com a natureza civilizatória da teoria política e do direito constitucional.

O texto de Roberto Gargarella encontra seu apogeu no debate entre liberais igualitários e comunitaristas, quando então um dos fundamentos da teoria da justiça rawlsiana é submetida a um teste de resistência teórica. Com esse sentido, Roberto Gargarella aponta que a teoria da justiça de

Rawls, segundo os comunitaristas, coloca seu acento tônico em um modelo de sociedade atomizada, ou seja, os indivíduos são considerados em sua singularidade e não enquanto simples membros de uma coletividade. Como recorda o próprio Gargarella no capítulo 5 do texto – ao tratar do "embate comunitarista" – "O 'atomismo' parte de uma análise sobre os indivíduos e seus direitos, aos quais atribui uma óbvia prioridade perante as questões 'sociais'. Defender uma postura atomista, segundo os comunitaristas, implica ignorar que os indivíduos só podem crescer e se auto-realizar dentro de certo contexto particular". Com esse sentido, a partir de uma leitura da teoria da justiça de Rawls, as políticas públicas formuladas pelos representantes eleitos pela população encontrariam barreiras no texto da própria Constituição, já que os direitos fundamentais se sobrepõem (sempre) aos desígnios da política. O princípio da "dissociabilidade das pessoas" em Rawls – ensina-nos Gargarella – resulta intocado mesmo após as críticas endereçadas por comunitaristas de renome, tais como Charles Taylor e Michael Sandel, uma vez que os liberais igualitários não aceitam a idéia de que alguns direitos individuais perecerão ante a busca do bem-comum. Nesse ponto do livro, resulta também claro o embate entre um modelo político de tradição anglo-saxã liberal com um sistema europeu (continental) de molde predominantemente comunitarista. O grau de intervenção judicial (não sem surpresa) é mais acentuado em países marcados pelo liberalismo ético, como uma verdadeira reação contra o eventual arbítrio das maiorias parlamentares, do que em países da Europa Continental, tais como Alemanha, Espanha e Itália, os quais compartilham de uma forte tradição comunitarista.

Com muita competência, Gargarella coloca Rawls no centro de diversos debates envolvendo as mais diferentes concepções contemporâneas de justiça e do papel do Estado, intensificando algumas das críticas que reputa (parcialmente) procedentes, mas sempre recordando que Rawls em momento algum se esquivou do debate em torno de sua teoria. O resultado desse passeio acadêmico é muito estimulante, já que, ao final do livro, o leitor de Gargarella está plenamente satisfeito, pois entrou em contato com os principais autores que (todos) nutrem uma paixão comum pelo debate em torno do papel atual da justiça em nossas sociedades. Não satisfeito em servir o leitor com um farto menu de opções argumentativas, todas inseridas em uma harmoniosa narrativa que consegue ser permanentemente lógica e interessante, Roberto Gargarella, já ao final de sua distinta obra, trata de outros dois temas de seminal importância para a teoria política. O primeiro deles é a atuação do Poder Judiciário e do próprio Estado ante as chamadas minorias, em um ambiente de crescente multiculturalismo e globalização. O segundo consiste em retratar as bases do republicanismo e os pontos de convergência com o próprio liberalismo de Rawls. Em ambos os casos, Gargarella reconhece a teoria da justiça de Rawls como apta a atender as minorias, em face das quais o Estado não pode (não deve) silenciar, bem como ao mais sincero sentido republicano, a partir da interpretação que ele (Gargarella) fornece acerca da teoria de Rawls. Com esse sentido, sai também a teoria de Rawls fortalecida pelo debate e o leitor atento percebe que ele (Gargarella) também acaba (se) expondo ao final de seu "manual de filosofia política" ao nos brindar com sua própria concepção e teoria da justiça. Ao estabelecer um canal possível de convivência entre liberalismo, comunitarismo e republicanismo, Roberto Gargarella mostra a todos os seus leitores que é uma expressão acadêmica com luz própria no contexto internacional da filosofia política... um dos legítimos herdeiros da obra e do pensamento do próprio Rawls. Impossível não sucumbir ao seu talento e ao prazer propiciado pela leitura desta obra.

Curitiba, dezembro de 2007

Eduardo Appio
Pós-Doutor em Direito Constitucional pela UFPR

INTRODUÇÃO

Neste trabalho, teremos por objeto analisar a "teoria da justiça" de John Rawls e algumas das discussões que surgiram (ou se renovaram) a partir dessa obra*. A idéia deste texto é dar uma olhada nos mencionados debates até chegar ao último livro de Rawls, relacionado ao "liberalismo político". Por meio dessa análise, poderemos avaliar as mudanças provocadas por Rawls em outros autores (e em outras concepções sobre a justiça), bem como as mudanças induzidas pelos críticos da "teoria da justiça" sobre a própria obra de Rawls.

A primeira parte deste trabalho refere-se à teoria original de Ralws, e a algumas das principais críticas que ela recebeu. Esta parte é encabeçada por uma introdução à "teoria da justiça", na qual também se discutem as concepções teóricas às quais ela se opôs (especialmente a concepção utilitarista). Na seção dedicada a seus críticos, serão apresentados os trabalhos de alguns autores radicalmente contrários ao "liberalismo igualitário" de Rawls, bem como os de outros, preocupados, digamos assim, em aperfeiçoar a "teoria da justiça" até transformá-la em uma postura menos vulnerável ante potenciais críticos. Contudo, existem diversos estudos críticos importantes contra a "teoria da justiça" (fato

---
* Trad. bras. *Uma teoria da justiça*, São Paulo, 3ª ed., 2008.

que nos revela menos a quantidade de dificuldades ou erros em sua teoria, que a atração que ela soube despertar). Aqui, só tratarei de alguns deles. Os autores que escolhi – no meu entender – são reconhecidos tanto pela importância de suas objeções aos textos de Rawls quanto pelo interesse despertado por suas próprias propostas.

Os críticos de Rawls serão apresentados em dois grupos. Por um lado, trataremos daquela postura segundo a qual a "teoria da justiça" é insuficientemente "liberal", a ponto de não respeitar de todo o ideal característico que regula o liberalismo: o ideal da autonomia. Dentro dessa linha de objeções, provenientes do liberalismo conservador, tomarei como caso paradigmático (obviamente) o trabalho de Robert Nozick. Como se sabe, Nozick foi responsável por apresentar uma das primeiras e mais influentes críticas escritas até o momento contra a "teoria da justiça". Para poder examinar as observações de Nozick de forma adequada, vou englobá-las em uma apresentação mais geral de sua própria postura.

Por outro lado, veremos as objeções de outro grupo de autores que afirmam que a teoria de Rawls é insuficientemente "igualitária". De uma forma ou de outra, para todos eles a "teoria da justiça" mostra-se, enfim, muito pouco interessante quanto a uma de suas principais pretensões: a de determinar de que modo as instituições devem se organizar para que as pessoas não acabem prejudicadas por questões alheias a sua responsabilidade. Não havendo um único autor que resuma com seu trabalho as diversas reações geradas pelo igualitarismo rawlsiano, examinarei uma variedade dessas críticas.

Por meio dos trabalhos de Ronald Dworkin, Amartya Sen e Gerald Cohen, poderemos examinar principalmente alguns dos mais notáveis esforços destinados a aperfeiçoar o igualitarismo de Rawls. Mediante as observações de Dworkin, veremos uma tentativa de mitigar algumas aparentes imprecisões na "teoria da justiça". Essas imprecisões apareceriam no modo como tal teoria propõe distinguir

INTRODUÇÃO XXI

aquelas "circunstâncias" que devem ser consideradas irrelevantes de um ponto de vista moral daquelas "escolhas" pelas quais os indivíduos devem ser responsabilizados. Por outro lado, através do trabalho de Sen, veremos uma tentativa de chamar a atenção sobre fatores que o igualitarismo de Rawls parece deixar de lado, quando propõe igualar as pessoas no acesso a certos bens fundamentais (os "bens primários"). Para Sen, essa proposta implica concentrar-se indevidamente nos "meios" que utilizamos para conseguir liberdades (o que demonstra – em sua opinião – um "fetichismo" pelos "bens primários"), sem se preocupar com a forma variada como diferentes pessoas podem aproveitar tais meios. Pelo terceiro caso citado, o de Gerald Cohen, conheceremos um severo ataque contra o que Rawls reconhece como desigualdades moralmente admissíveis, ou seja, aquelas desigualdades que (aparentemente) podem contribuir para melhorar a condição dos membros menos favorecidos da sociedade. Segundo Cohen, tais desigualdades – autorizadas pela "teoria da justiça" – são incoerentes com as bases distintivas da própria proposta de Rawls.

Finalmente, exploraremos um particular ataque, mais radical e mais global à obra de Rawls, proveniente do pensamento feminista. Concentrarei minha atenção especialmente no trabalho de uma feminista radical, Catharine MacKinnon, que refuta o trabalho de autores como Rawls, enquanto expressão de um liberalismo "individualista", "atomista" e "abstrato" demais para poder compreender e satisfazer as necessidades do grupo das mulheres[1].

---

1. Uma das omissões mais importantes que se poderiam atribuir a este texto tem a ver com o que poderíamos chamar estudos "pós-modernistas" – nome esse que costuma agrupar uma grande diversidade de estudos radicalmente críticos do liberalismo. As razões para não me ocupar dessa linha de trabalho são várias, mas a principal vincula-se ao seguinte fato: por mais proveitosa que possa ser a crítica que oferece, o pensamento "pós-modernista" distingue-se justamente pela rejeição à pretensão de elaborar uma teoria da justiça. Meu trabalho, em contrapartida, visa analisar a evolução das teorias da justiça após a publicação do primeiro livro de Rawls.

Na segunda e última parte deste trabalho, analisaremos o impacto produzido pela teoria de Rawls sobre outras teorias igualmente ambiciosas em suas pretensões: o marxismo, o comunitarismo e o republicanismo. A distinção entre esta segunda parte e a primeira, deve-se advertir, não é rígida: representa uma simples tentativa de dar conta, de algum modo, da influência exercida pela "teoria da justiça" no pensamento filosófico-político contemporâneo. Nesse caso, o principal interesse é mostrar de que modo a teoria original de Rawls obrigou a repensar certas discussões já existentes no âmbito da filosofia política.

A primeira teoria analisada será o marxismo. É claro que seria falso afirmar que a teoria de Rawls forçou uma revisão geral do que poderíamos chamar teoria marxista. Contudo, é indubitável que o aparecimento dessa teoria ajudou muitos autores de raiz marxista a começar a repensar a plausibilidade de muitas das hipóteses das quais partiam. O surgimento da corrente denominada "marxismo analítico" constitui uma prova do que foi assinalado. Em particular, os trabalhos de alguns dos membros mais notáveis da citada corrente (em especial, os trabalhos de Jon Elster e os do já mencionado Gerald Cohen) evidenciam, explicitamente, a influência dos textos de Rawls tanto no surgimento de um grupo como esse quanto no particular enfoque desenvolvido por esses autores.

Em segundo lugar, examinaremos alguns trabalhos provenientes da (assim chamada) corrente teórica comunitarista. O comunitarismo, como veremos, representa o renascimento, nos anos 1980, das críticas de origem hegeliana contra o liberalismo kantiano. Esse comunitarismo renovado de fim de século aparece, em grande parte, em resposta ao principal trabalho de Rawls. Os comunitaristas (na realidade, uma diversidade de autores mais vinculados por sua visão crítica que por suas propostas particulares) reagem contra o que reconhecem como uma teoria fundamentalmente kantiana, em sua forma e aspirações. Contrapõem-se decididamente ao trabalho de Rawls (e, por meio dessas críticas, a uma variedade de trabalhos teóricos afins) em seu "atomismo"; na concepção da pessoa implícita nele; em sua pretensão, tipicamente liberal, de distinguir entre o privado e o público (o pessoal e o político); e (derivado disso) em sua tentativa de afirmar a neutralidade do Estado quanto a concepções do bem. Depois nos dedicaremos ao exame de uma série de estudos relacionados com a visão comunitarista, e hoje agrupados sob o título comum de "multiculturalismo". Esses estudos destacam-se por chamar a atenção sobre a característica pluricultural de muitas sociedades modernas, e por analisar o impacto que esse "novo" fato deve ter na elaboração de uma teoria da justiça.

Finalmente, analisaremos as renovadas contribuições teóricas e críticas provenientes do pensamento republicano. O republicanismo voltou à cena principal da filosofia política (de onde parecia ausente) por meio do trabalho de uma variedade de autores críticos da obra de Rawls. Vinculado ao comunitarismo, mas ainda afim com o pensamento liberal (pelo menos em alguns de seus principais nomes, como Cass Sunstein ou Frank Michelman), o trabalho dos (neo-)republicanos voltou a chamar a atenção sobre a importância de "cultivar" certas virtudes cívicas, para assegurar maior participação do cidadão na política e, assim, satisfazer melhor o ideal de uma comunidade de indivíduos no controle de suas próprias vidas.

No último capítulo deste trabalho, apresenta-se um breve resumo do último livro de Rawls, *Political Liberalism* [*Liberalismo político*] – um livro no qual o filósofo dá conta (direta ou indiretamente) de muitas das críticas assinaladas anteriormente. Em grande parte, Rawls coloca-se ali como mais um crítico da "teoria da justiça", e a refuta tanto em seu conteúdo quanto em suas pretensões originais. Segundo Rawls, sua teoria – tal como aparecia formulada inicialmente – podia ser descrita como uma doutrina "abrangente" (enquanto incorporava ideais de virtude pessoal) e, nesse sentido, difícil de defender publicamente: no contexto moderno de sociedades caracterizadas por "um pluralismo de doutrinas incompatíveis entre si, mas, mesmo assim, razoáveis", sua teoria não se mostrava capaz de servir ao fim que agora pretende para ela, ou seja, atuar como plataforma para um acordo político estável, relacionado ao modo de usar a coerção estatal. A apresentação do novo trabalho de Rawls é acompanhada de uma variedade de análises críticas sobre ele, surgidas assim que foi publicada a nova obra.

Fechado esse círculo em torno dos trabalhos de Rawls – um círculo que se estende desde a publicação da "teoria da justiça" até seus estudos sobre "o liberalismo político" –, deverá ficar para nós um panorama mais ou menos completo sobre o modo como têm evoluído, contemporaneamente, os estudos sobre a justiça. Em tal evolução – como veremos –, Rawls tem sido o principal protagonista, tanto por sua particular "teoria da justiça" como a partir das discussões geradas por ela e pelas críticas que o próprio Rawls fez de sua teoria original.

Capítulo 1
A teoria da justiça de John Rawls

Nesta primeira seção, examinarei a "teoria da justiça" de John Rawls. Buscando atingir esse objetivo, descreverei com certo detalhe o conteúdo da teoria rawlsiana, mostrarei por que ela é considerada uma postura "contratualista" e tentarei chamar a atenção para o forte igualitarismo nela implícito. Antes de encarar essa tarefa, entretanto, me dedicarei a analisar a teoria utilitarista – que a "teoria da justiça" se propôs enfrentar.

A "teoria da justiça" contra o utilitarismo

As instituições básicas da sociedade – afirma Rawls – não devem se distinguir apenas por serem organizadas e eficientes: elas devem ser, sobretudo, justas. E, se não forem, então deverão ser "reformadas ou abolidas"[1]. A partir desse tipo de critério (que o leva a caracterizar a justiça como a "primeira virtude das instituições sociais"), Rawls orienta boa parte de seu trabalho para responder à pergunta sobre quando podemos dizer que uma instituição funciona de modo justo.

Procurando dar respostas a perguntas como a citada, a teoria de Rawls surgiu disputando um lugar já ocupado por

---

[1]. Rawls (1971), cap. 1.

outras concepções teóricas. De fato, Rawls define como principal objetivo de sua obra "elaborar uma teoria da justiça que seja uma alternativa viável a doutrinas que dominaram por muito tempo nossa tradição filosófica"[2]. As doutrinas rivais às quais se refere esse autor são o intuicionismo e, sobretudo, o utilitarismo. A seguir, e antes de passar diretamente à análise da "teoria da justiça", me dedicarei a examinar essas duas concepções rivais para determinar por que Rawls não estava satisfeito com os resultados sugeridos por nenhuma delas. Caracterizarei resumidamente o intuicionismo – um rival relativamente fraco perante a proposta de Rawls – e depois examinarei com mais detalhes a postura utilitarista, que constituiu o verdadeiro "fantasma" contra o qual Rawls combateu ao longo de toda sua "teoria da justiça".

Poderíamos caracterizar o intuicionismo – e de acordo com a descrição apresentada sobre ele pelo próprio Rawls – por meio de duas marcas principais. Por um lado, essa postura teórica afirma a existência de uma pluralidade de princípios de justiça, capazes de entrar em conflito uns com os outros[3]. Por outro lado, essa postura considera que não contamos com um método objetivo capaz de determinar, em caso de dúvidas, qual princípio escolher entre os muitos que existem, ou como estabelecer regras de prioridade entre eles. A única coisa que podemos fazer ante tal variedade de princípios, portanto, é avaliá-los de acordo com nossas intuições, até determinar qual princípio nos parece mais adequado em cada caso. Rawls opõe-se ao intuicionismo a partir do que considera a falha mais óbvia dessa postura: sua

---

2. Ibid.
3. Como afirma Jonathan Dancy, em certo momento o intuicionismo era sinônimo de "pluralismo" de princípios morais. Um pluralista desse tipo, por exemplo, enfrentaria uma postura como a que (segundo veremos) defende o utilitarismo, que nos revela a existência de um único princípio moral a defender (o princípio da maior utilidade geral). Recentemente, e a partir de trabalhos como os de W. Ross ou H. Prichard, o intuicionismo começou a ser associado a outros tipos de características, como as que veremos a seguir. Dancy (1991).

incapacidade de propor um sistema de regras capaz de hierarquizar nossas intuições (sobre qual princípio de justiça adotar em determinada situação), no caso habitual de serem gerados conflitos entre elas. Este é um problema típico dessa postura, que se soma a outros mais ou menos óbvios e também significativos: o intuicionismo não nos oferece uma boa orientação para distinguir intuições corretas de incorretas, nem nos esclarece muito como distinguir uma intuição de uma mera impressão ou palpite. De qualquer maneira – reconhece Rawls –, em nossas reflexões sobre a justiça não podemos almejar eliminar todo apelo a princípios intuitivos. Em todo caso, deveremos tentar recorrer a eles o mínimo possível. Daí que – e conforme veremos – Rawls procura escapar dos riscos próprios do intuicionismo, mas admite, ao mesmo tempo, a necessidade de reconhecer um lugar importante para nossas intuições, na tarefa de buscar uma teoria sobre a justiça[4].

Passemos agora à outra doutrina – o utilitarismo – que Rawls discute, definindo-a simplesmente como aquela postura que considera um ato como correto quando maximiza a felicidade geral. Já nessa primeira e muito básica formulação, o utilitarismo aparece (ao mesmo tempo) como mais e menos atraente que o intuicionismo. De fato, e por um lado, o utilitarismo possui um método capaz de organizar diferentes alternativas perante possíveis controvérsias morais (como dissemos, a melhor opção, de acordo com o utilitarismo, é a que mais contribui para o bem-estar geral). O intuicionismo, em contrapartida, não tem essa capacidade. Entretanto, Rawls tende a rejeitar o utilitarismo em seu aspecto de concepção "teleológica" ou "conseqüencialista" – característica esta não necessariamente associada ao intuicionismo. Rawls, como muitos outros liberais, defenderá uma concepção não-conseqüencialista ("deontológica"), isto é, uma concepção segundo a qual a correção moral de um ato depende das qualidades intrínsecas dessa ação – e não, como

---

4 Ver, mais adiante, a noção de "equilíbrio reflexivo" utilizada por Rawls.

ocorre nas posturas "teleológicas", de suas conseqüências, de sua capacidade para produzir certo estado de coisas previamente avaliado[5].

Muito além dessas breves considerações iniciais – que revelam alguns problemas e virtudes comumente associados ao intuicionismo e ao utilitarismo –, deve-se reconhecer que o desafio teórico representado pelo utilitarismo tem sido, em geral, muito mais sério que o representado pelo intuicionismo. De fato, implícita ou explicitamente, muitos de nós tendemos a favorecer soluções utilitaristas quando temos dúvidas sobre como decidir algum dilema moral. Por exemplo, tendemos a preferir as decisões que beneficiam uma maioria de pessoas quando não sabemos como decidir um certo caso; tendemos a considerar como aceitáveis aquelas políticas orientadas a promover o bem-estar geral. Agimos de modo "conseqüencialista" quando, com a finalidade de avaliar determinado curso de ação, examinamos o modo como tal ação contribui para a obtenção de um certo estado de coisas que consideramos intrinsecamente bom. E o utilitarismo representa uma espécie notável dentro desse gênero de soluções conseqüencialistas.

Quais poderiam ser as razões que explicam o interesse despertado pelo utilitarismo? Antes de mais nada, cabe ressaltar o fato de que o utilitarismo nos sugere que – em casos de dúvidas sobre qual política adotar perante determinado conflito de interesses – avaliemos as distintas alternativas em jogo, considerando os interesses dos diferentes indivíduos que poderiam ser beneficiados ou prejudicados a partir de tais opções. Esse fato isolado merece ser destacado, considerando-se que outras concepções de justiça, por meio da

---

5. Se assumirmos que toda teoria ética é composta de duas partes, uma teoria do bem – qual é ou quais são os bens valiosos – e uma teoria do que é correto – o que devemos fazer –, o "conseqüencialismo" subordina a teoria do correto à teoria do bem: *deve-se* fazer aquilo que maximize o bem (no caso do utilitarismo, *deve-se* maximizar o bem-estar geral). O "deontologismo", por outro lado, considera que o correto é independente do que é bom e, além disso, considera que o correto tem primazia sobre o que é bom.

invocação de princípios abstratos ou autoridades sobrenaturais, não se importam com o que suas propostas podem implicar efetivamente para as pessoas "reais" sobre as quais irá recair a solução que discutem. Assim, ante a proposta de censurar certos tipos de comportamento – digamos, o consumo de álcool ou a difusão de determinadas idéias –, o utilitarismo nos incitará à pergunta: Por que adotar tal curso de ação? Que pessoa será de fato afetada ou beneficiada com essa decisão? Por que censurar tais condutas, se elas não prejudicam ninguém? Essa visão peculiar – que toma como ponto de referência a condição dos indivíduos "reais", de "carne e osso" – situa o utilitarismo como uma postura de forma geral interessante, pelo menos ante alternativas que parecem adotar cursos de ação contrários ao descrito.

Por outro lado, o utilitarismo é interessante porque não prejulga os desejos e preferências dos diferentes indivíduos cuja situação está em jogo: na hora de elaborar suas propostas, o utilitarismo (pelo menos alguma versão interessante dele) sugere considerar as preferências de cada um dos possíveis afetados, independentemente do conteúdo específico das reivindicações particulares de cada um deles. Por exemplo, na hora de pensar - digamos – em como organizar a economia da sociedade, uma proposta destinada a orientá-la segundo preceitos socialistas ficará em pé de igualdade com outra destinada a organizar um sistema de mercado livre. Do mesmo modo, e para dar outro exemplo, uma solicitação para manter o meio ambiente livre de impurezas contará tanto quanto a do empresário que proponha privilegiar o crescimento industrial, inclusive a despeito dos custos ambientais que isso envolve. O utilitarismo não deixará de fora nenhuma dessas solicitações. Em contrapartida, nos obrigará a perguntar: Qual é a proposta que satisfaz maior número de interesses? Com esse tipo de atitudes, livres de preconceitos, o defensor do utilitarismo parece marcar outro ponto a seu favor. De qualquer modo, o utilitarismo vai ainda mais além do critério recém-indicado:

sua proposta pretende mostrar-se "cega" (livre de preconceitos) não só ante o conteúdo das diferentes solicitações em disputa, como também em relação aos específicos titulares desses desejos ou interesses. Nesse sentido, não importará se quem propõe certa medida é dessa ou daquela religião, dessa ou daquela ideologia. A decisão sobre qual política deverá ser adotada também prescindirá, em princípio, desse tipo de considerações.

Quanto aos pontos antes mencionados, convém citar um novo e (aparentemente) decisivo argumento a favor do utilitarismo, que é o seu caráter (*prima facie*) igualitário. Para muitos autores liberais, como Ronald Dworkin, o igualitarismo dessa postura representa o dado mais interessante dela. Esse alegado igualitarismo surge do fato de que o utilitarismo – em sua pretensão de maximizar o bem-estar geral – tende a considerar como iguais as diferentes preferências em jogo perante determinado conflito de interesses. Para dar um exemplo extremo, em uma sociedade cuja maioria dos habitantes prefere utilizar os recursos existentes para distribuí-los entre os mais pobres, enquanto o grupo restante – mais rico – prefere construir campos de golfe, o utilitarismo privilegiará, obviamente, a pretensão da maioria. A maximização do bem-estar parece requerer o reconhecimento dessa demanda majoritária para existir, e, independentemente de seu conteúdo ou do *status* específico de quem a solicita. Nesse sentido, o utilitarismo revela seu estrito compromisso igualitário: não há ninguém cujas preferências importam mais que as dos demais quando se trata de reconhecer qual preferência consegue centralizar maior respaldo social.

Finalmente (e seguindo o próprio Rawls), poder-se-ia acrescentar o seguinte: em seu habitual recurso a cálculos de custos e benefícios (Quantos são beneficiados com tal medida? Quantos ficam prejudicados?), o utilitarismo efetua uma operação que todos nós tendemos a fazer em nossos raciocínios cotidianos: todos nós achamos razoável, quando pensamos sobre nossas próprias vidas, recorrer à realização de balanços que podem acabar na aceitação de certos sacrifícios presentes em prol de maiores benefícios futuros. Para esclarecer o que digo, considere-se o exemplo da pessoa que vai a um dentista ou que aceita submeter-se a uma operação dolorosa. Todos nós achamos racional essa aceitação de custos no presente em prol de vantagens futuras. E esse é, em suma, o tipo de cálculo que especificamente distingue o utilitarismo.

Até aqui temos, então, uma série de argumentos que nos ajudam a ver o utilitarismo como uma postura, a bem dizer irrepreensível. No entanto, a verdade é que cada uma das considerações apresentadas a favor do utilitarismo parece ter uma outra face pouco atraente, fato esse que terminará mostrando-nos o utilitarismo como muito menos interessante do que parecia até agora.

Comecemos esse reexame do utilitarismo a partir da última consideração mencionada, segundo a qual o utilitarismo simplesmente reproduz, em uma escala "social", nossa tendência a aceitar certos sacrifícios presentes, com o objetivo de obter maiores benefícios no futuro. Rawls, por exemplo, faz referência a esse tipo de estratégia de cálculo para mostrar um dos aspectos mais objetáveis do utilitarismo. De fato, a idéia de Rawls é que deveríamos rejeitar certo tipo de cálculos, que poderíamos considerar aceitáveis no nível pessoal, quando são passados para uma pluralidade de indivíduos. No nível pessoal pode ser razoável aceitar determinados sacrifícios – a dor que uma injeção nos causa – em prol de benefícios imediatos – reduzir uma dor infinitamente maior em outra parte do corpo. No entanto, no nível social teríamos razões para considerar inaceitável, por exemplo, o desejo de impor sacrifícios às gerações presentes em prol de benefícios para gerações futuras. Poderíamos rejeitar razoavelmente, mais ainda, a pretensão de impor graves sacrifícios a determinado setor da sociedade com o único objetivo de melhorar o nível de vida dos demais. Nessa observação formulada por Rawls reside uma das críticas mais interessantes que o utilitarismo recebeu: o utilitarismo tende a ver a sociedade como um corpo, no qual é possível sacrificar algumas partes em virtude das restantes. E essa operação pode ser tachada de ilegítima porque desconhece (o que Rawls denomina) a independência e dissociabilidade entre as pessoas: o fato de que cada indivíduo deve ser respeitado como um ser autônomo, distinto dos demais e tão digno quanto eles. Esse exercício "globalizante", próprio do utilitarismo, nos revela uma operação que requer, pelo menos, uma especial e muito sólida justificação adicional.

Contra o utilitarismo, Rawls contesta também o pressuposto segundo o qual o bem-estar é o aspecto da condição humana que requer atenção normativa. E critica isso por dois motivos. Por um lado, essa perspectiva implica, indevidamente, considerar relevantes o que poderíamos chamar os "gostos caros" das pessoas. Rawls dá o exemplo, então, de uma pessoa que se considera satisfeita com uma dieta à base de leite, pão e grão-de-bico, perante outra que exige pratos exóticos e os vinhos mais caros. Uma postura como o utilitarismo do bem-estar deverá, *ceteris paribus,* dotar a última de mais recursos que a primeira, para evitar que aquela obtenha menor satisfação final que a que se conforma com a dieta mais modesta. Contudo – destaca Rawls – isso implicaria considerar os indivíduos como meros "portadores passivos de desejos"[6]. O fato é que, pelo contrário, as pessoas são pelo menos parcialmente responsáveis pelos gostos que têm: elas formam e cultivam, em parte, suas preferências. Por isso, seria injusto empregar os escassos recursos da sociedade do modo recomendado pelo utilitarismo. Essa também é a razão pela qual Rawls vai defender (como veremos) uma medida objetiva (os "bens primários"), e não subjetiva, na hora de determinar como distribuir os recursos da sociedade de modo justo, igualitário[7].

---

6. Rawls (1971), pp. 30-1.

7. Amartya Sen também menciona a implausibilidade de lidar com estados mentais subjetivos no cálculo da justiça. Em sua opinião, considerar esses estados subjetivos é moralmente questionável quando parece claro que, por

Por outro lado, Rawls critica o utilitarismo por possibilitar o que poderíamos chamar preferências ou gostos "ofensivos". Com isso quer dizer que, no "cálculo" proposto pelo utilitarismo, pode ser computado, por exemplo, o prazer que uma pessoa tenha de discriminar outra ou de restringir a liberdade de outros. De uma perspectiva igualitária, diria Rawls, essas preferências deveriam ser condenadas, e não, em contrapartida, "aceitas tal como são". Dworkin fez uma crítica semelhante contra esse ponto.

Nesse sentido, Dworkin procura mostrar como o utilitarismo acaba frustrando sua promessa igualitária original. O argumento de Dworkin baseia-se na idéia das preferências "externas", isto é, preferências sobre a destinação de bens para outras pessoas (digamos, sobre os direitos e oportunidades que outras pessoas deveriam gozar)[8]. A idéia é que o

---

exemplo, em contextos de severas privações, as pessoas tendem simplesmente a renunciar a muitas de suas preferências mais básicas, para começar a aceitar como desejáveis as modestas alternativas que têm a seu alcance. Como disse Cohen: "[O] fato de que uma pessoa tenha aprendido a viver com a adversidade, e a sorrir com coragem, enfrentando tal situação, não deveria invalidar sua reivindicação por compensação" [ver Cohen (1989), p. 941. Do mesmo modo, Sen, (1992) cap. 4]. Mais uma crítica, também relevante, é apresentada por Dworkin, em relação ao que chama "concepções dependentes" – concepções dependentes de certos resultados. Para uma "concepção dependente", por exemplo, o melhor sistema institucional seria aquele que fosse "mais capaz de produzir as decisões e resultados substanciais que tratem os membros da comunidade com igual consideração". Note-se, por exemplo, que essa concepção defenderia o sufrágio universal ou a liberdade de expressão, simplesmente porque contribuem para a conquista de certos objetivos substanciais. Por isso, caberia dizer que, apesar da atração inicial que possam despertar, essas concepções são inaceitáveis. Nesse caso, seria possível chegar a considerar que uma ditadura deve ser bem-vinda enquanto contribuir para a obtenção de objetivos preestabelecidos como valiosos. Para Dworkin, uma concepção institucional mais plausível seria aquela que avalia os diferentes arranjos a partir de seus traços procedimentais: a pergunta que devemos formular é se o sistema em questão distribui o poder político de modo igual, em vez de uma pergunta sobre os resultados que promete produzir. Ver Dworkin (1987 e 1990).

8. Dworkin menciona o argumento das preferências externas nos capítulos 9 e 12 (1977) [trad. bras. *Levando os direitos a sério*, São Paulo, Martins Fontes, 2002] e também nos capítulos 8 e 17 (1985), [trad. bras. *Uma questão de princípios*, São Paulo, Martins Fontes, 2001].

utilitarismo deixa de se apresentar como uma postura igualitária quando – em sua aspiração de manter-se neutra em relação ao conteúdo das preferências de cada um – permite que entrem no "cálculo maximizador" preferências externas – e não exclusivamente preferências pessoais, isto é, preferenciais relativas aos bens que reivindico para mim. Suponham-se, por exemplo, as preferências de grupos racistas que querem que certos grupos (tal como pessoas que não pertencem à raça ariana) não sejam tratadas em pé de igualdade com os demais grupos. Ou suponham as preferências dos católicos que solicitam que membros dos outros cultos não sejam tratados com igual consideração que os católicos[9]. Segundo Dworkin, o único modo de o utilitarismo poder assegurar o mesmo respeito a cada indivíduo é por meio da incorporação de um conjunto de *direitos*, capazes de se impor a reivindicações majoritárias baseadas em preferências externas como as mencionadas. Os direitos funcionariam como limites destinados a impedir que alguma minoria sofra desvantagens na distribuição de bens e oportunidades pelo fato de uma maioria de indivíduos pensar que aqueles poucos são merecedores de benefícios menores que os recebidos pela maioria.

Observações como as destacadas nos mostram como o utilitarismo não cumpre suas promessas originais. Na verdade, o utilitarismo não nos apresenta uma alternativa atraente (como parecia fazer) quando afirma que não prejulga nem o conteúdo de determinadas preferências nem seus específicos titulares. Os exemplos que vimos (o caso, por exemplo, das preferências racistas) sugerem-nos que existem boas razões para sermos mais cuidadosos quanto àquela neutralidade, falta de preconceitos ou "cegueira" defendida pelo utilitarismo. Perante casos como os citados, é realmen

---

9. Convém salientar que a crítica de Dworkin sobre as preferências externas abrange tanto as preferências de tipo racistas ou moralistas, como as citadas, quanto as preferências altruístas, que são afetadas por falhas idênticas às das anteriores. Ver Dworkin (1977).

te razoável a sugestão de considerar em pé de igualdade uma proposta racista e uma que não é? Ou será que um sistema institucional justo deveria procurar "limpar" ou deixar de lado determinadas preferências por meio, por exemplo, do estabelecimento de uma lista de direitos?[10] Autores como Rawls e Dworkin propendem, digamos assim, para opções como esta última. Poderíamos acrescentar ao que foi mencionado o seguinte: o utilitarismo não parece garantir-nos genuinamente aquilo que nos prometia, ao afirmar que as distintas soluções em jogo deveriam ser avaliadas a partir do impacto que elas causassem nos próprios indivíduos. O interessante dessa proposta consistiria em tomar como ponto de partida os sujeitos "reais", em vez de partir de meras abstrações que desconsiderassem a situação deles. Mas agora vemos de que modo o utilitarismo vem a ser perfeitamente compatível com a produção de certas violações de direitos (os direitos de uma minoria), em nome do bem-estar geral – em nome do bem-estar majoritário.

De modo semelhante, chamou-se a atenção para o fato de que o utilitarismo, ao considerar as diferentes preferências em jogo "tal como são dadas" (algo que, em princípio, parecia plausível, visto que implicava negar a possibilidade de alguém vir a dizer-nos quais preferências merecem ser consideradas e quais não), não procede da forma moralmente mais recomendável. Ao considerar as preferências de cada um como preferências "dadas", o utilitarismo prescinde do fato de que muitas dessas preferências possam ter uma origem questionável – algo que poderia levar-nos, pelo me-

---

10. No entanto, alguém poderia dizer, como é típico, que o utilitarismo pode escapar dessa acusação por meio de uma de suas principais vertentes, o utilitarismo de regras (que prescreve que o cálculo de utilidade não deve ser feito em *cada* ato ou decisão que enfrentamos, mas exclusivamente em relação a certas regras básicas destinadas a reger os destinos da sociedade – por exemplo, uma regra que proíbe o homicídio ou a discriminação racial como forma de promover o bem-estar geral). De qualquer modo, costuma-se contestar que, com essa escapatória, o utilitarismo chega às conclusões adequadas, porém por meio de razões inadequadas. Ver, a respeito, Kymlicka (1990), cap. 1.

nos, a considerá-las com mais cautela. Suponham-se, por exemplo, as preferências de mulheres, às quais foi ensinado, durante décadas, talvez séculos, que são inferiores aos homens; as preferências das pessoas negras, educadas durante gerações para servir a seus amos brancos. Obviamente, esse problema nos abre as portas para o gravíssimo tema da "falsa consciência", com todas as suas inalteráveis derivações – ou seja, quem deveria determinar quais preferências são "genuínas" e quais não são? De qualquer maneira, existem bons estudos que nos mostram a possibilidade de um sistema institucional tentar "limpar" as distintas preferências em jogo sem precisar instituir, por essa razão, um sistema "elitista" (no qual alguns "iluminados" decidam sobre o destino das preferências dos demais)[11].

Esse tipo de crítica ao utilitarismo (e sua inadequada tendência a considerar as preferências de cada um como "dadas") pode ser acompanhada de outras semelhantes, como a seguinte: muitas vezes, o que uma pessoa prefere pode ser contraditório em relação àquilo que seria mais valioso para ela, e isso não por ter-se "adaptado" ou "resignado" a situações injustas, mas, simplesmente, por causas tais como a ausência de uma informação empírica adequada. Outra vez, essa observação não nos leva, necessariamente, à absurda recomendação de desconhecer as preferências dos indivíduos (perante sua possível pobreza de informações). A bem dizer, o que foi mencionado nos alerta sobre a necessidade de considerar as preferências em questão com mais cuidado, para, por exemplo, recomendar o projeto de um sistema institucional orientado para seu enriquecimento.

Por fim, convém apresentar uma nova objeção, também sugerida por Rawls em sua crítica ao utilitarismo, e que é muito ilustrativa da própria postura teórica desse autor. Segundo Rawls, uma proposta como a apresentada pelo utilitarismo não seria capaz de encontrar apoio em uma situação contratual hipotética. Ou seja, se tivéssemos a oportunidade

---

11. Ver, a respeito, por exemplo, Sunstein (1991).

de discutir – enquanto sujeitos livres e iguais – sobre qual teoria da justiça deveria organizar nossas instituições, tenderíamos a deixar o utilitarismo de lado, e isso – entre outras razões – porque o utilitarismo acaba revelando-se uma doutrina exigente demais. Como vimos, de fato, ao adotar uma concepção como a utilitarista, é possível esperar que surjam situações nas quais os direitos fundamentais de alguns sejam questionados em nome dos interesses da maioria. Nesse tipo de caso, como salienta Rawls: "[a] fidelidade ao sistema social pode exigir que alguns, especialmente os menos favorecidos, tenham que renunciar a certas vantagens em benefício de um bem coletivo maior. Por isso, o sistema não seria estável a menos que aqueles que têm de se sacrificar identifiquem-se firmemente com interesses mais amplos que os seus"[12]. Isso é o que leva Rawls a afirmar que tal doutrina não é capaz de "garantir as bases de sua própria estabilidade".

A observação é importante, como foi mencionado antes, não só como um novo padrão de crítica contra o utilitarismo, mas também como modo de reconhecer alguns elementos centrais na teoria de Rawls[13]. Quanto a isso, gostaria de me ocupar um instante com sua proposta de apelar para o instrumental próprio do contratualismo na hora de pôr à prova a validade de diferentes concepções sobre a justiça.

O contratualismo rawlsiano

O contratualismo ocupa um lugar muito significativo na teoria da justiça de Rawls, assim como ocupa um lugar

---

12. Rawls (1971), cap. III.
13. Apenas como uma forma de deixar manifestadas críticas mais comuns ao utilitarismo, conviria acrescentar que: a) esse tipo de concepção requer comparações interpessoais muito complexas e, talvez, impossíveis entre os indivíduos; e, também, b) o cálculo exato das conseqüências de determinada ação (cálculo indispensável para o utilitarismo) pode requerer investigações intermináveis, dada a variedade de resultados que se deduzem de qualquer ação, mesmo a mais trivial (até onde, então, deveria ser perseguido o cálculo de conseqüências? Onde fazer uma interrupção?).

muito importante na tradição filosófica e política liberal (uma tradição que considera primordial nesse tipo de análise o valor da autonomia da pessoa). Em uma discussão sobre a plausibilidade de determinada concepção teórica ou de uma medida política específica, e ante a pergunta sobre por que valorizar certa proposta perante possíveis alternativas, boa parte do liberalismo admite como conclusiva aquela resposta capaz de demonstrar que a proposta em questão é (ou seria) aprovada por todos os sujeitos potencialmente afetados por ela.

Em linhas gerais, poderíamos dizer que a especial importância do contratualismo deve-se ao fato de nos ajudar a responder, de modo interessante, a duas perguntas básicas de qualquer teoria moral: a) O que a moral exige de nós? E b) Por que devemos obedecer a certas regras? À primeira pergunta, o contratualismo responde: a moral exige que cumpramos aquelas obrigações que nos comprometemos a cumprir. E, ante a segunda pergunta, o contratualismo afirma que a razão pela qual devemos obedecer a certas regras é porque nos comprometemos a isso. Não é por acaso, nesse sentido, que o contratualismo, como proposta teórica, tenha surgido e se tornado popular depois de uma época em que perguntas como as mencionadas só encontravam respostas por meio da religião. Desde o início do Iluminismo, o contratualismo apresentou-se como a forma mais atraente de "preencher o vazio" deixado pelas explicações religiosas sobre as questões morais, sobre o problema da autoridade. A autoridade é vista agora como uma criação dos próprios indivíduos, que não pode ser justificada recorrendo-se a abstrações ou entidades não-humanas.

Entretanto, reconhecendo a importância que Rawls – como tantos liberais – atribui à estratégia contratualista, convém que nos ocupemos do tipo particular de contrato que ele defende. Na "teoria da justiça", menciona-se um contrato muito peculiar – um *contrato hipotético*. Rawls refere-se, então, portanto, a um acordo que firmaríamos sob certas condições ideais, e no qual é respeitado nosso caráter de seres livres e iguais. Antes de nos ocuparmos dessa proposta específica, é importante advertir que a defesa feita por Rawls de seu modelo particular de contrato hipotético implica uma óbvia e direta rejeição às versões não idealizadas do contratualismo[14]. Por exemplo, na avaliação hobbesiana do contrato social pretende-se determinar qual acordo estão interessados em firmar seres de "carne e osso", como os que conhecemos em nossa vida cotidiana, enquanto seres orientados para estabelecer regras *mutuamente benéficas* para todos. Dentro desse tipo de "contratualismo hobbesiano", podemos situar autores como David Gauthier ou James Buchanan. Eles também rejeitam a existência de deveres naturais ou direitos divinos. Porém, nesse caso, admite-se que as regras morais não dependem de outra coisa senão dos desejos ou preferências das pessoas. Não há fatos "ruins em si", como maltratar ou discriminar alguém. A questão é, entretanto, que todos estaríamos melhor se não causássemos danos uns aos outros e, mais exatamente, se aceitássemos uma convenção que determine como inaceitáveis tais danos[15].

---

14. Convém esclarecer que existem várias formas possíveis de contratualismo. Por exemplo, os contratos podem diferir bastante dado o nível de racionalidade que assumem nos participantes (Assume-se uma racionalidade "perfeita" ou "normal"?); o nível de conhecimento empírico (Conhecem todos os dados relevantes ou, pelo contrário, têm um nível incompleto e imperfeito de informação?). Assegurar uma racionalidade e uma informação perfeitas nesses agentes implicaria adotar uma visão contratualista idealizada, enquanto assegurar uma racionalidade e uma informação empírica imperfeitas revelaria um contratualismo realista. Precisamos ainda saber um pouco sobre a motivação que é assumida por esses agentes: Estão motivados fundamentalmente pelo interesse próprio ou se orientam, por outro lado, para obter regras imparciais? E, além disso, admite-se que todos possuem motivações semelhantes ou não? Esse tipo de distinções entre diferentes tipos de contratualismo pode ser encontrado em S. Kagan (1998), cap. 7.

15. Uma convenção "mutuamente vantajosa", como a referida, motiva autores como Gauthier a mostrar os vínculos que existiriam entre o "racional" e o "justo". De fato, por um lado, na medida em que esse acordo ajuda a satisfazer os interesses de cada um, podemos considerar que é racional cumprir tal acordo. E, por outro lado, na medida em que, cumprindo-o, favoreço meus próprios desejos e os dos demais, então conclui-se que o acordo é moralmen-

No entanto, a partir da breve descrição feita até aqui, pode-se notar que, para Gauthier, assim como as convenções "mutuamente vantajosas" dependem exclusivamente de "acordos reais", esses acordos dependem, por sua vez, do poder de negociação de cada indivíduo em seu encontro com os demais. E essa conclusão é curiosa porque parece contradizer-se, pelo menos em algumas intuições muito poderosas que costumamos ter – e que são as que levam o pensamento kantiano em geral a pensar em contratos hipotéticos. Por exemplo, muitos de nós – acho – acreditamos que nossas vidas têm certo valor "inerente", e que merecemos ser respeitados por isso, independentemente de nossa capacidade para forçar os demais a nos respeitar. Em interpretações como a descrita, em contrapartida, cada um de nós passa a ter um simples valor instrumental: cada um vale, em princípio, tanto quanto o que possa contribuir (quanto "sirva") para superar os interesses dos demais.

É de notar que, em esquemas como o apresentado em *Moral by Agreement*, a relativa igualdade entre as pessoas não decorre – como em Rawls, por exemplo – da inerente "igualdade moral" entre elas. Pelo contrário, essa igualdade deriva do fato de sermos relativamente iguais aos demais quanto a nossas capacidades físicas e quanto a nossas vulnerabilidades. Daí que uma teoria como a descrita não nos forneça nenhum argumento para tratar (pelo menos) igualmente bem os indivíduos mais frágeis da sociedade (as crianças, os idosos, os doentes, os incapacitados). São esses resultados contra-intuitivos que – sem refutar a postura anterior – nos inclinam, no entanto, a pensar em termos de contratos hipotéticos.

Rawls não considera interessantes esses tipos de acordo, uma vez que seus resultados não irão refletir certas idéias que parecem próprias de nossas concepções habituais so-

---

te aceitável: o que é valioso, para Gauthier, não se relaciona com o que "devemos" fazer (com verdades que estão "ali fora", como diria J. Mackie), mas com o que preferimos fazer. Ver Gauthier (1986); Buchanan (1975). Também podem ser consultados Zimmerling (1989) ou Calsamiglia (1989).

bre a moralidade: como a idéia de que se deve respeitar o valor intrínseco de cada indivíduo; ou a idéia de que existe um dever especial de proteger prioritariamente os mais vulneráveis. Nesse sentido, pode-se dizer que os contratos de tipo hobbesiano não apreendem a natureza peculiar da moralidade[16]. Parece evidente que os acordos desse último tipo vão depender da capacidade de negociação – da força – de cada um dos participantes do acordo: os mais fortes, os mais talentosos, os mais poderosos obterão mais vantagens, e os mais desfavorecidos são os que ficarão pior. Parece contra-intuitivo, portanto, que os direitos fiquem sujeitos ao poder de negociação de cada um – que não possamos atribuir às pessoas direitos morais inerentes. Parece contra-intuitivo, também, que o bom tratamento que se possa dispensar aos outros seja dependente da conveniência de cada um. Mas isso é o que ocorre quando queremos ver a moral como uma criação humana (que subsiste enquanto for conveniente para todos), à medida que negamos a existência de deveres naturais para com os demais.

    Apesar das razões que encontramos para ver com desconfiança o tipo de contrato que Hobbes defenderia, existem várias outras razões para sermos céticos também diante do tipo de contrato hipotético proposto por Rawls. Em uma típica crítica aplicável tanto a Rawls como a Locke, Rousseau ou Hobbes, muitos objetam o contratualismo afirmando que não tem sentido pensar em contratos que na prática não existiram. Perante Locke, Rousseau ou Hobbes, essa oposição vem simplesmente desmentir a existência de algo como um contrato original "real", presente no início da vida civilizada: Quem firmou esse contrato? Onde ele ficou registrado? Quanto a Rawls, que nos fala de um contrato hipotético, o questionamento seria diferente. Nesse caso, alguém poderia perguntar-se: Para que me serve saber qual acordo teria firmado em certas condições ideais que estão completamente afastadas do que é minha vida presente? Nesse sentido, todos nós acharíamos incompreensível que

---

16. Ver, por exemplo, Hampton (1993).

alguém se aproximasse de nós pedindo que cumpríssemos um acordo que, se tivesse sido proposto ontem, certamente teríamos aceito[17]. O fato de que, hipoteticamente, teríamos aceito esse acordo não significa que hoje alguém possa nos obrigar a cumpri-lo realmente, quando de fato não firmamos nenhum compromisso desse tipo.

No entanto, não está claro que a posição de Rawls acabe sendo afetada por objeções como as apresentadas, sobre a relevância dos contratos hipotéticos e a possibilidade de derivar deles obrigações exigíveis na vida real. Rawls não se interessa em defender a exigibilidade dos arranjos institucionais que derivariam da posição teórica que ele propõe. Se Rawls desenvolve sua própria concepção em termos de um contrato hipotético, isso se deve ao valor desse recurso teórico como meio para pôr à prova a correção de algumas intuições morais: o contrato tem sentido fundamentalmente porque reflete nosso *status* moral igual, a idéia de que, de um ponto de vista moral, o destino de cada um tem a mesma importância – a idéia de que todos nos equivalemos. O contrato em questão, em suma, serve para moldarmos a idéia de que nenhuma pessoa está, de modo inerente, subordinada às demais. Esse contrato hipotético, então, vem negar, e não refletir – como parece ocorrer nos contratos hobbesianos –, nossa desigual capacidade de negociação. Portanto, o contratualismo hobbesiano e o rawlsiano surgem comprometidos com uma idéia diferente de igualdade: a igualdade que interessa a Rawls não tem a ver com o igual poder físico (capaz de nos forçar a firmar um contrato mutuamente benéfico), mas com nosso igual *status* moral, que nos força, em todo caso, a desenvolver uma preocupação com a imparcialidade – pelo fato de se considerarem imparcialmente as preferências e interesses de cada um[18].

---

17. Dworkin (1977), cap. 6.
18. De acordo com essa postura, a moral não surge como um mero produto da criação humana, derivando os princípios morais de certo processo de raciocínio que faz uso da idéia de contrato. Nesse caso, a força moral do acordo não depende do consentimento real de cada um, mas de um tipo especial de procedimento.

Até aqui fica claro, para nós, então, que Rawls se preocupa em defender um contrato hipotético, mas ainda não conhecemos seus traços específicos. No tópico seguinte, vamos detalhar as características distintivas desse contrato – descrito na "teoria da justiça" a partir da chamada "postura original".

Os traços distintivos da "teoria da justiça"

Antes de expor quais são os traços próprios do peculiar contrato hipotético imaginado por Rawls, convém esclarecer algumas questões fundamentais vinculadas a ele. Em primeiro lugar, cabe considerar que o referido contrato tem como objetivo último estabelecer certos princípios básicos de justiça. Esses princípios, no entanto, não visam resolver casos particulares, problemas cotidianos de justiça. Os princípios defendidos por Rawls surgem muito mais como critérios que se destinam a ser aplicados à "estrutura básica da sociedade". Como ele mesmo esclarece: "O objeto primário da justiça é a estrutura básica da sociedade ou, mais exatamente, o modo como as instituições sociais mais importantes distribuem os direitos e deveres fundamentais, e determinam a divisão das vantagens provenientes da cooperação social. Por instituições mais importantes, entendo a constituição política e as principais disposições econômicas e sociais."[19]

Em segundo lugar, convém ressaltar que os princípios resultantes do contrato rawlsiano são aplicáveis a sociedades bem organizadas, nas quais vigoram as circunstâncias de justiça. Uma sociedade bem organizada é aquela direcionada para promover o bem de seus membros[20]. Uma so-

---

19. Rawls (1971), cap. 1.
20. Mais precisamente, e de acordo com a descrição dada pelo próprio Rawls, em uma sociedade bem organizada cada pessoa aceita e sabe que os outros aceitam os mesmos princípios de justiça; e as instituições sociais básicas geralmente satisfazem esses princípios, sabendo que geralmente fazem isso. Ver Rawls (1971), cap. 1.

ciedade em que predominam as circunstâncias de justiça é aquela onde não existe nem uma extrema escassez nem uma abundância de bens; onde as pessoas são mais ou menos iguais entre si (quanto a suas capacidades físicas e mentais) e também vulneráveis às agressões dos demais (nesse sentido, por exemplo, uma sociedade hiperprodutiva, como a imaginada na utopia marxista, surgiria anulando, ou melhor, "superando" as mencionadas circunstâncias de justiça).

Segundo Rawls, para situações como as mencionadas, não existe um critério independente que possa nos dizer o que é justo fazer[21], embora existam procedimentos que podem ajudar-nos a chegar a resultados eqüitativos. Para Rawls, isso constitui uma situação de justiça procedimental pura. Por outro lado, seria considerada uma situação de justiça processual imperfeita se existisse um critério independente de justiça, embora não um procedimento capaz de assegurar tal justiça (como, por exemplo, nos casos de processos criminais, em que se sabe que o inocente deve ficar livre e o criminoso deve ser considerado culpável); e seria considerada justiça processual perfeita se existisse tanto uma idéia independente e clara do que é um resultado justo como um processo capaz de garantir esse resultado (como, de acordo com o exemplo dado por Rawls, o caso em que se quer dividir um bolo em partes iguais e se determina que aquele que cortar o bolo será o último a se servir). Quanto à escolha dos princípios de justiça, as condições procedimentais imparciais levam, segundo Rawls, ao que ele denomina sistema de "justiça como eqüidade". Nesse sistema, considera-se que os princípios de justiça imparciais são os que resultariam de uma escolha realizada por pessoas livres, racionais e interessadas em si mesmas (não invejosas), colocadas em uma posição de igualdade. Para dar forma a essas

---

21. Para outras teorias como o utilitarismo, por outro lado, esse critério independente existe (no caso do utilitarismo, o critério seria o de tentar maximizar a utilidade média).

condições, Rawls recorre à "posição original", que examino a seguir.

Quando, porém, aceitamos o peculiar caminho sugerido por Rawls para refletir sobre a justiça – recorrer a um peculiar contrato hipotético –, temos que determinar, com precisão, como vamos construir essa "posição original", a partir da qual serão definidos os princípios de justiça. Parece claro que o tipo de princípios que obteremos dependerá em boa parte de como construiremos essa posição inicial. Quais são, então, e em suma, as condições que distinguem a "posição original" a que Rawls se refere?

A situação hipotética que Rawls supõe tende a refletir sua intuição de que a escolha de princípios morais não pode estar subordinada a nossas situações particulares. Para impedir a influência indevida das circunstâncias próprias de cada um, Rawls imagina uma discussão realizada por indivíduos racionais e interessados em si mesmos, que se propõem eleger – por unanimidade, e depois de deliberar entre eles – os princípios sociais que deverão organizar a sociedade[22]. Os sujeitos que Rawls imagina surgem afetados por uma circunstância particular. Ocorre que estão sob um "véu de ignorância", que os impede de conhecer qual é sua classe ou seu *status* social, a sorte ou desventura que tiveram na distribuição de capacidades naturais, sua inteligência, sua força, sua raça, a geração à qual pertencem etc. Tampouco conhecem suas concepções do bem ou suas propensões psicológicas específicas. Por outro lado, esse "véu" não os impede de reconhecer certas proposições gerais, tais como as descobertas básicas que as ciências sociais fizeram em matéria de economia, psicologia social etc. Em suma, o que os

---

22. Os princípios que vão eleger devem cumprir certas condições formais básicas: ser gerais (não é válido, por exemplo, um princípio como "o que favoreça X e Z... deve ser seguido"); universais (ou seja, aplicáveis a todas as pessoas morais); completos (ou seja, capazes de orientar quaisquer pretensões que se apresentem); e finais (ao decidir, em caráter definitivo, os conflitos que se apresentem). Os sujeitos da posição original comprometem-se a respeitar os princípios, uma vez eleitos e saídos da posição original.

citados agentes desconhecem é qualquer informação que lhes permita orientar a decisão em questão a seu próprio favor[23]. Como diz Kymlicka, o véu de ignorância "não é uma expressão de uma teoria da identidade pessoal. É um teste intuitivo de eqüidade"[24]. Desse modo, então, as partes na "posição original" direcionam-se para alcançar um acordo capaz de considerar imparcialmente os pontos de vista de todos os participantes[25].

Os dados recém-mencionados, distintivos dos sujeitos que participam da "posição original", não são suficientes para os fins aos quais Rawls se propõe: esses sujeitos precisam de alguma outra informação adicional antes de poder realizar alguma escolha com sentido. Rawls considera que é necessário definir pelo menos as seguintes questões. Primeiro, deve-se dizer algo mais sobre as motivações próprias dos seres ideais descritos; e, segundo, devemos dizer alguma coisa sobre qual critério de racionalidade vão empregar em situações de incerteza (por exemplo, quando tiverem dúvidas acerca de qual concepção de justiça escolher, no caso de que mais de uma teoria pareça oferecer respostas inicialmente plausíveis perante os problemas sociais que procuramos evitar).

Quanto ao primeiro dos pontos mencionados, Rawls reconhece que – tal como tinham sido apresentados até o momento – os sujeitos ideais podiam não ter motivos para propender a favor de nenhum princípio de justiça em particular: precisamos saber alguma coisa sobre quais são as motivações básicas desses indivíduos. Nesse sentido, Rawls pressupõe que tais seres imaginários estão motivados a ob-

---

23. O "véu de ignorância" revela o "kantismo" próprio da teoria da justiça de Rawls, na idéia de que os princípios de justiça não devem estar sujeitos à influência do que é meramente contingente.

24. Kymlicka (1990), p. 62. [Trad. bras. *Filosofia política contemporânea*, São Paulo, Martins Fontes, 2006.]

25. Se não fizerem isso, uma vez posto em funcionamento o sistema institucional em questão, podem chegar a deparar com o fato de caber a eles ocupar as posições mais desvantajosas (por exemplo, talvez a um deles caiba sofrer uma incapacidade, ou gozar dos talentos menos valorizados).

ter certo tipo específico de bens, que ele denomina "bens primários". Os "bens primários" seriam aqueles bens básicos indispensáveis para satisfazer qualquer plano de vida[26]. Os "bens primários" que Rawls supõe são de dois tipos: a) os bens primários de tipo social, que são diretamente distribuídos pelas instituições sociais (como a riqueza, as oportunidades, os direitos); e b) os bens primários de tipo natural, que não são distribuídos diretamente pelas instituições sociais (como, por exemplo, os talentos, a saúde, a inteligência etc.)[27]. A idéia, nesse caso, corresponde a princípios claramente não perfeccionistas: qualquer pessoa precisa estar em condições de buscar seu próprio projeto de vida, independentemente – em princípio – do conteúdo dele.

Rawls também diz alguma coisa sobre a regra de racionalidade a ser utilizada pelos sujeitos da "posição original", em caso de dúvidas quanto à escolha que enfrentam. Rawls pensa na chamada "regra *maximin*" – que passarei agora a descrever –, que parece apropriada a situações em que se deve escolher só uma entre diferentes alternativas a princípio atraentes. A mencionada regra afirma que, nesses momentos de incerteza, devem ser hierarquizadas as diferentes alternativas de acordo com seus piores resultados possíveis. Nesse sentido, deverá ser adotada a alternativa cujo pior resultado for superior ao pior dos resultados das outras

---

26. Por isso, quanto a sua concepção sobre a distribuição de recursos, sua preocupação não será a de como distribuir certos bens últimos (a felicidade, o bem-estar), mas a de como distribuir esses "bens primários": bens que são necessários seja qual for o plano de vida que alguém busque.

27. Por meio do apelo a noções tais como a de "bens primários", Rawls apresenta-se defendendo a adoção de uma medida de tipo objetivo nas discussões sobre a justiça e a igualdade. De fato, Rawls supõe que todas as pessoas, independentemente de qual for seu plano de vida, vão buscar a obtenção de bens primários. Procedimentos como esse, conforme adiantamos, implicam a rejeição de padrões de tipo subjetivo, como os propostos pelas posturas de "bem-estar" (welfaristas), para as quais a sociedade deve direcionar-se para maximizar o bem-estar de seus membros. As posturas de tipo "welfarista" receberam, como vimos, reiteradas críticas por parte do igualitarismo. Ver Cohen (1989); Rawls (1971), cap. 1; Dworkin (1977).

alternativas. A escolha dessa regra não surge de um viés "conservador" dos participantes, mas da peculiar situação em que estão inseridos: os sujeitos em questão não sabem qual é a probabilidade que têm a seu alcance; nem têm um particular interesse em benefícios maiores que o mínimo; nem querem opções que envolvam riscos muito graves. Um exemplo claro do que se quer evitar é o seguinte. Se uma das alternativas em questão permite que alguns terminem em uma situação de virtual escravidão, essa situação será inaceitável, por mais que possa outorgar grandes benefícios à maioria restante[28].

Dito tudo isso, por fim: Quais são os princípios de justiça que – segundo Rawls – seriam escolhidos em tais circunstâncias tão peculiares? Segundo Rawls, e como resultado de suas deliberações, os sujeitos na "posição original" acabariam comprometendo-se com dois princípios básicos de justiça. Conforme aparecem em seu trabalho original (Rawls foi variando em parte a apresentação desses princípios), os princípios em questão seriam os seguintes:

1. Cada pessoa deve ter um direito igual ao esquema mais abrangente de liberdades básicas iguais que for compatível com um esquema semelhante de liberdades para as demais[29].

---

28. Quanto ao modo de pensar empregado por esses indivíduos, em geral, para analisar cada uma dessas concepções de justiça, Rawls faz referência a uma estratégia de "equilíbrio reflexivo". Esse "equilíbrio reflexivo" (que é, em sua opinião, o modo mais adequado de refletir em matéria de filosofia moral) implica buscar um equilíbrio entre intuições particulares e princípios gerais. A idéia é começar isolando os juízos morais sobre os quais temos mais confiança (os "juízos morais considerados" segundo "juízes morais competentes"); depois buscar princípios gerais que possam explicar tais juízos; depois (dependendo de até que ponto possamos "encaixar" aqueles juízos nesses princípios gerais) rever nossos juízos iniciais; e assim sucessivamente até encontrar o equilíbrio desejado (princípios que, segundo entendemos, não é necessário voltar a modificar).

29. Note-se que Rawls não estaria fazendo referência a todo tipo de liberdade, mas às liberdades civis e políticas próprias das democracias modernas. Como, por exemplo, o direito ao voto, ao devido processo, à liberdade de expressão e associação etc.

2. As desigualdades sociais e econômicas deverão ser constituídas de tal modo que ao mesmo tempo: a) espere-se que sejam razoavelmente vantajosas para todos; b) vinculem-se a empregos e cargos acessíveis a todos.

O primeiro dos princípios enunciados parece um derivado natural do pressuposto segundo o qual os agentes que participam da "posição original" desconhecem os dados vinculados a sua própria concepção do bem. A ignorância dessas questões vai levá-los a se preocupar com o direito à liberdade em sentido amplo: tais agentes estarão interessados em que, seja qual for a concepção do bem que acabem adotando, as instituições básicas da sociedade não os prejudiquem ou os discriminem.

O segundo princípio ou "princípio da diferença" é o que governa a distribuição dos recursos da sociedade. Se o primeiro mostrava-se vinculado à idéia de liberdade, este se mostra associado à idéia de igualdade. E, se aquele parecia resultar do desconhecimento de cada um quanto a sua concepção do bem, este parece derivar da ignorância de dados, tais como a posição social e econômica, ou os talentos de cada um.

O princípio da diferença, tal como está exposto, implica a superação de uma idéia de justiça distributiva, habitual em sociedades modernas, segundo a qual o que cada um obtém é justo se os benefícios ou posições em questão também forem acessíveis aos demais. Dado que nesse caso e, como vimos, entende-se que ninguém merece seus maiores talentos ou capacidades, o esquema de justiça não se considera satisfeito com uma mera igualdade de oportunidades. Afirma-se, em contrapartida, que as maiores vantagens dos mais beneficiados pela loteria natural só são justificáveis se elas fazem parte de um esquema que melhora as expectativas dos membros menos favorecidos da sociedade[30].

---

30. Esse tipo de princípio levou Derek Parfit a falar de uma "visão da prioridade" (prioridade dos mais desfavorecidos), que seria muito diferente dos enfoques tradicionais sobre a igualdade. Essa "visão da prioridade" defenderia que "é mais importante beneficiar as pessoas quanto pior for sua situação". Ver Parfit (1998). No mesmo sentido, Scanlon (1998), pp. 223-9.

Ou seja, as violações de uma idéia estrita de igualdade só são acceitáveis no caso de servirem para incrementar as parcelas de recursos em mãos dos menos favorecidos, e nunca de as diminuir[31].

Finalmente, cabe acrescentar que os dois princípios de justiça enunciados estão organizados, segundo Rawls, em uma ordem de "prioridade lexicográfica". De acordo com essa regra de prioridade, a liberdade não pode ser limitada (em sociedades que alcançaram um nível mínimo de desenvolvimento econômico) a favor da obtenção de maiores vantagens sociais e econômicas, mas apenas no caso de entrar em conflito com outras liberdades básicas.

O compromisso com a igualdade

Quando Rawls descreve os agentes da "posição original" como indivíduos que desconhecem os traços básicos de suas biografias, torna-se visível a intuição fundamental de sua proposta. Ela afirma que uma teoria da justiça não merece ser reconhecida como tal se permite que as pessoas sejam beneficiadas ou prejudicadas por circunstâncias alheias a sua vontade – isto é, por circunstâncias alheias a suas próprias escolhas.

O pensamento igualitário referiu-se a esse tipo de critério mediante a distinção entre fatos arbitrários de um ponto de vista moral (fatos alheios à responsabilidade de cada

---

31. Para Rawls, essa concepção é mais "estável" que a que apresenta a mera noção de igualdade de oportunidades. A idéia de estabilidade é muito importante na teoria de Rawls, e reflete uma das poucas ocasiões em que sua teoria recorre a fatores empíricos – observações interessantes sobre isso podem ser encontradas, por exemplo, em Elster (1995). Essa idéia significa que a proposta de justiça deve ser – psicologicamente – estável quanto a gerar o menor grau possível de ressentimento ou sensação de ser tratado injustamente. O princípio de mera igualdade de oportunidades (como também pode ocorrer com os princípios próprios do utilitarismo) é "instável" dado o mal-estar que pode gerar o fato de aqueles favorecidos por meras contingências naturais virem a ser, por fim, recompensados pelo sistema institucional.

um) e fatos pelos quais alguém é plenamente responsável. Isso para dizer que uma sociedade justa deve, na medida do possível, tender a igualar as pessoas em suas circunstâncias, de tal modo que o que ocorra com suas vidas fique sob sua própria responsabilidade. Só para dar alguns exemplos do que foi dito, poderíamos afirmar que é moralmente arbitrário, por exemplo, o fato de uma pessoa nascer no âmbito de uma família rica ou pobre; ou em um ambiente cultural estimulante ou pouco estimulante. Do mesmo modo, é moralmente arbitrário que uma pessoa seja dotada de enormes talentos e outra de muito poucos; ou que alguém não tenha certas capacidade básicas; ou que determinado sujeito tenha esse ou aquele caráter. Situações como as citadas são arbitrárias do ponto de vista moral, dado que os indivíduos que são beneficiados ou prejudicados por elas não fizeram nada para merecer tal sorte ou desventura. Como diz Rawls, esses são fatos que se devem exclusivamente à "loteria natural", aos acasos da natureza. Por outro lado, se uma pessoa, igualada às demais em suas circunstâncias, decide viver em um completo ascetismo ou atinge um nível de vida menor que a média porque prefere o ócio ao trabalho, então tais situações não são consideradas moralmente censuráveis, dado que são o mero produto das escolhas do agente. A idéia é que cada um deve aceitar pagar o preço das escolhas para as quais tende: no ideal da concepção liberal, os indivíduos devem ser considerados responsáveis por suas ações, e não meras vítimas de seu destino, às quais o Estado sempre deve apoiar.

Contudo, tanto os liberais mais igualitários como os mais conservadores concordam em uma primeira avaliação desse ponto: ambos os grupos reconhecem como óbvia a existência dessa "loteria da natureza" – esses "acasos" que levam a vida de alguns a ser muito mais afortunada que a de outros. Eles discordam, em contrapartida, na hora de considerar o modo como uma sociedade justa deve responder a tais circunstâncias. Para os libertários, não é cabível que a sociedade intervenha para tentar remediar ou suprimir circunstâncias como as mencionadas. Segundo esse pensamento, não é tarefa de uma sociedade justa tentar remediar fatos como os citados: mesmo que aqueles fatos devam ser lamentados, mesmo que sejam capazes de ocasionar desigualdades mais graves e dolorosas, qualquer remédio institucional seria pior que a própria enfermidade. A pretensão de que um órgão estatal – um órgão dotado de poder coercitivo – resolva esses males abriria as portas para o aparecimento de uma entidade onipresente e intrusiva na vida privada de cada um. Como estabelecer e justificar os limites de tal intervencionismo? Como impedir que essa organização com poderes coercitivos interfira nos mínimos detalhes de nossas vidas, uma vez que a autorizamos a agir contra desigualdades como as referidas?

Rawls, por sua vez, defende uma postura contrária à anterior. Para ele, é óbvio, por um lado, que as arbitrariedades morais não são justas ou injustas em si mesmas: não teria sentido "recriminar" a natureza pelo que nos tenha favorecido ou desfavorecido em nossas atribuições iniciais. No entanto, em sua opinião, tem sentido, sim, fazer uma avaliação sobre a justiça ou injustiça das instituições básicas de nossa sociedade: a natureza não é justa ou injusta conosco, o que é justo ou injusto é o modo como o sistema institucional processa esses fatos da natureza. Daí surge sua afirmação de que a "primeira virtude" de qualquer sistema institucional tem que ser a de sua justiça.

Sintetizando essa visão igualitária – que distingue entre fatos circunstanciais e fatos pelos quais somos responsáveis –, Brian Barry afirma que "[u]ma sociedade justa é aquela cujas instituições honram dois princípios de distribuição. Um é o princípio de contribuição [que diz que] as instituições de uma sociedade devem operar de tal modo que compensem os efeitos da boa e da má sorte; [e o outro é um] princípio de responsabilidade individual [que diz que] os arranjos sociais devem ser tais que as pessoas acabem com os resultados de seus atos voluntários". Segundo Thomas Nagel, por exemplo, existem três fontes fundamentais de desigualdades, vinculadas a fatos alheios à vontade individual: as discriminações (de raça e sexo, principalmente), a classe e os talentos.

Quanto às discriminações mencionadas, poderíamos dizer que, apesar de exceções importantes, parece haver um acordo substancial no qual brancos e negros, homens e mulheres etc. merecem receber um tratamento igualitário; atualmente, a grande maioria de nós tenderia a considerar inaceitável uma norma que, por exemplo, defendesse que brancos e negros não podem estudar na mesma universidade ou compartilhar os transportes públicos. Teríamos uma reação semelhante, no meu entender, perante uma lei que garantisse aos homens salários que as mulheres são impedidas de conseguir. A segunda fonte de desigualdade a que se refere Nagel tem a ver com "as vantagens hereditárias tanto na posse de recursos quanto no acesso aos meios para obter as qualificações para as posições abertas à concorrência". Nesse caso, em particular, devem ser consideradas as diferenças de *classe*, que são transmitidas aos indivíduos fundamentalmente através de suas famílias. Aqui, os acordos parecem ser mais difíceis que nos casos antes mencionados. Quero dizer, a maioria das pessoas pode estar de acordo, por exemplo, com a necessidade de desaprovar aquelas leis que fazem distinções arbitrárias entre brancos e negros, homens e mulheres. Contudo, essas mesmas pessoas tendem a discordar mais comumente quanto ao tratamento de sujeitos que nascem cercados de diferentes circunstâncias materiais. Os autores igualitários, de forma unânime, eu diria, consideram essa como uma dimensão na qual os indivíduos devem ser igualados. Apesar disso, algumas das diferenças mais relevantes registradas entre os autores vinculados a esse campo têm a ver, justamente, com as respostas que dão a respeito disso. Mais precisamente, e conforme analisaremos, com o tipo e o grau de desigualdades materiais moralmente aceitáveis. Por fim, e continuando com a apresentação de Nagel, encontram-se as diferenças originadas a partir das diferentes habilidades das pessoas. Para o igualitarismo, e desde o pioneiro trabalho de John Rawls sobre a teoria da justiça, os talentos devem ser considerados um mero produto da "loteria natural": alguns foram favorecidos e outros prejudicados nessa atribuição inicial de recursos internos, mas o sistema institucional não deve sobrecarregar os indivíduos com o peso dessa situação[32].

É claro que, uma vez que admitimos que uma sociedade justa deve reagir contra tais circunstâncias arbitrárias de um ponto de vista moral, precisamos determinar com um pouco mais de detalhe quais são essas circunstâncias arbitrárias. E o fato é que a linha que deve haver entre circunstâncias e escolhas parece ser tão significativa quanto difícil de traçar[33].

Chegando a esse ponto, de qualquer maneira, pelo menos um dado fica claro: uma vez que afirmamos essa distinção entre circunstâncias e escolhas, parece muito fácil reconhecer até que ponto uma concepção como a defendida por Rawls é tributária da tradição filosófica kantiana. Isso é mais ou menos óbvio quando, por exemplo, reconhecemos a importância que uma distinção como a citada atribui à noção de autonomia individual. Em Rawls, como em todos aqueles que se vinculam a essa linha de pensamento, o ideal defendido é o de que as pessoas possam viver de forma autônoma, ou seja, que possam decidir e levar adiante livremente o plano de vida que consideram mais atraente. Carlos Nino definiu esse princípio como aquele que "prescreve que, sendo valiosas a livre escolha individual de planos de vida e a adoção de ideais de excelência humana, o Estado (e os demais indivíduos) não deve interferir nessa escolha ou adoção, limitando-se a projetar instituições que facilitem a busca individual desses planos de vida e a satisfação dos ideais de virtude que cada um defende, e impedindo a interferência mútua no decorrer dessa busca"[34]. No

---

32. Barry (1991), p. 142.
33. Nagel considera uma quarta fonte de desigualdades, que chama de "esforço", e que, aqui, deixo momentaneamente de lado. Ver Nagel (1991), cap. 10.
34. Ver Nino (1989), p. 204.

capítulo seguinte, vamos analisar a postura do liberalismo conservador. Conforme afirmaremos, quem se vincula a essa concepção compartilha com o liberalismo igualitário de Rawls uma idêntica reivindicação do ideal da autonomia. Eles entendem, no entanto, e como veremos, que Rawls não respeita de modo genuíno seu declarado compromisso com a posição liberal.

Capítulo 2
A "teoria da justiça" como uma teoria insuficientemente liberal

Uma das principais e mais elaboradas críticas à teoria da justiça de Rawls proveio de Robert Nozick, que foi seu colega na Universidade de Harvard. Nozick era, naquela época, um filósofo claramente vinculado ao que poderíamos chamar liberalismo conservador, que reagia contra o tipo de igualitarismo defendido por Rawls. Como vimos, segundo Rawls, uma sociedade justa precisava de um Estado muito ativista – um Estado cujas instituições fundamentais deveriam contribuir para a primordial tarefa de igualar as pessoas em suas circunstâncias básicas. Nozick direciona a parte essencial de seu principal trabalho – *Anarchy, State and Utopia* [Anarquia, Estado e utopia][1] – para uma crítica a teorias da justiça como a de Rawls, e à defesa de uma teoria da justiça muito diferente da defendida pelo igualitarismo. A teoria de Nozick – perante outras, como a de Rawls – vai requerer um Estado bem menos ambicioso quanto a suas pretensões: um Estado mínimo (como ele denomina) dedicado exclusivamente a proteger as pessoas contra o roubo, a fraude e o uso ilegítimo da força, e a amparar o cumprimento dos contratos celebrados entre esses indivíduos.

---

1 Nozick (1974). [Trad. bras., São Paulo, Martins Fontes, no prelo.] Cabe destacar que, atualmente, o próprio Nozick mostra-se cético quanto àquelas considerações que ele mesmo expusera contra Rawls. Ver a respeito Nozick (1995).

Contudo, Nozick, como um autor libertário[2] preocupado em restringir ao mínimo as intervenções do Estado, deve ir além de suas críticas ao Estado igualitarista onicompreensivo: deve saber explicar ao anarquista por que não continua avançando em seu desmantelamento teórico do Estado igualitarista, até conseguir seu desaparecimento. Ou seja, Nozick deve justificar por que é preferível o Estado mínimo ao Estado inexistente. Assim, em *Anarchy, State and Utopia*, Nozick pretende refutar o anarquista, refutar o igualitarismo, e mostrar que sua proposta é capaz de ser atraente inclusive para o utopista: Nozick defenderá uma sociedade organizada como um "ambiente para a utopia" – um ambiente no qual quem queira viver de acordo com as normas liberais, conservadoras, comunistas, socialistas poderá fazer isso contanto que saiba respeitar os direitos dos demais.

Contra o anarquista, Nozick tentará demonstrar que é possível chegar ao Estado mínimo sem incorrer em violações de direitos, e também que essa trajetória – do Estado de natureza ao Estado mínimo – não só é possível e legítima, mas até moralmente necessária. No caso de ter êxito nessa tarefa justificatória, Nozick teria superado as possíveis objeções do anarquista em sua rejeição a todo tipo de Estado.

O primeiro passo que Nozick dá, então, é mostrar a possibilidade de o Estado se desenvolver sem incorrer em violações de direitos. Em geral, Nozick se interessa em mostrar que o Estado mínimo não violará direitos como o direito à vida e à liberdade, que parecem centrais para o anarquista. Mas Nozick tenta mostrar, especialmente, que Estado mínimo também é compatível com o respeito ao direito à propriedade – um direito considerado fundamental pelo liberalismo conservador, embora menosprezado pelo anarquismo.

O que foi citado nos leva a definir um pouco o modo como Nozick analisa a idéia dos direitos. A teoria defendida por Nozick é, como a de Rawls, uma teoria deontológica, que

---

2. Na seqüência, utilizarei a noção de "libertário" como sinônimo da expressão "liberal conservador".

afirma a existência de certos direitos básicos invioláveis, e que, como tal, rejeita a possibilidade de que os direitos de algum indivíduo sejam deturpados em favor do maior bem-estar de outros. Embora de imediato examinemos várias diferenças entre ambas as concepções, cabe afirmar que a postura de Nozick em matéria de direitos aproxima-se bastante de início da defendida por Rawls. Isso tanto em sua rejeição à possibilidade de que alguns indivíduos sejam sacrificados em benefício de outros – uma possibilidade autorizada por posturas utilitaristas – como em sua afirmação da independência e dissociabilidade das pessoas. Nesse sentido, ambas as posturas registram um antecedente comum na noção kantiana de que os indivíduos devem ser considerados como fins em si mesmos, e não como meios que podem ser utilizados para melhorar o destino dos demais.

Os direitos "naturais" pensados por Nozick[3] fundamentam-se em uma intuição básica, que é a da propriedade de cada um sobre si próprio – cada um é o legítimo proprietário de seu corpo. Seu caráter de direitos "naturais" parece derivar da importância que têm, a fim de assegurar que cada pessoa possa moldar sua própria vida a sua maneira – que cada um tenha garantidas as condições necessárias para poder levar adiante uma vida significativa.

Os direitos admitidos por Nozick distinguem-se por três características fundamentais: são apenas direitos negativos, atuam como restrições laterais às ações dos outros e são exaustivos[4].

Afirmar que os direitos são apenas negativos implica crer exclusivamente em direitos de não-interferência – direitos a que outros não me prejudiquem, em um sentido amplo do termo – e, ao mesmo tempo, rejeitar a existência de direitos positivos, isto é, direitos a que outros me assistam

---

3. Isto é, direitos comuns a todos os homens, em sua condição como tais, e que não dependem, para sua criação ou outorgamento, da vontade de nenhuma pessoa.

4. Ver uma excelente explicação a respeito em Wolff (1991), cap. 2.

em algumas necessidades básicas – direito a que me abasteçam do que necessito para viver. Os únicos direitos positivos concebíveis são aqueles que resultam das transações voluntárias entre as pessoas (como os que surgem quando contrato determinado serviço assistencial). Por outro lado, dizer que direitos atuam como restrições laterais às ações de outros implica defender o critério liberal segundo o qual a esfera dos direitos deve ser inviolável ante as pretensões dos demais. Essa esfera deve ser protegida independentemente das conseqüências (negativas para o chamado "bem comum" ou "bem-estar geral") que essa proteção possa gerar. Por fim, a idéia de que os direitos são exaustivos significa que eles vencem ante qualquer outra consideração moral. A idéia, nesse caso, é que "a filosofia política [só] se ocupa das obrigações exigíveis e que elas se esgotam com os direitos": não existe a possibilidade de dar, por exemplo, prioridade moral à preservação do meio ambiente, substituindo algum direito de propriedade já atribuído[5].

No entanto, a concepção defendida por Nozick em relação aos direitos – e apesar de alguns vínculos, como os indicados – encontra profundas diferenças com a concepção que o liberalismo igualitário tende a defender. Entre as diferenças que merecem ser citadas, certamente a mais relevante é a que se refere ao lugar e ao significado dos direitos positivos em cada uma dessas teorias. De fato, alguns autores consideram que esse ponto (a posição que se toma em relação à existência dos direitos positivos) constitui o principal eixo da distinção entre concepções libertárias e igualitárias.

Um primeiro comentário que pode ser feito a respeito, e desde o início, é que parece duvidoso que os direitos negativos defendidos por Nozick sejam os únicos que devemos considerar quando, como ele, "ancoramos" esses direitos na necessidade de assegurar as condições para uma vida significativa. Por que não afirmar, de modo razoável,

---

5. Ibid., p. 23.

que para que cada um possa planejar sua vida é necessário também que o Estado garanta certos benefícios básicos de previdência social? Nozick poderá dizer-nos, diante dessa queixa, que, se começarmos a tornar exigíveis certos direitos positivos, colocamos em sério risco a possibilidade de que cada um molde, a seu critério, sua própria vida: sempre se poderia exigir de nós algum sacrifício adicional, em prol de melhorar as condições de algum outro. Contudo, Nozick teria um ponto a seu favor se só avaliássemos os encargos que poderiam ser impostos por um Estado de "bem-estar". Entretanto, parece razoável observar também as implicações que podem decorrer da "ausência" desses compromissos estatais: muitas pessoas não teriam as mais elementares possibilidades de assumir o controle de suas próprias vidas[6].

Para o liberalismo conservador, a única coisa que o Estado deve assegurar é a chamada "liberdade negativa" das pessoas. Ou seja, o Estado deve vigiar para que ninguém interfira nos direitos básicos de cada um (a vida, a propriedade etc.). O Estado, por outro lado, não deve se preocupar com a chamada "liberdade positiva"[7]. Isto é, ele não tem a obrigação de fornecer nada aos indivíduos, para que possam levar adiante seus planos de vida. Como afirma Nozick: "O fato de você ser *forçado* a contribuir para o bem-estar de outro viola seus direitos, enquanto o fato de o outro fornecer a você coisas de que você necessita intensamente,

---

6. A outra face da discussão sobre os direitos negativos e positivos é a discussão – também crucial na distinção entre conservadores e igualitários – sobre a possibilidade de violar direitos não só por ação, mas até por omissão. Quanto a isso, e em oposição ao que afirma o libertarismo, os autores igualitários defendem que, às vezes, a não-transferência de recursos de certo grupo para outro implica a violação de direitos, por omissão da conduta devida. Sobretudo quando os bens que os indivíduos possuem (por exemplo, quanto à distribuição dos meios de produção) não são o resultado de uma atribuição "limpa" ou igualitária dos recursos, mas, ao contrário, a conseqüência de um jogo em que certas arbitrariedades morais (a família rica ou pobre em que alguém nasceu, as maiores ou menores capacidades de cada um) tiveram um papel predominante.

7. Na distinção entre liberdade "positiva" e "negativa", ver Berlin (1969).

incluindo coisas que são essenciais para a proteção de seus direitos, não constitui, *em si mesmo*, uma violação de seus direitos"[8]. O liberalismo igualitário, em contrapartida, dá importância à liberdade positiva das pessoas, e considera, em princípio, que as omissões têm (em alguns casos) a mesma categoria moral que as ações[9].

Nessa disputa sobre o conteúdo e alcance dos direitos, já é possível entrever outra importante fonte de diferenças entre libertários e igualitários. Refiro-me ao modo como tais concepções enfocam a questão da autopropriedade. A esse respeito, é duvidoso que autores como Rawls ou Dworkin aprovem com facilidade esse pressuposto, que aparece como um pressuposto óbvio e, além disso, fundamental para toda a teoria de Nozick. O liberalismo igualitário, por exemplo, e conforme vimos, considera que ninguém merece as capacidades e talentos que possui e que, portanto, ninguém merece que a sociedade o recompense ou o castigue por essas questões circunstanciais. Rawls refere-se, de forma explícita, aos talentos naturais de cada um como fazendo parte de um acervo comum[10]: daí que ninguém possa invocar tais talentos como próprios, com o objetivo de se apropriar, de modo exclusivo, dos frutos que obtenha com eles. Do ponto de vista de Rawls – assim como do ponto de vista do igualitarismo de recursos de Dworkin – não seria irracional (mas, ao contrário, justo) defender um sistema institucional no qual os mais talentosos sejam levados a pôr seus talentos a

---

8. Ver Nozick (1974), p. 30.

9. O tema da relevância moral das omissões é particularmente difícil de analisar, e as respostas do igualitarismo a respeito não são unânimes. Para Carlos Nino, por exemplo, um critério-padrão que poderia ser considerado a esse respeito (combinando algumas das idéias antes mencionadas) seria o de que uma sociedade justa deve maximizar a autonomia de cada pessoa separadamente, buscando que a expansão da autonomia de uns não implique sacrificar os direitos de outros. Nesse sentido, por exemplo, poderia ser dito que o atual estado de coisas deve ser posto em julgamento, já que distribui encargos e benefícios de modo abertamente arbitrário. Esse critério e uma análise muito rica do tema podem ser observados em Nino (1991), cap. 8.

10. Rawls (1971), p. 101.

serviço dos menos talentosos. Recorde-se, a esse respeito, o princípio da diferença, segundo o qual as únicas desigualdades econômicas que se justificam são aquelas destinadas a favorecer os mais desfavorecidos[11].

Essa nova diferença entre o libertarismo de Nozick e o igualitarismo de Rawls mostra o abismo que separa ambas as concepções, apesar de algumas coincidências iniciais. Assim, não é de estranhar que o que para Rawls representa um sistema institucional justo, constitui para Nozick um sistema temível: segundo Nozick, quando parte do esforço de alguns é destinada a melhorar o destino de outros, deturpa-se o princípio da autopropriedade, a tal ponto que ganha sentido falar de uma nova forma de escravidão, defendida em nome da justiça. Porém, não é só isso: Nozick adota aquela idéia sustentada por Rawls, segundo a qual os talentos individuais fariam parte de um acervo comum, para formular uma de suas críticas mais incisivas ao igualitarismo. Nozick pergunta-se, então: Se é certo que o igualitarismo parte de considerações como a mencionada, e tem como preocupação principal diminuir o peso dessas arbitrariedades morais, por que não promove, então, a intervenção do Estado para transferir, digamos, um olho ou uma perna da pessoa que tem plenas capacidades para os que estão incapacitados? Note-se que, em princípio, esse tipo de transferência não parece bloqueado pela teoria da justiça de Rawls, apesar de a acharmos completamente contra-intuitiva. Além disso, cabe advertir que esse tipo de transferência implica cair no mesmo tipo de problema que Rawls atribuía ao utilitarismo: ignorar a dissociabilidade das pessoas, considerar alguns como meros meios em favor dos demais. O libertarismo entende que, por meio de critérios como o indicado, as teorias igualitárias consagram os "direitos de propriedade (parciais) sobre outras pessoas"[12]. Contra elas opõe, então, a idéia de direitos de autopropriedade plenos.

---

11. A melhor análise a respeito, sem dúvida, aparece no trabalho de Cohen (1995).

12. Nozick (1974), p. 172.

Objeções como a mencionada representam um golpe certeiro contra o igualitarismo. Dworkin tenta algumas respostas a ela, indicando, por exemplo, a possibilidade de traçar uma linha inviolável ao redor do corpo de cada um, para assegurar o respeito à individualidade de cada um[13]. Entretanto, a resposta evidentemente é pouco convincente para o libertarismo: Por que, então, não traçar essa linha de outro modo, para que possa abranger mais do que isso?

Thomas Scanlon também apresenta uma valiosa defesa da teoria de Rawls. Scanlon retoma uma série de distinções habituais quando se fala do direito de propriedade, como, por exemplo, a distinção entre a posse e o gozo da propriedade, e o direito pleno ao usufruto dela[14]. A partir dessa base, ele sustenta que, quando Rawls nega a propriedade pessoal dos talentos e capacidades, não pretende negar o direito a posse e gozo de nossas habilidades, mas o direito de reclamar plena propriedade sobre todos os lucros que geramos a partir de tais recursos que recebemos por mera casualidade.

Will Kymlicka amplia essa análise para retomar uma ofensiva contra o libertarismo de Nozick. Como vimos no início deste trabalho, Kymlicka afirma que Nozick equivoca-se ao pensar que o único regime compatível com a autopropriedade é o que consagra a possibilidade de direitos de propriedade ilimitados. Na realidade, qualquer conclusão a respeito – afirma Kymlicka – depende da "nossa teoria da apropriação legítima e nossos pressupostos quanto à condição que atribuímos aos recursos externos"[15]. E, como veremos, a teoria da apropriação proposta por Nozick é di-

---

13. Dworkin (1983).
14. Nesse sentido, por exemplo, T. Honoré afirmou que o direito à propriedade pode ser dividido, por exemplo, em: a) o direito ao controle físico sobre a coisa; b) o direito a seu uso; c) o direito a decidir quem pode usá-la e como; d) o direito ao benefício que a coisa forneça; e) o direito de possuí-la por tempo indeterminado etc. Ver Honoré (1961) e também Scanlon (1982).
15. Kymlicka (1990), p. 118. [Trad. bras. *Filosofia política contemporânea*, São Paulo, Martins Fontes, 2006.]

fícil de defender, e sua postura quanto à condição de recursos externos baseia-se em pressupostos, no mínimo, muito discutíveis (os recursos externos como "propriedade de ninguém").

O Estado justificado

Feitos esses comentários sobre a teoria dos direitos em Nozick, convém reexaminar brevemente de que modo – em sua opinião – ele se livra do desafio anarquista como procedimento obrigatório na defesa do que denomina o Estado mínimo. Como antecipamos, a estratégia escolhida por Nozick consiste em mostrar, por um lado, a possibilidade de o Estado mínimo surgir sem a violação de nenhum direito, e, por outro, que essa situação é melhor que a que se apresenta durante o Estado de natureza.

Em princípio, os aspectos preocupantes do Estado de natureza parecem numerosos, tal como John Locke os descrevera: sem uma autoridade mediadora entre elas, as pessoas tenderão a tirar o valor das queixas dos demais contra si, ao mesmo tempo que tenderão a fazer uma defesa obstinada – e muitas vezes indevida – de suas próprias pretensões. Não havendo uma forma efetiva de resolver as disputas, será esperável a vingança de uns contra outros, assim como o predomínio dos mais fortes.

Perante a trágica situação descrita, o surgimento do Estado não parece especialmente sugestivo. No que constitui seu principal traço – concentrar o uso legítimo da força –, o Estado parece violar o direito de cada um a sua autodefesa (direito este imediatamente derivado dos direitos à vida, à liberdade e à propriedade). Por outro lado, em seu segundo traço – o de que a proteção que dispensa se estenda a todos os seus habitantes –, o Estado também parece pôr em risco certos direitos: se deve proteger tanto ricos como pobres, quem pagará pela proteção dos últimos senão os primeiros, que, desse modo, verão seus direitos de propriedade violados?

Nozick considera, no entanto, que o Estado mínimo pode surgir por meio de um processo de "mão invisível", progredindo suave e respeitosamente ante os direitos de cada um. A idéia é que, perante o desamparo e os abusos distintivos do Estado de natureza, os indivíduos podem achar conveniente, em princípio, reunir-se em "associações de proteção mútua". Essas novas "associações" permitem que os indivíduos melhorem sua situação inicial, limitando, por exemplo, certas reivindicações não-razoáveis dos indivíduos mais poderosos, perante os quais antes estavam indefesos. Mas essas associações não são tão vantajosas quanto parecem, sobretudo devido aos enormes custos que elas impõem a seus membros. Daí que, segundo Nozick, essas associações abram uma passagem para outras novas, especializadas na referida tarefa protetora. Mediante a existência destas, os indivíduos não precisarão carregar nas suas costas a árdua tarefa que antes carregavam: a de assegurar a justiça em cada uma das disputas em que cada um deles (e seus aliados, nas associações protetoras iniciais) pudesse ficar envolvido. Entretanto, chegando a essa situação, pode-se esperar que cada indivíduo pretenda unir-se à associação protetora mais forte, e que diferentes órgãos se unam, até se concentrar, enfim, em uma última e, então, única organização.

Uma vez que essa concentração se realize, ficamos, de fato, diante de um proto-Estado, que Nozick denomina estado "ultramínimo". Esse estado assemelha-se aos estados que conhecemos, porque, como estes, monopoliza o uso legítimo da força. No entanto, não é, ainda, um estado com maiúsculas porque não garantiu que *todos* os indivíduos ali presentes estejam cobertos pela proteção que ele oferece. De fato, e segundo a metáfora utilizada por Nozick, ainda pode haver indivíduos do tipo "John Wayne", fortes e individualistas, que se recusem a comprar e a utilizar os serviços que o estado ultramínimo oferece. Por isso, o Estado mínimo constitui-se enquanto dá um passo a mais, e aquele proto-Estado proíbe os John Wayne existentes de usar seu direito de autodefesa, e os compensa assegurando, a eles também, os benefícios de sua proteção.

Com essa descrição, Nozick procura respaldar sua defesa de uma certa forma de Estado, diante do oponente anarquista. O Estado *pode* surgir sem violações de direitos (o que parece claro no processo de mão invisível antes mencionado); e é conveniente para todos, perante as alternativas que poderiam ser apresentadas em caso de sua inexistência: a alternativa do Estado de natureza (em que todos estavam expostos aos abusos dos outros) e a das "associações de ajuda mútua" (onerosas demais em termos de tempo e esforço para seus membros). O Estado mínimo mostra-se ainda mais capaz de garantir (em princípio) a irrepreensível inclusão de quem inicialmente resistia a ele (os "John Wayne"), proibindo-lhe seu uso "livre" da força, e compensado-o por essa possível desvantagem[16]. Assim, mesmo os "John Wayne" referidos por Nozick, ou seja, os que não haviam sido persuadidos pelo argumento da conveniência do Estado, também seriam moralmente obrigados a obedecer o referido Estado.

Obviamente, é discutível que a proposta feita por Nozick seja, até agora, persuasiva. Isso sobretudo quanto a sua capacidade para forçar a inclusão dos dissidentes, sem violar os direitos daqueles: Por que John Wayne deve aceitar, contra sua vontade, a proibição imposta pelo Estado?[17] De qualquer modo, para quem considera bem-sucedida essa primeira etapa do argumento de Nozick – em seu enfrenta-

---

16. Alguém poderia afirmar que o liberalismo também mostrou a possibilidade de um Estado moralmente legítimo, e isso por meio do recurso à clássica idéia do contrato social. No entanto, contra isso poderia ser dito que Nozick "não argumenta somente em favor da possibilidade de um Estado mínimo legítimo, mas também em favor de sua necessidade moral. Ou seja, que o Estado mínimo é a *única* forma de organização social legítima". Wolff (1991), p. 48.

17. Aqui, abre-se uma discussão, que não aprofundaremos, sobre como se resolve uma possível disputa em que se enfrentem os direitos procedimentais dos membros do Estado ultramínimo (e, assim, o direito de o órgão estatal aprovar os métodos judiciais que se queira utilizar nas disputas que envolvam seus clientes), e os direitos de autodefesa dos "John Wayne" remanescentes em tal Estado.

mento com o anarquismo –, falta ver como ele sai vitorioso – se é que sai vitorioso – de seu enfrentamento com as posturas igualitárias. Ou seja, uma vez que justifica as virtudes do Estado mínimo contra a não-existência do Estado, Nozick deve mostrar-nos por que esse Estado mínimo é preferível a outros modelos de Estado, mais robustos e comprometidos com a igualdade de seus membros.

Nozick contra o igualitarismo: justiça nas transferências

Em princípio, Nozick não se opõe à idéia de igualdade, mas ao estabelecimento de normas que pretendam impô-la. Não há nada de mal no fato de as pessoas se organizarem e formarem uma sociedade de iguais. O que parece incorreto é que sejam impostas aos outros, contra sua vontade, normas igualitárias. Nesse ponto é que residem os males do Estado igualitário – aquele Estado cujos limites se estendem além dos definidos pelo Estado mínimo.

Antes de mais nada, diz Nozick, a igualdade promovida contra a vontade de alguém ou de alguns não só é moralmente contestável, como constitui, além disso, um esforço em vão. De fato, e seguindo Hume, Nozick afirma que as pessoas são naturalmente diferentes entre si, por isso qualquer empreendimento destinado a igualá-las acaba frustrando-se. A liberdade, declara, quebra qualquer norma igualitária. Se for permitido que aflorem as diferenças que distinguem as pessoas, nenhuma norma será capaz de se manter. Esse desbaratamento das normas será inevitável – como acrescenta –, a menos que se suprima a liberdade em questão, ou se recorra a uma permanente e intrusiva intervenção do Estado. Para ilustrar essas afirmações, Nozick recorre ao exemplo mais clássico e mais comentado de todo o seu livro, o famoso caso de Wilt Chamberlain[18].

---

18. Nozick (1974), cap. VII.

Imagine – desafia Nozick – que estamos no tipo de sociedade que você mais gosta: uma sociedade em que a riqueza é distribuída igualitariamente; ou em que se recompensa cada um de acordo com seu esforço ou sua contribuição para a produção total: uma sociedade que achamos irrepreensível, indubitavelmente justa. Vamos chamar de D1 a distribuição de renda vigente nessa sociedade.

Contudo – continua Nozick –, imagine que nessa sociedade vive Chamberlain, o jogador de basquete que todas as equipes desejam ter. E suponha que, percebendo a atenção que provoca, e o grande público que atrai, Chamberlain combina com seu clube o seguinte acordo: todas as vezes que a equipe jogar em partidas locais, vinte e cinco centavos do preço de cada entrada irão para ele. Cada espectador depositará esse dinheiro em uma urna separada, que levará o nome de Chamberlain.

O clube em questão, fascinado com a possibilidade de continuar contando com ele entre seus membros, aceita de bom grado o acordo. Seus companheiros, podemos supor, também: a saída de Chamberlain afetaria notavelmente a equipe, afastaria o público etc. Os espectadores, é fato, separam satisfeitos os vinte e cinco centavos destinados a seu ídolo. Mais que isso, se fosse por eles, não haveria problema em aumentar ainda mais essa porcentagem. Tudo o que desejam é ver sua estrela jogar.

Agora, revela-nos Nozick, pense no que ocorre no final da temporada. Chamberlain recebeu muito mais dinheiro que todos os seus companheiros e rivais, talvez muito mais que qualquer outra pessoa. Chegamos a uma nova situação, D2, na qual a distribuição da riqueza variou substancialmente em relação àquela distribuição inicial. No entanto – e essa é a grande pergunta de Nozick –, há algo que possa ser criticado nessa nova situação? Se a situação inicial, D1, era justa, e tudo o que ocorreu no meio não foram mais que atos livres entre adultos que concordam, o que se pode opor a D2? Que consideramos inaceitáveis os livres acordos entre adultos? Não parece haver mal algum nesses acordos! Nessa observação tão básica, surgida de um exemplo tão simples, está boa parte da força de *Anarchy, State and Utopia*.

O que ocorre, em contrapartida, se o Estado pretende reverter a situação a que se chega em D2? A discordância com D2, segundo Nozick, só parece levar a conseqüências desastrosas. Um Estado permanentemente intrusivo, por exemplo, direcionado para restaurar D1 após cada reversão que sofra a partir dos acordos entre indivíduos. Ou um Estado autoritário, disposto a proibir a celebração de contratos entre pessoas adultas. Nenhuma dessas situações – propõe Nozick – é aceitável.

Em grande parte, cabe notar, Nozick apóia suas intuições na justiça das transações voluntárias entre adultos[19]. Entretanto, aqui já há um primeiro ponto que merece ser discutido. Talvez Nozick leve vantagem a partir de uma idéia muito vaga de "transação voluntária". Talvez Nozick esteja chamando de "voluntários" acordos que muitos de nós não chamaríamos assim. Tomemos, como exemplo, uma situação comum em sociedades capitalistas modernas. Um indivíduo precisa alimentar seus filhos, e acha a possibilidade de se empregar em um trabalho digno, que lhe permita receber o suficiente para cumprir esse objetivo. Por isso, e intimidado com a inanição dos seus (e a sua própria), decide aceitar um acordo misérrimo, oferecido por alguém que se aproveita de sua situação de extrema fragilidade, de sua incapacidade, ou de sua falta de força para negociar um acordo valioso. Depois Nozick chama isso de "acordo voluntário". Isso não é inaceitável? Nozick não está, agora, violan-

---

19. Convém lembrar, também, uma importante objeção, formulada por Thomas Nagel, ao modo como Nozick analisa os abusos do Estado de "bem-estar". "A crítica a esses abusos [como Nozick apresenta] não é a de que existe o poder estatal, mas a de que este é usado para fazer o mal, em vez de fazer o bem [...] Um argumento prático razoavelmente persuasivo a favor de reduzir o poder dos governos pode ser baseado, talvez, nos resultados pouco felizes de tal poder. Mas é duvidoso que um governo limitado às funções de polícia, justiça e prisões, e à defesa nacional, venha a ser visivelmente benigno, ou especialmente protetor dos direitos individuais." Nagel (1995), p. 40.

do as normas de nosso senso comum às quais pretendia responder? Não, responde Nozick. E, para basear suas afirmações, volta a recorrer a um exemplo simples e, ao mesmo tempo, de grande força elucidativa.

Imaginemos – ele nos pede – um mundo composto por uma pequena quantidade de homens. Vamos chamá-los A, B, C, e assim até Z. Temos também a mesma quantidade de mulheres. Nesse caso, de A' a Z'. Um dia, A apaixona-se por A', A' corresponde ao amor de A, e logo se casam. Pouco depois, ocorre que B se apaixona por B', e também se casam. Os casamentos sucessivos respondem à mesma lógica. C com C', D com D', e assim por diante. Por fim, chegamos ao caso de Z e Z'. Z e Z' têm a opção de contrair matrimônio ou não. Pode-se dizer que estão obrigados a se casar? Alguém poderia dizer: "Z não tinha opção, ou se casava com Z' ou não se casava. Essa não foi uma verdadeira escolha". No entanto, podemos considerar razoável essa afirmação? Quem foi que obrigou os contraentes a celebrar núpcias? Pode-se culpar os sujeitos antecessores de forçar a escolha dos dois últimos? Parece que não. Ninguém forçou o matrimônio de Z e Z'. Segundo Nozick, não cabe falar, nessa condição, de uma situação de falta de liberdade.

Na opinião de Nozick, só se poderia falar de uma situação forçada no caso de estarem presentes as duas seguintes condições. Por um lado, deve acontecer que as opções de uma pessoa estejam restringidas pelas ações de outra. Além disso, e, por outro lado, deve ocorrer que tais ações violem os direitos da primeira. Se as demais pessoas, em contrapartida, agirem em seu direito, não podem ser recriminadas. Para ilustrar isso, convém voltar ao exemplo anterior. No caso mencionado, de fato, parece claro que os casamentos que antecederam ao de Z e Z' foram celebrados de modo perfeito. Ninguém violou o direito de ninguém a se casar. Nesse sentido, seria irracional, absurdo, que B criticasse A' por não ter se apaixonado por ele; ou que C criticasse B' pela mesma razão etc. Do mesmo modo, Z e Z' não têm nada que se opor aos demais. Poderíamos, talvez, concordar que a situação de ambos não é a mais feliz de todas, porém, o que mais além disso? Ninguém violou os direitos de Z e Z' nem os forçou a nada.

Continuando o que foi dito, mas agora em torno de casos próprios da vida real, a moral seria a seguinte: pode-se considerar moralmente censurável uma situação na qual certo trabalhador é obrigado a trabalhar em benefício de algum outro, por exemplo, sob a mira de um revólver; porém, não há nada moralmente incorreto no fato de um desempregado assinar um contrato desvantajoso para ele (desvantajoso em termos de uma justiça ideal). Seria desejável que todos os indivíduos vivessem em condições de plena satisfação de suas necessidades. Mas a verdade é que, enquanto e desde que os demais trabalhadores e empregadores não violem os direitos do indivíduo em questão, não se pode dizer que esse último seja forçado a nada. Ninguém o obriga nem manieta. Ele é que aceitará ou recusará a oferta que receber. Em última instância, ele é o verdadeiro responsável pelos acordos que realiza ou deixa de realizar.

Primeiras objeções à teoria das transferências justas

Apesar do valor de muitas das intuições centrais de Nozick, em matéria de justiça nas transferências sua teoria sofre também de importantes fragilidades. Em particular, ela surge vinculada e – o que é mais relevante – é dependente de uma concepção sobre as aquisições justas, que é muito difícil de defender (como tentarei demonstrar mais adiante). Porém, além dessa objeção "externa", é possível apresentar uma variedade de críticas à própria teoria sobre as transferências justas. Só para mencionar algumas delas, citarei as seguintes:

Em primeiro lugar, e tomando o exemplo de Chamberlain, não está claro que as pessoas que pagam seus vinte e cinco centavos a Chamberlain aceitam também que esse jogador retenha a totalidade dessa soma, ou que não possam ser aplicadas limitações a essa apropriação. Nesse sentido, Nozick parece estar anuindo injustificadamente a uma noção muito ampla de "propriedade plena". Esse tipo de crítica, por exemplo, é formulado por autores como Thomas Nagel, em seu principal artigo polemizando com Nozick. Nagel defendeu, a esse respeito, que o professor de Harvard interpreta de modo equivocado as normas igualitárias a que se refere, já que as considera como se elas implicassem a distribuição de *"títulos absolutos* [...] sobre a riqueza ou a propriedade distribuídas". Contudo, as concepções igualitárias que Nozick pretende atacar não costumam referir-se à distribuição de títulos de propriedade absolutos. Melhor dizendo, essas posturas costumam pensar em títulos "qualificados", como os "que existe[m] em um sistema no qual os impostos e outras condições são estabelecidos de tal modo que preservem certos traços da distribuição, enquanto se permitem, ao mesmo tempo a escolha, o uso e a permuta de propriedade compatível com ela. O que alguém possui nesse sistema – conclui Nagel – não será *sua propriedade*, no sentido não qualificado do sistema de titulação de Nozick"[20].

Em um sentido análogo, caberia dizer que a pergunta à qual respondem os espectadores, ao depositar seus vinte e cinco centavos na urna de Chamberlain, não é uma pergunta sobre a plausibilidade de uma distribuição não igualitária da riqueza. Se Nozick ou as autoridades em questão quisessem conhecer as opiniões desses indivíduos (e as opiniões dos que não compareceram ao jogo, talvez por discordar com o que iria ocorrer ali) sobre a legitimidade de determinada distribuição – não igualitária – da riqueza, conviria que formulassem essa pergunta de modo mais explícito. Ainda mais dada a enorme relevância do assunto em questão. Nozick, em contrapartida, parece estar fazendo-a dizer aos admiradores de Chamberlain muito mais do que eles poderiam estar dispostos a dizer. Possivelmente, se fosse perguntado a esses mesmos indivíduos sobre o valor de uma distribuição não igualitária, eles manifestariam suas

---

20. Nagel (1995), p. 148.

críticas a respeito, considerando que se parte de um estágio D1, de distribuição igualitária, que os indivíduos em questão teriam apoiado. G. Cohen ressalta um ponto semelhante a esse. Segundo ele, não devemos nos conformar com uma situação na qual uma pessoa acredita estar obtendo algo bom, quando, na realidade, o que obtém é um resultado que nem ele mesmo aceitaria se conhecesse as últimas conseqüências de sua ação. Por isso, destaca, nossa pergunta deveria ser a seguinte: Essa pessoa que aceita a transação "teria aceitado se soubesse qual iria ser o resultado dela? Dado que a resposta pode ser negativa, está longe de ser evidente que a justiça nas transações, tal como foi descrita [por Nozick], transmita justiça a seus resultados"[21].

Por outro lado, acrescenta Cohen, Nozick parece não atentar para os efeitos sobre terceiros de um ato como o que realizam Chamberlain e seus seguidores. Diante dessa observação, Nozick poderia dizer – como, de fato, disse – que as demais pessoas conservam suas parcelas intactas. No entanto, replica Cohen, isso não parece ser certo, dado que "a parcela efetiva de cada pessoa depende não só de quanto ela tem, mas também do que os demais têm e do modo como está distribuído o que têm. Se isso está distribuído igualitariamente, então a pessoa em questão estará, normalmente, em melhor condição do que se algumas pessoas tiverem parcelas especialmente grandes. As demais pessoas, incluindo aquelas que ainda não nasceram, têm, portanto, um interesse contrário ao contrato, interesse que não é levado em conta"[22].

---

21. Cohen (1977), p. 216.
22. Ibid., p. 218. A esse respeito, também é pertinente o que destaca Nagel, em sua crítica a um pressuposto epistêmico que parece distinguir a posição de Nozick. Segundo Nagel, Nozick apresenta sua posição como se fosse "possível determinar o que o governo pode e deve fazer, perguntando-se, em primeiro lugar, o que os indivíduos, considerados poucos por vez e de modo isolado, podem fazer, e, depois, aplicando os princípios resultantes em todas as circunstâncias possíveis, incluindo aquelas em que participam bilhões de pessoas, complexas instituições políticas e sociais e milhares de anos de história". Nagel (1995), p. 141.

A teoria da aquisição justa. Da propriedade sobre si próprio à propriedade sobre os recursos externos

A despeito das críticas que recebeu, a observação essencial apresentada por Nozick, mediante o exemplo de Chamberlain, continua tendo força intuitiva: Em quais casos (se é que em algum) é possível proibir os acordos capitalistas entre adultos que concordam? Para honrar a importância dessa intuição – como base para uma possível crítica ao igualitarismo –, podemos deixar de lado por enquanto objeções à postura de Nozick, como as mencionadas. Esse exercício pode valer a pena, em todo caso, para adentrarmos no restante da proposta de Nozick, a fim de explorar sua postura, tentando encontrar novas intuições ou argumentos importantes.

Dispostos a examinar, então, outros aspectos centrais de *Anarchy, State and Utopia*, é preciso que tratemos, antes de mais nada, daquilo que representa o outro alicerce fundamental de seu livro: a teoria que ele defende sobre a validade das apropriações capitalistas. Obviamente, para a posição defendida por Nozick é imprescindível contar com uma boa resposta sobre esse ponto: como o próprio Nozick reconhece (e como antecipei anteriormente), as transações entre adultos que ele defende dependem, em última instância, de que o que foi transferido tenha pertencido legitimamente a quem agora realiza a transferência. Isto é, se uma pessoa vende, digamos, 10 hectares de terra a outra, e essas terras não lhe pertenciam, então, evidentemente, a transferência não pode ser considerada válida. Uma transferência legítima depende de uma prévia aquisição legítima. Essa conclusão óbvia, portanto, implica a necessidade de uma teoria das aquisições, já que, sem ela, a justiça de todos os acordos entre adultos ficaria ameaçada.

Nozick dedicou parte de seu trabalho a desenvolver uma teoria da aquisição justa como a requerida. E o passo que pretendeu dar nesse ponto surgiu como especialmente significativo, sobretudo pensando em sua importância para justificar o capitalismo. O que Nozick tentará demonstrar é como se pode passar de uma afirmação sobre a autopropriedade ou propriedade sobre si próprio (que, pelo menos à primeira vista, parece intuitivamente incontestável) a outra afirmação, mais forte e mais polêmica, sobre a propriedade de recursos externos.

A teoria mais tradicional quanto à aquisição justa é a apresentada por Locke. Como veremos, Nozick baseia-se na visão de Locke, mas apenas em parte. De fato, ele mostra uma aproximação um tanto confusa a respeito, na qual não deixa perfeitamente claro até que ponto ridiculariza Locke, e até que ponto o considera como base de sua própria postura. Em linhas gerais, de qualquer modo, podem ser feitas as seguintes considerações.

Em primeiro lugar, e para poder entender depois a posição de Nozick, cabe dividir a teoria de Locke sobre a apropriação justa em duas partes. Um núcleo básico, referente às conseqüências normativas que surgiriam de combinar o próprio trabalho com um objeto externo; e uma cláusula adicional ou "condição", que qualifica a primeira afirmação. De forma resumida, poderia ser dito que Nozick rejeitará o núcleo da teoria de Locke, para ficar com uma versão essencialmente modificada da mencionada cláusula.

Mas vamos primeiro ao argumento de Locke. Ele pressupõe, antes de mais nada, as seguintes considerações. Por um lado, admite que a pessoa é proprietária de seu próprio corpo e, por conseguinte, de seu próprio trabalho. Por outro lado, admite que o mundo externo originariamente não era possuído por ninguém. Portanto, o argumento de Locke defende que se adquire a propriedade sobre um objeto que não pertence a ninguém quando se combina o trabalho de alguém com um objeto externo[23]. A idéia é que, se uma pessoa combina inextricavelmente algo que pertence ape-

---

23. Historicamente, o argumento de Locke apareceu (no século XVII, na Inglaterra) justificando apropriações privadas de terras, em relação a espaços previamente dispostos para o uso comum.

nas a si própria (o próprio trabalho) com algo que não pertence a ninguém (por exemplo, a terra), logo, essa pessoa transforma-se em proprietário desse objeto. E essa apropriação ocorre em um sentido muito forte: antes de mais nada, a pessoa adquire o direito de excluir os demais em relação àquilo de que se apropria (dado que o objeto em questão contém, agora, algo que pertence à pessoa, algo que já nos dava o direito de excluir os outros). E, além disso, o direito sobre o que se adquire tem tanta importância quanto o direito sobre o próprio corpo[24].

Entretanto, o argumento anterior mantém sua plausibilidade, em grande parte, a partir da mencionada cláusula ou condição, segundo a qual a apropriação de certa coisa é considerada válida enquanto e desde que se deixe "tanto e tão bom para os demais". Como se costuma destacar, é essa cláusula que acaba tendo o maior peso no argumento[25]. O próprio Nozick trata de destacar essa situação mostrando que, na realidade, o núcleo do argumento de Locke é implausível. Por isso, e antes de examinar o item condição, deter-me-ei brevemente nas críticas de Nozick ao principal argumento a favor da apropriação, segundo Locke.

Basicamente, Nozick pergunta-se qual é o significado e quais são as verdadeiras implicações daquele "misturar" o trabalho de uma pessoa com certo objeto. A esse respeito, pergunta-se sobre o alcance dessa pretendida apropriação. Se um astronauta específico chega a Marte – afirma – e separa certa área de terra, deve-se entender que a partir desse ato ele se apropria do universo, de Marte, somente desse pedaço de terra? E, mais essencialmente, questiona-se: Esse tipo de operações de "mistura" (do trabalho de alguém com um objeto externo) implica que eu ganhe algo ou, antes, que perca parte do que possuía? Imaginem – ele propõe – que esvazio no mar uma lata de tomates, que é de minha

---

24. Ver Wolff (1991), p. 102.
25. Ver Kymlicka (1990), p. 110.

propriedade, e que o conteúdo dessa lata mistura-se com a água até não se distinguir. Essa tarefa implica que me tornei proprietário do mar ou que, simplesmente, perdi minha lata de tomates? Com esse tipo de questionamento, que recorre, como é habitual em Nozick, a nosso senso comum, ele deixa de lado o núcleo do argumento de Locke para concentrar-se em contrapartida na cláusula proposta pelo filósofo inglês.

O fato de Nozick concentrar-se na condição lockiana é elogiado, por exemplo, por Gerald Cohen[26]. Ocorre que – diz Cohen –, quando criticamos as apropriações que alguém realiza, fazemos isso considerando geralmente o efeito de tais apropriações sobre os demais. Se o ato em questão não afeta ninguém em particular, então nossas objeções a ele perdem sua força. Por isso, Locke dá um passo importante quando diz que a aquisição que alguém faz deve deixar "tanto e tão bom para os demais", e Nozick toma uma boa decisão quando destaca esse aspecto particular da teoria de Locke. Nessa condição reside em suma a verdadeira justificação da idéia de apropriação. Tome como exemplo – nos sugere Cohen – o caso da pessoa que se apropria da água de um riacho. Se alguém pergunta a essa pessoa o que justifica seu ato de apropriação, acharíamos ridículo que nos respondesse que inclinou sua cabeça e abriu sua boca, e, portanto, a água é sua. Essa resposta recorre, em primeiro lugar, a uma idéia de "trabalho" exageradamente ampla. Porém, e o que é mais importante, recorre a um argumento muito pouco atraente como razão justificatória. Por outro lado, é uma resposta muito mais inteligível que a que nos diz que ninguém tem uma boa razão para se queixar da apropriação da água, dado que ninguém é negativamente afetado por esse ato[27].

---

26. Cohen (1986).
27. Ibid., p. 123.

A cláusula de Locke e a modificação proposta por Nozick

Vamos nos concentrar agora no que se transformou, de fato, no núcleo da justificação da apropriação: a condição sugerida por Locke.

Como vimos, segundo Locke, toda aquisição para ser válida devia deixar tanto e tão bom do objeto adquirido para os demais. Porém, como interpretar a idéia de "tanto e tão bom"? A interpretação que surge de modo mais imediato nos revela que todos os outros que assim desejem devem contar com a possibilidade de se apropriar da mesma coisa que eu adquiri, em quantidade e em qualidade. Mas essa interpretação, embora à primeira vista seja óbvia – de acordo com Nozick –, parece exigente demais e também difícil de defender. Tomemos o caso da terra. Aparentemente, em algum momento foi possível considerar alguma apropriação como legítima, embora já não seja possível afirmar a mesma coisa de nenhuma (dado que já não resta tanta e tão boa terra para todos os demais que queiram se apropriar dela). No entanto, como demonstra Nozick, essa afirmação é inaceitável. Pense no caso de Z – ele nos propõe –, para quem já não resta tanta e tão boa terra para se apropriar. Nesse caso, e conforme a interpretação mais drástica da condição de Locke, a apropriação feita por Y (a última pessoa que se apropriou de terra antes de Z) é injustificada. No entanto, se isso for certo, a apropriação de X (antecessor de Y) apareceria como injustificada, já que sua apropriação foi a que impediu a conseguinte apropriação de Y. O mesmo, portanto, poderia ser dito da aquisição feita por W (antecessor de X), e depois da de V, e assim até a primeira pessoa (A), que se apropriou de determinado lote de terra. Ou seja, nenhuma apropriação, em suma, poderia ter sido considerada legítima. Assim, e dadas as dificuldades próprias dessa interpretação mais exigente da cláusula lockiana, Nozick sugere outra interpretação menos exigente.

Nozick propõe, então, interpretar a idéia de "tanto e tão bom" como significando que a situação dos demais não "fica piorada", uma idéia que, para retomar a linguagem liberal tradicional, pode ser (re)traduzida do seguinte modo: "Cada pessoa pode tomar para si quantidades ilimitadas de recursos naturais se, desse modo, *não prejudica* ninguém."[28] Assim, por exemplo, não é relevante que o lote de terra do qual me aproprio seja o último lote fértil ou cultivável. Se, digamos, eu semeio milho e planto árvores frutíferas, e depois você acaba adquirindo bens mais baratos do que os que costumava comprar, então, você também se beneficia da minha aquisição. Sem ela, o preço dos alimentos não teria podido baixar. O mesmo ocorre, por exemplo, se eu cerco minha propriedade e estabeleço ali um centro comercial que embeleze a região e facilite seu acesso aos bens que necessita. Você também não sairia prejudicado, por exemplo, se eu construísse uma fábrica e lhe desse emprego, permitindo que você ganhasse mais do que era capaz de obter antes da existência de minha fábrica.

A crítica à injustiça na apropriação

Parece claro que todas as especulações próprias dos exemplos apresentados por Nozick exigem algum tipo de explicação adicional. Precisamos saber com clareza, antes de mais nada, o que se entende por "piorar" a situação dos demais. Precisamos rever também a justificabilidade dos pressupostos dos quais Nozick parte para defender sua teoria sobre a apropriação. Nesta análise, tomarei como referência um dos críticos mais incisivos que o libertarismo encontrou, G. A. Cohen. Vou considerar especialmente suas críticas a Nozick em matéria de apropriação, embora mais adiante eu faça algumas referências críticas em relação ao princípio de retificação defendido pelo autor libertário.

---

28. Cohen (1995), p. 114. O itálico é meu.

Como mostra Cohen, a posição de Nozick sobre a justiça na aquisição é implausível por uma ampla variedade de razões. Para torná-las visíveis, Cohen apresenta-nos o seguinte exemplo. Duas pessoas, A e B, trabalham em um lote de terra à disposição de ambos, e obtêm certa quantia de lucro. Digamos que A obtém x, enquanto B obtém z. Agora, suponhamos que A se apropria de toda a terra, mas oferece a B – se é que esse trabalha para ele – um salário de $z + 1$. Por ser um bom administrador, A também é beneficiado com a nova disposição da terra. De fato, passa a obter ainda mais lucros que B. Logo, o que se pode dizer dessa nova situação? Satisfaz ou não a cláusula de Nozick? Para Cohen, sim, se nos orientarmos pelo que B recebe agora, em comparação com o que recebia no início. E essa, segundo Cohen, parece ser uma posição comum nos autores libertários. Entretanto, situações como a mencionada mostram também muitas das fraquezas de um argumento como o de Nozick[29].

1. Em primeiro lugar, no exemplo citado torna-se evidente uma manifesta desatenção para com o fato de B passar a ficar sob as ordens de A. Mas por que deveríamos deixar de lado essa circunstância na avaliação do atual *status* de B? Por que não concluir razoavelmente que a situação de B piorou de forma substancial em relação a uma situação prévia, na qual ele mesmo definia seu próprio plano de vida? Para o libertarismo, corrente que proclama estar especialmente preocupada com o tema da liberdade, esse desnível quanto às relações de poder entre diferentes indivíduos não deveria passar despercebido, tal como costuma ocorrer.

2. Uma segunda consideração seria a seguinte: Está tão evidente que, em um exemplo como o citado (em que A se apropria da terra que trabalhava com B, mas permitindo que este aumente seus ganhos prévios), a situação material

---

[29]. Os exemplos que incluo a seguir aparecem basicamente em Cohen (1995).

de B melhora? A pergunta é relevante porque em exemplos como o mencionado tenta-se representar esquematicamente uma situação relevante na justificação do capitalismo. Observe que, se a resposta for afirmativa (B melhorou sua situação material), então boa parte das apropriações produzidas no âmbito capitalista – apropriações que correspondem a parâmetros semelhantes – são justificadas: é verdade que os trabalhadores ficaram desprovidos dos meios de produção, mas isso permitiu uma melhora substancial em relação à situação em que teriam ficado se não tivessem ocorrido as apropriações mencionadas. Porém, a verdade é que, como tentava sugerir, as coisas são bem mais complicadas do que parecem à primeira vista. G. Cohen apresenta certas situações contrafáticas que contribuem para esclarecer esse ponto:

a) Por um lado, uma situação como a justificada por Nozick apóia uma doutrina do tipo "quem chega primeiro, aproveita primeiro" em matéria de propriedade, que intuitivamente não parece atraente como critério de justiça. De fato, note que podia acontecer que B também fosse um bom administrador, e que, se tivesse sido ele o primeiro a se apropriar da terra, os resultados teriam sido semelhantes aos produzidos no exemplo anterior (embora, nesse caso, B teria maiores lucros que A). Por isso, o esquema de apropriação previamente justificado parece punir B, simplesmente por ter se decidido pela apropriação depois de A.

b) Além disso, pode ter ocorrido que B pensasse, antes de A, na idéia de se apropriar da terra, mas que B tivesse descartado essa idéia, dada sua preferência em continuar trabalhando a terra juntamente com A. Nesse caso, mais uma vez B seria punido por causa de suas preferências, pelo fato de ter sido mais respeitoso para com A.

c) De modo ainda mais intenso, pense no caso em que B é melhor administrador que A, mas A se antecipa a B e se apropria da terra em questão. Nesse caso, novamente a apropriação fica justificada, mesmo que ambos percam, já que ambos estariam melhor no caso de B ter se tornado proprietário da terra.

d) Por fim, considere o caso em que B é melhor administrador que A; A apropria-se da terra e convida B para administrar a produção. Nesse caso, também justificado de acordo com o parâmetro sugerido por Nozick, os lucros obtidos nem sequer são produzidos pelas habilidades administrativas de quem se apropria da terra (A). B, então, é especialmente punido, sem falha que seja condenável.

Em suma, o esquema de apropriação defendido por Nozick considera justa uma variedade de situações que intuitivamente não parecem justas, e que, além disso, chegam a afetar seriamente a própria coerência do argumento apresentado (quanto à melhora da situação material de todos).

3. Por último, convém considerar um pressuposto que é básico para Nozick, mas que não deveria ser considerado óbvio de jeito nenhum. Refiro-me ao fato de tomar como ponto de partida uma situação em que a terra não é propriedade de ninguém, e que está aberta à apropriação de qualquer um. Semelhante pressuposição torna possível todo o argumento posterior. No entanto, trata-se de uma pressuposição que não está justificada em si mesma, por isso, em suma, a estrutura completa da proposta de Nozick fica suspensa no ar. Na verdade, como ressalta Cohen, não há razões para não considerar como ponto de partida justamente o contrário ao proposto por Nozick. Ou seja, considerar que, na realidade, a terra pertence a todos coletivamente e que, portanto, não está disponível para apropriação individual de ninguém, a não ser, em todo caso, por meio do consentimento coletivo. No exemplo citado inicialmente, portanto, A deveria ter consultado B para se apropriar da terra em questão, em vez de agir de modo inconsulto. B, nessa situação, poderia ter vetado a proposta de A, por considerar mais benéfica, a longo prazo, a permanência da propriedade coletiva. Ou, em todo caso, poderia ter aceito a iniciativa de A, mas sujeita a certas condições. Nesse sentido,

B apareceria dotado de poder de negociação suficiente para rejeitar muitas das propostas intuitivamente injustas que, como vimos, A poderia pretender no caso de não reconhecer a propriedade coletiva da terra.

Nozick poderia enfrentar seus críticos? Implicações de seu "princípio de retificação"

Antes de concluir este capítulo, é importante fazer menção a uma tentativa feita por Nozick com o objetivo de "blindar" sua teoria contra objeções como as que fomos apresentando ao longo de nossa análise. A esse respeito, gostaria de mencionar uma significativa "tentativa de salvação" prevista por Nozick mediante o recurso ao (que denominou) "princípio da retificação".

Tal como se apresenta, parece que o princípio da retificação vem dar consistência final à teoria. A idéia é a seguinte: Nozick reconhece a possibilidade de algumas transferências ou apropriações terem se realizado de modo inadequado, e admite que essas situações precisam de reparação, se é que se trata de apresentar uma teoria da justiça coerente. O princípio da retificação é o que exige reparações quanto a possíveis injustiças cometidas por meio das prévias aquisições e transferências. A idéia é que esse princípio permita justificar o desenvolvimento do resto da teoria. Por exemplo, se alguém se apropriou de certo objeto violando os direitos de um terceiro, o princípio de justiça na retificação exige voltar atrás e reparar o dano cometido, para impedir que a sociedade se institua a partir de uma série de atos de apropriação injustificados.

O princípio de retificação, então, aparece destinado a "apagar" aqueles vestígios de possíveis injustiças, para depois "seguir adiante" com o sistema de apropriações e transferências libertárias. No entanto, cabe ressaltar, esse esclarecimento apresentado por Nozick – aparentemente um esclarecimento apenas formal –, uma vez exposto, ameaça imediatamente agigantar-se, até chegar a "engolir" a totalidade da doutrina libertária sobre a propriedade. De fato, pense, em primeiro lugar, que, de acordo com a teoria libertária, as transferências promovidas pelo Estado de bem-estar são injustificadas, por isso, em princípio, deveria se buscar alguma forma de reparar essas ações ilegítimas, bem como seus efeitos. Mas isso certamente implica um processo retificador monstruoso: a completa organização social precisaria ser posta de cabeça para baixo. De modo muito mais radical, deveríamos pensar nas violentas apropriações que fundamentaram habitualmente os regimes capitalistas. Aborígines aniquilados, terras expropriadas à força etc. revelam-nos situações comuns no passado, que pioraram a situação de uma infinidade de gente, sem a mínima atenção a seus direitos ou compensação. O princípio de retificação, em tais casos, também deveria ser posto em atividade, com a finalidade de poder firmar o capitalismo sobre bases mais legítimas. No entanto, deparamos de novo com o fato de o princípio de retificação, aparentemente marginal na teoria, passar a representar um papel protagonista para organizar modificações importantes, como exigência prévia para o estabelecimento de uma sociedade libertária genuína.

Como deve reagir um libertário diante de cenários como os sugeridos? Uma possível contraproposta seria a seguinte: "Vamos esquecer as várias injustiças ocorridas até aqui, dado que a revisão do passado nos levaria a processos de cálculo e avaliação muito difíceis, e tomemos a situação atual como ponto de partida. De agora em diante, sim, em contrapartida, e ante possíveis novas injustiças, vamos pôr em prática o princípio de retificação". Porém, a verdade é que uma solução como essa parece escandalosamente injusta. De fato, o próprio Nozick rejeita uma alternativa semelhante, tencionando ser coerente com os princípios previamente expostos. E, o que é mais curioso, à força de ser coerente com eles acaba reconhecendo inclusive a possibilidade de justificar o Estado de bem-estar. De fato, Nozick chega a afirmar, de passagem, que o princípio de retificação pode chegar a precisar de substanciais compensações em benefício daqueles que foram ilegitimamente prejudicados pelas apropriações e transferências ocorridas. Embora a introdução do socialismo possa resultar em uma punição muito grande para nossos pecados – ele reconhece –, as injustiças ocorridas podem ser grandes o bastante para chegar a justificar um Estado fortemente intervencionista. Ele admite, então, que talvez, temporariamente, seja necessário e exigível organizar a sociedade de tal modo que se maximize a situação dos grupos que acabaram ocupando posições mais desvantajosas. Ou seja, o próprio Nozick admite a possível justificabilidade de esquemas de justiça redistributiva como aqueles contra os quais, em suma, parecia estar direcionada sua teoria[30].

---

30. Em particular, por meio de comentários como o mencionado, parece chegar a admitir um princípio como o princípio da diferença de Rawls, contra quem, em grande parte, orientou seu trabalho *Anarchy, State and Utopia*.

Capítulo 3
A "teoria da justiça" como uma teoria insuficientemente igualitária

Neste capítulo, vamos rever uma variedade de pontos de vista críticos sobre a "teoria da justiça". Todas essas críticas, como veremos, estarão orientadas para mostrar a teoria de Rawls como uma teoria incapaz de satisfazer plenamente sua inicial promessa igualitária. Para poder reconhecer o alcance dessas objeções, considere-se essa brevíssima e muito rudimentar resenha do igualitarismo de Rawls: a) segundo Rawls, as instituições de uma sociedade podem ser consideradas instituições justas quando permitem que a vida das pessoas dependa do que cada um escolhe com autonomia, e não dos "acasos da natureza" – ou seja, das "circunstâncias" que competem a cada um viver, por ventura ou desventura; b) para a obtenção do objetivo indicado no item anterior, as instituições devem se orientar para igualar os indivíduos em suas circunstâncias, o que se traduz fundamentalmente em dotar cada um com um conjunto igual de "bens primários"; c) a igualdade que se garante no item anterior não implica uma igualdade absoluta e estrita, uma igualdade imodificável, "rígida". Se certas desigualdades na inclusão, na riqueza, na autoridade ou no grau de responsabilidade de cada um levam todos a melhorar em comparação com a situação de igualdade inicial – pergunta-se Rawls –, por que não permiti-las?

As objeções que vamos analisar, relacionadas ao caráter insuficientemente igualitário da teoria de Rawls, vêm desafiar cada um dos itens mencionados no parágrafo anterior. A esse respeito, examinaremos a obra de três autores em especial. 1) Antes de mais nada, vamos rever alguns trabalhos de Ronald Dworkin, que nos ajudarão a questionar o primeiro dos itens mencionados. Dworkin, como veremos, procura mostrar que a concepção de Rawls falha tanto por tornar os indivíduos responsáveis por situações pelas quais não são responsáveis, como por não torná-los responsáveis por decisões que estão, sim, sob seu controle. 2) Em seguida, recorreremos a Amartya Sen para questionar o segundo item mencionado; para Sen, a medida igualitária escolhida por Rawls, a igualdade de "bens primários", é extremamente imperfeita ao se concentrar em certos bens "objetivos" e descuidar do modo diferente como os mesmos bens podem produzir impacto em diferentes indivíduos, que vivem em contextos também muito distintos. 3) Uma série de trabalhos recentes de Gerald Cohen nos ajudará, por fim, a questionar o terceiro dos itens citados, relacionado às desigualdades justificadas na teoria de Rawls. Para Cohen, os "incentivos" aos quais Rawls dá lugar (em seu segundo princípio de justiça) só vêm recompensar indivíduos já favorecidos pela "loteria natural" – uma operação que parecia inevitavelmente excluída pela própria teoria de Rawls.

Por fim, examinaremos um desafio mais amplo ao igualitarismo da teoria de Rawls, como o que apresenta (alguma vertente da) a teoria feminista. Essa crítica feminista aparece como uma crítica mais global, direcionada aos pressupostos, valores e objetivos do pensamento rawlsiano. A "teoria da justiça", segundo essa postura, é insuficientemente igualitária por não se decidir em pensar nos indivíduos como fazendo parte de grupos (o grupo das mulheres, por exemplo); por não dar espaço para a "história" (uma "história de opressão", por exemplo) nas reflexões sobre a justiça; por se concentrar na idéia de "escolhas", sem pensar nas qualidades dessas escolhas (assumindo, por exemplo, que as mulheres optam por algo quando, na verdade, não têm opções reais); e, em suma, por seu caráter abstrato e teórico demais – por representar, assim, uma concepção absolutamente distante do que ocorre com as pessoas de carne e osso, todos os dias. O feminismo, pelo que foi dito, apresenta a teoria de Rawls como intrinsecamente incapaz de pensar na igualdade de um modo apropriado. Vejamos, então, a seguir, uma a uma, as diferentes críticas mencionadas.

As modificações sugeridas por Dworkin na teoria de Rawls

Os vínculos entre as concepções defendidas por Rawls e Dworkin em torno da justiça são claramente mais fortes que suas diferenças. Dworkin preocupa-se em aperfeiçoar uma visão como a proposta por Rawls, mas compartilhando com ele muitos de seus pressupostos básicos[1]. Para Dworkin, uma concepção liberal igualitária adequada precisa apoiar-se em quatro idéias básicas, muito próximas às defendidas por Rawls. Em primeiro lugar, o liberalismo igualitário deve distinguir entre a "personalidade" e as "circunstâncias" que cercam cada um. O objetivo desse liberalismo deve ser, nesse sentido, igualar as pessoas em suas circunstâncias, permitindo que os indivíduos se tornem responsáveis pelos resultados de seus gostos e ambições: se alguém, situado em uma posição de relativa igualdade com os demais, decide, por exemplo, empreender uma ação muito arriscada, sabendo das possibilidades de que ela termine mal, então, no caso de um final infeliz em sua empreitada, deve arcar sozinho com o resultado obtido. Do mesmo modo, o Estado igualitário não poderá ser obrigado a arcar com os "gostos caros" de quem tenha cultivado esse tipo de preferência. Nesse ponto, e apesar de algumas variações que veremos em seguida, as coincidências entre Rawls e Dworkin são evidentes.

---

1. Dworkin (1991).

Em segundo lugar, Dworkin considera que uma boa concepção igualitária deve rejeitar, como medida da igualdade, o bem-estar ou a satisfação que cada um possa obter. Contra esse tipo de medida subjetivista, Dworkin considera que deve ser defendido um parâmetro mais objetivo na avaliação da justiça. Assim, propõe a noção de "recursos", para dizer que a situação das pessoas deverá ser avaliada levando em conta os recursos que possuem (e as razões pelas quais os possuem ou carecem deles), e não o grau de satisfação que possam obter deles. Nesse ponto, há de novo um forte acordo entre as posturas de Dworkin e Rawls, embora este último pense em termos de "bens primários" (como parâmetro objetivo), e Dworkin, em termos de "recursos".

"A terceira idéia fundamental da igualdade liberal – acrescenta Dworkin – é um complemento da segunda. [O liberalismo igualitário] insiste não só que a justiça é uma questão de recursos, como uma questão de recursos *iguais*."[2] Aqui também há uma coincidência básica com a proposta de Rawls.

Por fim, a quarta idéia própria do liberalismo igualitário é, segundo Dworkin, a relacionada à tolerância. Para Dworkin, um Estado igualitário deve ser neutro em matéria ética, não devendo proibir ou recompensar nenhuma atividade privada com base em que alguma concepção ética é superior ou inferior às demais. Esse ponto, como vimos, também é fundamental para Rawls, em sua defesa da neutralidade estatal (neutralidade implícita em seu primeiro princípio de justiça). Para a concepção da justiça proposta por Rawls, o "correto" tem prioridade sobre o "bom" – o que significa que o Estado deve manter-se neutro quanto aos diferentes ideais de excelência humana que os distintos cidadãos defendam (e muito além do número de cidadãos que apóiem esse ou aquele ideal).

Pelo que foi dito, então, parece claro que – apesar das sutis diferenças que os separam – Rawls e Dworkin compar-

---

2. Ibid., p. 4.

tilham um extenso núcleo de convicções igualitárias. Mas quais são, então, as diferenças que existem entre esses autores? A primeira e fundamental distinção entre ambos os pontos de vista tem a ver com os alcances da teoria da justiça proposta por Rawls. Para Dworkin, essa teoria da justiça é insensível demais aos dons próprios de cada pessoa, e não suficientemente sensível às ambições de cada um. Nesse sentido, sua proposta procura superar ambos os inconvenientes[3].

O fato de a teoria de Rawls ser insensível demais aos dons de cada um pode ser explicado do seguinte modo: os dois princípios de justiça de Rawls permitem que alguns sujeitos sejam desfavorecidos por circunstâncias que não controlam, dado que sua teoria da justiça "define a posição dos que estão pior em termos da posse de bens primários de tipo social – por exemplo, direitos, oportunidades, riqueza etc." –, e não em termos de bens primários de tipo natural – por exemplo, talentos, capacidades mentais ou físicas etc. Essa opção leva a alguns resultados contra-intuitivos. Por exemplo, uma pessoa com salário um pouco maior que o de outra, mas com graves afecções físicas, estaria – de acordo com a teoria de Rawls – melhor que esta última, mesmo que seu salário maior não seja suficiente para pagar os remédios que necessita, devido a suas desvantagens naturais[4].

É verdade que, no esquema de Rawls, a aplicação do princípio da diferença evita que os incapacitados recebam menos bens sociais por causa da simples circunstância de suas incapacidades: as desigualdades sociais são compensadas, e as desigualdades naturais não influem na distribuição. Mesmo assim, ainda continuam sem evitar os efeitos do mero infortúnio na vida das pessoas. O incapacitado do exemplo anterior pode receber os mesmos bens sociais que

---

3. Sigo nesse ponto Kymlicka (1990). [Trad. bras. *Filosofia política contemporânea*, São Paulo, Martins Fontes, 2006.]
4. Ibid., p. 71.

uma pessoa capacitada, mas tem que gastar boa parte de seus recursos para tentar remediar uma desvantagem pela qual não é responsável. Nesse sentido, as circunstâncias que afetam esse indivíduo continuam impondo-lhe encargos dos quais outros estão isentos.

A idéia de que a teoria de Rawls não é suficientemente sensível à ambição pode ser resumida do seguinte modo: de acordo com a "teoria da justiça", as desigualdades sociais podem ser aceitáveis só se atuam em benefício dos que estão pior. No entanto, observe-se o que ocorre no seguinte caso: vamos imaginar que temos diante de nós duas pessoas, ambas dotadas de iguais talentos e recursos materiais. Suponhamos que uma dessas pessoas trabalha muito duramente, e, assim, consegue aumentar sua renda inicial, enquanto a outra prefere trabalhar muito menos que a primeira, e usar todas as suas economias em atividades de consumo. Como resultado da teoria da justiça de Rawls, se a segunda pessoa não acabar sendo beneficiada pelas desigualdades criadas pelo maior trabalho da primeira, então o governo deve impor-lhe um imposto e transferir para a segunda parte dos lucros que aquela criou. Porém, essa solução, para autores como Dworkin, é muito insensível à ambição, dado que permite que a segunda pessoa desenvolva seu plano de vida mais consumista, e se beneficie das vantagens criadas pelo trabalho extra da primeira, mas não permite que a primeira usufrua da renda extra gerada pelo plano de vida (uma vida de maior trabalho) que por si mesma decidiu seguir[5].

A concepção da igualdade defendida por Dworkin direciona-se para resolver os dois tipos de dificuldade até aqui mencionados, próprios da concepção de Rawls (a de ser uma concepção muito insensível aos dons, e a de não ser suficientemente sensível às ambições). Com esse objetivo, Dworkin apresenta uma contraproposta: um modelo ideal – um ideal regulador – diferente do que aparece na apresentação de Rawls, e aperfeiçoado em relação àquele.

---

5. Ibid., pp. 74-5.

O modelo ideal proposto por Dworkin consiste basicamente em duas partes. Na primeira parte, deparamos com um leilão hipotético, no qual cada participante começa com um idêntico poder aquisitivo. Por meio do leilão, a sociedade põe à disposição do público todos os seus recursos. Existem, porém, dois tipos fundamentais de recursos: os recursos pessoais (que incluem, por exemplo, as habilidades físicas e mentais, a saúde etc.); e os recursos impessoais (terra, maquinários etc.). No leilão, como é óbvio, só são postos para arrematação os recursos impessoais, já que, parece claro, os recursos pessoais não podem ser postos à disposição do público.

O leilão começa, então, com pessoas que têm iguais possibilidades de adquirir os recursos impessoais que preferem. E acaba quando cada participante fica satisfeito com o lote de recursos que adquiriu, e não prefere o conjunto dos recursos adquiridos por algum outro participante. Quando se chega a esse estágio, entende-se que fica satisfeito aquilo que Dworkin denomina "teste da inveja"*.

Uma vez encerrado o leilão – satisfeito o "teste da inveja" –, garante-se às diferentes pessoas uma parcela adicional (e igual) de meios para a aquisição de bens, com a finalidade de que sejam utilizados para dois objetivos principais. Um, o de poder perseguir o plano de vida que cada um deles escolheu. O outro, prévio e mais importante, o de *contratar seguros* para enfrentar eventuais desvantagens futuras surgidas fundamentalmente a partir das diferentes capacidades com as quais as pessoas nascem dotadas[6]. As-

---

* Sobre esse "teste de divisão igualitária", ver Dworkin, *A virtude soberana*: a teoria e a prática da igualdade, São Paulo, Martins Fontes, 2005, cap. 2. (N. do T.)

6. Ver, por exemplo, Dworkin (1990b), parte VI. Dworkin prefere a idéia de seguros à de uma igual divisão para evitar problemas tão graves como o da "escravização dos talentosos". De fato, o princípio da igual divisão poderia obrigar uma pessoa com talentos socialmente valiosos a trabalhar em benefício do restante, para pagar sua "dívida" com a sociedade, e apesar de essa pessoa preferir, por exemplo, ter outro modo de vida que não implique o exercício dos seus talentos.

sim, os indivíduos podem enfrentar aqueles problemas que não puderam ser resolvidos a partir do mencionado leilão. De fato, no leilão, e como vimos, não existia a possibilidade de incluir os recursos pessoais como objetos à disposição dos participantes.

Por meio desse exemplo, aqui muito resumido, Dworkin procura mostrar quais são as características que devem distinguir uma concepção igualitária plausível: as pessoas devem ter a possibilidade de iniciar suas vidas com iguais recursos materiais, e devem ter igual possibilidade de se garantir contra eventuais desvantagens. Aqui também, como no caso de Rawls, o objetivo é reduzir o peso de fatores arbitrários de um ponto de vista moral. Contudo, como dissemos, a proposta de Dworkin procura cobrir aspectos que aparentemente eram tratados de modo inadequado na proposta de Rawls. Segundo Dworkin, o esquema de "leilão + seguros" permite corrigir de modo correto os efeitos da má sorte na vida de cada um, solucionando as falhas que eram compatíveis com a proposta de Rawls. Sua proposta a) eliminaria completamente o efeito da "mera sorte" (*brute lucke*), isto é, as circunstâncias que sejam o resultado de riscos pelos quais os indivíduos não são responsáveis de jeito nenhum; enquanto b) não seriam eliminados (como não conviria que fossem) aqueles riscos que são fruto de opções feitas pelos indivíduos (*option luck*)[7]. O esquema de seguros "proporciona um vínculo entre a mera sorte e a sorte pela qual uma pessoa opta, dado que a decisão de adquirir ou rejeitar o seguro contra [eventuais contratempos] representa uma aposta calculada"[8].

Decerto, Dworkin não pensa no leilão e no esquema de seguros como diretamente traduzíveis para a realidade. O esquema apresentado por ele tende a constituir, simples-

---

7. Dworkin (1981b).
8. Ibid., p. 293. Para um cuidadoso desenvolvimento da teoria de Dworkin, ver, por exemplo, Rakowski (1993).

mente, um modelo para orientar uma política igualitária. Nesse sentido, por exemplo, Kymlicka considera a proposta de Dworkin como uma tentativa de orientar o funcionamento do sistema impositivo, que deveria recolher impostos dos mais capacitados por natureza, para depois transferi-los para os mais desfavorecidos[9]. No entanto, ao mesmo tempo ele salienta a enorme dificuldade que existe para realizar alguma tradução mais ou menos fiel daquela proposta igualitária para a realidade. O principal problema, nesse caso, é dado pela impossibilidade de determinar adequadamente o que conta como vantagens e desvantagens naturais (por exemplo, os talentos de X devem-se a seus dotes excepcionais, ou ao fato de ele optar por desenvolver as poucas capacidades que tinha?).

De qualquer maneira, e em defesa de Dworkin, cabe reconhecer que não é razoável esperar de uma concepção igualitária muito mais que o que serve de modelo para orientar possíveis reformas, ou que esclareça os critérios a serem utilizados nelas. E, nesse sentido, o ponto de vista dworkiniano permite chegar a maiores especificações que outros pontos de vista alternativos. Em particular, por meio de recursos como o "teste da inveja", que tende a contrabalançar de forma adequada o peso que cabe atribuir às circunstâncias e escolhas. Sem eliminar completamente a influência das desvantagens naturais (algo que nenhuma proposta igualitária está capacitada a fazer), a proposta de Dworkin oferece uma solução plausível intermediária entre ignorar os dons naturais desiguais e tentar igualar, inutilmente, as pessoas em suas circunstâncias. Nesse sentido, seria uma concepção adequadamente insensível aos dons de cada um. E, por outro lado, essa proposta seria suficientemente "sensível à ambição". De fato, quando o leilão e o conseqüente "teste da inveja" acabam, pode-se supor que cada pessoa tem o conjunto de bens que prefere. Logo, futuras diferenças que possam surgir entre diferentes pessoas (em

---

9. Kymlicka (1990), pp. 82 e 83.

seus respectivos salários, por exemplo) serão o mero resultado de suas diferentes preferências, de suas diferentes concepções do bem. Se uma pessoa prefere o trabalho ao ócio, e a outra o ócio ao trabalho, então certamente serão compensadas de modo desigual, mas essas desigualdades não gerarão transferências adicionais. Assim, o esquema de Dworkin parece evitar os resultados contra-intuitivos que surgiam derivados da aplicação dos princípios de justiça de Rawls[10].

As críticas de Sen a Rawls e Dworkin

De acordo com o enfoque de Amartya Sen, uma proposta igualitária aceitável não deveria se concentrar na igualdade de bens primários, como ocorre no caso de Rawls, nem na igualdade de recursos, como ocorre no caso de Dworkin. Essa análise também não deveria focalizar-se na utilidade obtida por alguém com esses recursos ou bens primários, por exemplo, como ocorre na solução de bem-estar. Em contrapartida, segundo Sen, o que deveria ser considerado é

---

10. O "corte" proposto por Dworkin entre "escolhas" pelas quais uma pessoa deve ser considerada responsável e "circunstâncias" pelas quais não é foi contemporaneamente objeto de importantes questionamentos. Ver, especialmente, Arneson (1989) e Cohen (1989). De acordo com Dworkin, uma pessoa deve ser considerada responsável por suas preferências desde que se identifique com elas – esteja satisfeito com elas. Arneson e Cohen concordam ao afirmar que o "corte" adequado é entre "má sorte" e "ações que alguém pode ter escolhido não fazer". Eles diferem, em todo caso, no desenvolvimento que dão a suas propostas (Cohen defende o que denomina "igualdade no acesso a vantagens"; enquanto Arneson defende o que denomina "igualdade nas oportunidades de bem-estar"). Ao contrário do enfoque de Dworkin, aqui têm cabimento considerações de bem-estar (não é uma razão para compensar uma pessoa, no esquema de Dworkin, o fato de que ela sofra, por exemplo, de dores gravíssimas que a afetem permanentemente); além de levar em conta (como base para uma compensação) o fato de que alguém tenha "gostos caros genuinamente involuntários" (pense em alguém que ama a fotografia – um *hobby* muito caro –, podendo optar, por exemplo, pela pesca, que é uma predileção muito mais barata). Um excelente estudo a esse respeito está em Roemer (1996).

algo "posterior" à posse desses recursos, mas "anterior" à obtenção da utilidade, como pode ser, por exemplo, o nível nutricional de cada um[11]. De fato, a igualdade buscada deveria ocorrer de preferência na capacidade de cada sujeito para (na linguagem de Sen) converter ou transformar esses recursos em liberdades[12]. Em sua opinião, esse problema de "conversão" pode decorrer, por exemplo, de um metabolismo diferente, ou de viver em condições climáticas diferentes, ou de ter uma vulnerabilidade diferente a certas doenças parasitárias, ou de contar com um corpo mais saudável etc.: por causa de questões tão básicas como as citadas, idênticos bens podem significar coisas muito distintas para pessoas diferentes[13]. Curiosamente, esse ponto parece que é visto por alto tanto por autores que defendem o Estado de "bem-estar" quanto por autores igualitários como Rawls ou Dworkin. Assim, em sua crítica particular a teorias como a defendida por Rawls, Sen afirma que "[d]ado que a conversão d[os] bens primários e recursos em liberdade de escolha [...] pode variar de pessoa para pessoa, a igualdade na posse de bens primários ou de recursos pode ir de mãos dadas com sérias desigualdades nas liberdades reais desfrutadas por diferentes pessoas"[14].

Por outro lado, Sen considera que enfoques como os de Rawls ou Dworkin estão afetados por um "fetichismo"

---

11. Sen (1985), p. 11. Ao estabelecer diferenças com outros enfoques, Sen é ainda mais detalhista. Em sua opinião, o enfoque que propõe difere de "outros enfoques que utilizam outros focos de informação, como, por exemplo, a utilidade pessoal (que se concentra nos prazeres, na alegria, ou no desejo de realização), opulência absoluta ou relativa (que se concentra no conjunto de bens, receita real ou riqueza real), determinações de liberdades negativas (que se concentram na satisfação procedimental dos direitos libertários e nas regras de não-interferência) ou as comparações dos meios para obter liberdade (que se concentram na posse de 'bens primários', como na teoria de justiça de Rawls), e comparações na posse de recursos como base para uma igualdade justa (como no critério de Dworkin da 'igualdade de recursos')". Ver Sen (1993).

12. Ver Sen (1992), p. 33.
13. Ibid., p. 33.
14. Ibid., p. 81.

sobre a idéia de bens à qual recorrem. Esse "fetichismo" leva-os a se preocupar somente com determinados bens, excluindo o que esses bens significam para os diferentes indivíduos (ou, em outras palavras, isso implica concentrar-se apenas nos "meios" para conseguir liberdades, e descuidar-se de nossas diferenças no possível aproveitamento desses meios)[15]. De forma curiosa, esse "fetichismo", que parece próprio de posições igualitárias como as mencionadas, não constitui um mal que afete aquelas posturas preocupadas com as "condições finais" das pessoas (como o utilitarismo, tão criticado por Rawls e Dworkin), dado que elas, sim, se preocupam com o que os bens em questão produzem em diferentes indivíduos. O problema com essas posturas, no entanto, e conforme Sen, é que consideram como medida a utilidade final obtida por determinada pessoa, o que implica concentrar-se, indevidamente, na "reação mental" de tal indivíduo[16]. Levar em conta fundamentalmente a "reação mental" de alguém ante determinada ação ou estado de coisas representa um erro – como diria Cohen –, dado que "as pessoas podem adaptar suas expectativas a sua condição. [Daí que o] fato de uma pessoa ter aprendido a conviver com a adversidade e a sorrir com coragem diante dela não deveria invalidar sua pretensão de ser compensada"[17].

Para entender de forma adequada a alternativa proposta por Sen, é importante "dissecar" a idéia de "capacidades" defendida por ele. Quando Sen sugere que uma teoria igualitária deve concentrar sua atenção nas capacidades básicas das pessoas, quer dizer que essa teoria deve prestar uma atenção privilegiada aos diferentes "desempenhos" (*functionings*) dos indivíduos. A capacidade de uma

---

15. Sen sugere que enfoques como os de Rawls ou Dworkin, concentrados nos meios para adquirir liberdades, podem estar baseados originalmente em uma suposição errônea: a de que a única alternativa a esse tipo de enfoque era defender uma "particular visão abrangente sobre resultados e conquistas". Ibid., p. 86.
16. Sen (1980), p. 211.
17. Cohen (1993b), pp. 16-7.

pessoa, de acordo com sua opinião, vem conjugar os distintos desempenhos que alguém pode atingir: ter certa capacidade é ser capaz de atingir uma série de "desempenhos". Nesse sentido, a idéia de "desempenhos" representa o conceito mais primitivo de sua proposta ao se vincular às "diferentes coisas que a pessoa consegue fazer ou chega a ser no desenrolar de sua vida"[18].

Os "desempenhos" possíveis pensados por Sen são os mais variados e vão desde alguns muito complexos, como a conquista do auto-respeito ou de um alto nível de integração dentro da sociedade, até "desempenhos" muito básicos, como o de conseguir um estado nutricional ou de saúde adequados. De acordo com Sen, diferentes indivíduos, em diferentes sociedades, alcançam diferentes níveis de desenvolvimento dessas capacidades, e valorizam também de modo diferente cada um daqueles "desempenhos" possíveis. Uma boa política igualitária, segundo Sen, deveria ser sensível a essas variações. Assim, por exemplo, em uma sociedade extremamente pobre poderia ser razoável concentrar-se na equiparação das pessoas em um "pequeno número de desempenhos essencialmente importantes e em suas capacidades básicas correspondentes" (como, por exemplo, a habilidade de estar bem nutrido ou a capacidade de escapar de uma morte prematura)[19]. Enquanto isso, em sociedades mais desenvolvidas seria razoável passar a examinar uma lista mais extensa de "desempenhos" e capacidades na hora de elaborar uma política igualitária.

Em uma revisão parcial da postura de Sen, Rawls interpretou a proposta desse autor como baseada em uma "particular doutrina abrangente", que, como tal, tendia a hierarquizar as distintas conquistas e estilos de vida das pessoas[20]. Mas, como afirma Sen, o enfoque que ele defende buscar refletir "a liberdade de uma pessoa para escolher en-

---

18. Sen (1993), p. 31.
19. Ibid.
20. Ver, por exemplo, Rawls (1988).

tre formas de vida alternativas [...] e sua avaliação não pressupõe a unanimidade em relação a nenhum conjunto específico de objetivos"[21]. Seu alvo está vinculado com certas "liberdades", e não com "conquistas" específicas[22].

As observações de Sen são muito importantes na busca de um maior aprimoramento nas teorias igualitárias. Hoje em dia, parece haver certo consenso na idéia de que, assim como as propostas de "bem-estar" defendiam uma medida igualitária "subjetiva" demais, a medida proposta por Rawls corre o risco de ser "objetiva" demais. Daí que tenha sentido essa busca iniciada por Sen, voltada a encontrar um ponto intermediário entre posições "objetivistas" e "subjetivistas". De qualquer maneira, cabe acrescentar que a proposta de Sen parece estar ainda – e apesar do tempo que passou desde as primeiras formulações de sua proposta – em um estágio relativamente pouco desenvolvido. Isso pode ser devido, entre outras razões, ao fato de a medida "intermediária" que ele oferece estar sujeita, ainda, a ambigüidades que ele mesmo reconhece, e que não parecem simples de resolver[23]. Essas ambigüidades manifestam-se tanto em relação à idéia de capacidades (por exemplo, as capacidades como relacionadas ao que as pessoas obtêm dos bens referem-se ao que as pessoas "extraem" deles ou ao que, mais passivamente, "recebem" deles?), quanto em relação à idéia mais básica de "desempenhos" (os "desempenhos" referem-se a atividades que as pessoas realizam – ler ou escrever – ou a certos "estados" aos quais elas podem chegar – estar bem alimentado; estar livre dessa ou daquela doença?)[24]. Isso nos revela, então, a necessidade de continuar explorando termos como os citados ("capacida-

---

21. Sen (1992), p. 86.
22. Ibid. Além disso, para Sen, justamente a grande virtude da teoria da justiça de Rawls foi a de nos fazer "mudar de nossa preocupação pelas desigualdades apenas em resultados e conquistas para [uma preocupação] com oportunidades e liberdades".
23. Ver Sen (1993) p. 31, e, sobretudo, p. 46.
24. G. A. Cohen (1993), p. 21.

des", "desempenhos") com o objetivo de aprimorar a linguagem e as propostas do igualitarismo.

G. A. Cohen e a crítica radical ao liberalismo de Rawls

Após um longo período estudando exclusivamente o marxismo, o filósofo Gerald Cohen dedicou vários anos a uma minuciosa crítica ao trabalho *Anarchy, State and Utopia*, de Robert Nozick[25] – uma obra que, para muitos, representava a defesa mais aprimorada do liberalismo conservador. Em uma série de textos recentemente revisados e recompilados pelo próprio Cohen[26], o filósofo canadense desmantelou, peça por peça, o simples, porém muito engenhoso, mecanismo criado por Nozick, com o objetivo de demonstrar as sérias falhas daquela sofisticada concepção conservadora. Desde então, Cohen tem focalizado seus trabalhos na teoria da justiça de John Rawls[27]. E novamente repete aqui a observação crítica antes imposta a Marx e a Nozick: Cohen analisa Rawls do ponto de vista de um igualitário radical[28], com a pretensão de averiguar algumas das contradições e falhas próprias desse trabalho[29]. Nesta seção vou me ocupar, fundamentalmente, das críticas apresentadas

---

25. Nozick (1974). Seus estudos sobre o marxismo estão resumidos, em parte, em Cohen (1978, 1988).
26. Cohen (1995).
27. Rawls (1971).
28. Talvez, no caso de Cohen, a denominação "igualitário radical" seja mais apropriada que "marxista" (que emprego algumas vezes para descrever sua posição ideológica) se nos restringirmos a alguns de seus últimos trabalhos. Ver, por exemplo, Cohen (1993).
29. Os artigos que vêm resenhando esse "avanço" crítico de Cohen sobre Rawls são numerosos – embora alguns deles ainda não estejam publicados – e demonstram algo notável: apesar da extraordinária quantidade de estudos que foram escritos sobre a obra de Rawls, Cohen foi capaz de apresentar objeções muito originais a ela, até o ponto de ameaçar (também nesse caso) pôr em risco as próprias bases do projeto de Rawls. Um trabalho pioneiro de Cohen, nesse sentido, pode ser visto em Cohen (1989). Depois, devem ser vistos, por exemplo, Cohen (1992, 1995b, 1997, 1997b e 1999).

por Cohen à idéia rawlsiana segundo a qual um esquema institucional apropriado pode tolerar certas desigualdades em nome da justiça (uma idéia própria do segundo princípio de justiça defendido por Rawls). Antes de me concentrar nessas observações particulares, e para conseguir uma compreensão maior delas, farei uma brevíssima resenha da evolução das críticas de Cohen a Rawls.

As primeiras objeções à obra de Rawls

Ainda que indubitavelmente atraído pela "teoria da justiça", Cohen sempre se mostrou "inquieto" e, por fim, incomodado com o igualitarismo liberal de Rawls. Em uma de suas primeiras e mais incisivas aproximações a esse igualitarismo, Cohen ressaltou certos problemas que encontrava na argumentação do filósofo norte-americano[30]. De forma curiosa, as dificuldades mais sérias que começou a vislumbrar vincularam-se justamente à intuição rawlsiana que considerava mais atraente – a relacionada à distinção entre "circunstâncias" e "escolhas".

Nesse sentido, Cohen chama a atenção para afirmações rawlsianas como a seguinte. Como vimos, segundo Rawls, cada indivíduo só é parcialmente responsável por seus esforços, dado que, em parte, essa capacidade de se esforçar é um mero produto da sorte. Logo, e devido à dificuldade para distinguir claramente até que ponto alguém é responsável por seus próprios esforços e até que ponto não é, a política que Rawls aconselha seguir é a de ignorar, em princípio, o esforço de cada um como uma base legítima para exigir recompensas ao restante da sociedade. No entanto, na análise feita por Rawls em relação aos desejos de cada um e ao modo como tais desejos devem ser tratados, sua proposta parece seguir um caminho completamente diferente do aconselhado para o caso anterior. Nesse momen-

---

30. Cohen (1989).

to, Rawls também defende que somos pelo menos parcialmente responsáveis por nossos gostos, mas conclui afirmando que cada um deve arcar completamente com as conseqüências de suas escolhas. Assim, por exemplo (e em sua crítica ao utilitarismo), Rawls afirma que ninguém pode exigir que seja abastecido, digamos, de caviar e champanhe para satisfazer sua dieta diária, já que isso implicaria admitir que essa pessoa não é responsável por suas escolhas. Esse tratamento diferente das decisões individuais em cada caso causa perplexidade em Cohen, que conclui sua análise perguntando-se "por que a responsabilidade parcial pelo esforço não vale nenhuma recompensa, enquanto a (mera) responsabilidade parcial por adquirir gostos caros implica uma punição completa?"[31]. Desse modo, Cohen abre uma pequena "brecha" na teoria de Rawls, a partir da qual, como veremos, continua "fuçando" em trabalhos posteriores.

Sobre o papel dos "incentivos" na teoria de Rawls

Mais recentemente, e sobretudo desde sua "Tanner Lecture"[32], Cohen aprofundou-se de modo essencial em suas críticas a Rawls. Cohen manteve o foco de seu interesse na intuição rawlsiana antes mencionada – aquela segundo a qual, em uma sociedade justa, ninguém deve ser beneficiado ou prejudicado por fatos moralmente irrelevantes. Manteve também suas dúvidas sobre a precisão demonstrada por Rawls na especificação dessa proposta intuitiva. Contudo, agora Cohen aparece tentando dar resposta a uma pergunta mais específica: Por que Rawls acaba considerando legítimos certos incentivos (econômicos) que vêm recompensar os sujeitos mais favorecidos pela "loteria natural"?[33].

---

31. Ibid., p. 915.
32. Cohen (1992).
33. Uma linha de críticas semelhante pode ser encontrada no excelente trabalho de Daniels (1975).

Recorde-se o seguinte: a teoria de Rawls (por meio de seu famoso "princípio da diferença") autoriza aqueles naturalmente mais favorecidos a obter vantagens adicionais (compensações econômicas em forma de incentivos) à medida que disponham seu talento para a realização de tarefas que favoreçam especialmente os setores mais desfavorecidos da sociedade. Segundo Cohen, no esquema rawlsiano, esses incentivos são necessários simplesmente porque os mais favorecidos não estão comprometidos com a teoria da justiça que tomam como ponto de partida. Além disso, na opinião de Cohen, a concessão dessas vantagens econômicas implica ceder diretamente à chantagem dos mais poderosos, algo que deveria estar proibido na concepção analisada. O que é pior, agora justifica-se esse tipo de desigualdade em nome da justiça.

Esse problema, enunciado inicialmente por Cohen (1992), é retomado e aprofundado, com o máximo detalhe, em Cohen (1995b). Ali, para explicar sua posição, e seguindo Brian Barry, o autor parte de uma possível apresentação em duas etapas da concepção rawlsiana. Na primeira etapa (1), chega-se a uma situação de igualdade depois de ter compensado as desvantagens provenientes de fatos moralmente arbitrários: as instituições não permitem que ninguém seja beneficiado ou punido por questões pelas quais cada um não é responsável – questões que, em suma, não dependem dos gostos e escolhas de cada pessoa. Na segunda etapa (2), em contrapartida, passa-se daquela situação de igualdade para outra de desigualdade, mas que é Pareto superior: aceita-se agora que os mais favorecidos por natureza obtenham benefícios maiores (digamos, maiores lucros econômicos), porém esse parece ser um preço que merece ser pago. De fato, são concedidas mais vantagens aos mais favorecidos por natureza, sob a condição de que exercitem suas habilidades inatas e as usem de tal forma que contribuam para a condição dos mais desfavorecidos.

Entretanto, segundo Cohen, a segunda etapa é inconsistente com a primeira, já que implica recompensar alguns por fatores moralmente arbitrários, fatores que na primeira etapa se decidira neutralizar. Se agora (em 2) recompensam-se mais os mais talentosos – acrescenta –, eles são duplamente beneficiados: não só beneficiados pela natureza (algo que sempre está fora de nosso controle), como também pelas instituições sociais que projetamos.

De acordo com Rawls, essas recompensas adicionais – esses incentivos econômicos – são aceitáveis enquanto *necessárias* para melhorar a condição dos que estão em pior situação. Diante dessa afirmação, a primeira pergunta feita por Cohen é a seguinte: Em que sentido é *necessário* conceder maiores benefícios aos mais favorecidos? Essa recompensa é *necessária* se compararmos esse novo estágio (2), de – digamos – maior produtividade e salários desiguais (os mais talentosos ganham mais que os menos talentosos), exclusivamente com aquele primeiro estágio mencionado (estágio 1), de máxima igualdade. Ali, os mais talentosos não recebiam recompensas adicionais, e o nível de produtividade social era, por isso mesmo, menor que em (2) (por isso os mais desfavorecidos ficavam privados de ter acesso a benefícios aos quais, agora, depois de os incentivos começarem a funcionar, sim têm acesso). Contudo, o fato de, após a concessão de incentivos econômicos, se produzir mais abre a possibilidade teórica de considerarmos, pelo menos, uma terceira alternativa (3): uma opção na qual se atinge um nível de produtividade tão alto quanto na alternativa (2), porém sem a autorização das desigualdades de renda ali permitidas. Ou seja, uma opção em que os mais talentosos não recebem benefícios adicionais, mas em que, a partir de seu compromisso com as normas igualitárias reinantes, continuam tirando o maior proveito de seus talentos.

Se alguém nos dissesse agora que essa alternativa (3) "*não é possível*", deveríamos esclarecer que, na realidade, é sim, pelo menos em algum sentido do termo "possível": os mais favorecidos estão efetivamente capacitados para tirar mais proveito de seus talentos ("podem" fazer isso) e, se não fazem isso (se não exploram mais seus talentos), é porque querem que concedamos a eles algo em troca. A "necessidade" que era amparada pelo princípio da diferença não era uma "necessidade" no sentido forte do termo – uma necessidade independente da intenção de cada um – ocorria simplesmente que os talentosos não tinham a *vontade* de produzir mais.

No entanto, Cohen reconhece que, em certos casos, e em princípio, os mais talentosos podem se negar razoavelmente a realizar determinadas tarefas em favor dos demais, caso não seja dada a eles nenhuma compensação em troca. A recusa dos mais favorecidos poderia ser justificada, por exemplo, naqueles casos em que eles naturalmente quisessem realizar menores esforços do que os que são pedidos a eles, por causa do caráter oneroso demais das atividades que deveriam desenvolver (Cohen chama esse de "bom caso"). Aqui, o teórico igualitário poderia aceitar como válida a desculpa do mais favorecido ou, ainda, poderia reconhecer como perfeitamente justa uma compensação adicional para aquele: será pago mais ao mais favorecido, nesse caso, para compensar a capacidade adicional solicitada dele.

Por outro lado, haveria pelo menos dois casos, muito habituais, nos quais não estaria justificada a recusa do sujeito mais favorecido por natureza nem as recompensas adicionais. Em primeiro lugar, e esta é a situação entre todas menos aceitável (por isso Cohen chamará essa de "mau caso"), pode ocorrer que o sujeito mais bem dotado por natureza *prefira* realizar a atividade que é pedida a ele (por exemplo, organizar uma nova indústria), mas, por outro lado, afirme de modo *estratégico* que não quer realizar tal atividade, forçando assim os demais a pagar-lhe mais por sua atividade. Nesse caso (o "mau caso"), nosso sujeito chantageia o restante da sociedade, nega sua vontade de tal forma que nos vemos obrigados a recompensá-lo adicionalmente para que ele possa realizar aquilo que decididamente prefere realizar. O outro caso considerado por Cohen (que denomina de caso-"padrão", por considerá-lo o mais comum de todos) é o da pessoa favorecida, que preferiria produzir menos caso não fosse oferecida em troca nenhuma compensação a ela, ainda que a tarefa em questão (ao contrário do que ocorria no "bom caso") não só implique custos significativos para ela, como, de preferência, seja de seu agrado. Se, tal como Rawls sugere que se faça, acabam-se oferecendo a esse sujeito maiores recompensas, isso se deverá, por um lado, a sua maior capacidade de negociação ante o restante da sociedade, e, por outro lado, a seu egoísmo, a sua recusa em pôr suas maiores capacidades a serviço dos menos favorecidos. Entretanto, precisamos indubitavelmente de novos e melhores argumentos para justificar por que essa pessoa *deveria* realizar essas tarefas mais produtivas. Mais que isso, contudo, o que interessa a Cohen dizer, por ora, é que o igualitarismo – pelo menos – não pode ser chamado a considerar situações como a "padrão" (em que o talentoso recebe uma recompensa adicional, embora não realize nenhuma tarefa especialmente custosa) de situações justas. Na opinião de Cohen, Rawls deveria reconhecer que, em casos como os citados (o "mau caso"; e o "caso-padrão"), a igualdade acaba sendo deixada de lado *apenas* porque os talentosos não adaptam sua conduta às demandas da concepção de justiça que em princípio declaravam aceitar.

Justiça na estrutura básica e justiça nas escolhas pessoais

Antes de finalizar esta breve análise sobre os recentes estudos de Cohen, considero importante deixar claro o seguinte. Em seu citado texto sobre o "argumento de Pareto", Cohen preocupa-se em destacar um ponto que adquire maior força ainda em seus últimos trabalhos: a idéia de que, para que uma sociedade possa ser considerada justa, não basta – como pensa Rawls – que nela seja garantida a justiça de sua "estrutura básica" (isto é, a justiça de suas principais instituições). Segundo Cohen, uma sociedade justa precisa de um certo *éthos*, requer que sejam justas também as escolhas pessoais dos indivíduos que a compõem[34]. Em termos mais claros: as exigências de uma sociedade justa não terminam com a presença de um Estado que fixa regras justas, buscando melhorar, em tudo o que for possível, a situação dos indivíduos mais desafortunados. De acordo com essa visão restrita sobre as exigências da justiça, os indivíduos estariam basicamente "absolvidos" de qualquer demanda adicional: eles poderiam se comportar como preferissem (enquanto mantivessem seu respeito às regras estabelecidas), dado que o resultado final do acionamento coletivo beneficiaria de qualquer forma os que estão em pior situação. Segundo a visão defendida por Cohen, por outro lado, as exigências da justiça *atingem* os indivíduos específicos. Eles não podem deixar de lado, em sua vida cotidiana, princípios (como o princípio igualitário, segundo o qual as desigualdades só são aceitáveis enquanto vierem a favorecer os membros mais desfavorecidos da sociedade) que pretendem honrar em sua vida pública. Em suas palavras, "os princípios da justiça distributiva, ou seja, os princípios sobre a distribuição justa de benefícios e encargos dentro da sociedade, aplicam-se [...] às escolhas [...] das pessoas"[35]. Em suma, tal como reza o famoso *slogan*,"o que é pessoal é político"[36].

Provocativo e irônico como de costume, Cohen pôs à prova o argumento anterior (sobre as exigências da "teoria da justiça" nas opções pessoais) em relação a um problema muito peculiar. Cohen questiona-se agora se uma pessoa pode ser igualitária e rica ao mesmo tempo[37]. Note-se que, em seu texto anterior, Cohen se perguntava sobre as solicitações da justiça nos *indivíduos*, dentro de uma sociedade que pretende ser considerada justa. Agora sua preocupação é mais específica: Cohen pensa em sociedades "reais", dis-

---

34. Esse é o ponto central de Cohen (1997).
35. Ibid., p. 3. Criticando a postura de Cohen, A. Williams (1998).
36. Mais adiante, voltaremos a nos ocupar de posturas (como o republicanismo e, mais comumente, o feminismo) que elaboram boa parte de seus argumentos a partir de uma intuição como a citada.
37. Refiro-me a Cohen (1997b).

tintivamente injustas, e em indivíduos concretos, sujeitos que se assumem como igualitários e que gozam ao mesmo tempo de uma situação econômica tranqüila. E se pergunta: Quais são as demandas da justiça sobre os que professam o igualitarismo em uma sociedade injusta? É necessário que eles apliquem, sobre suas próprias vidas, as normas de igualdade que prescrevem para o governo? Cohen entende que sim, e, por isso, nesse recente trabalho, tenta defender essa intuição perante argumentos comuns contrários (que as doações que alguém possa fazer em favor dos mais desfavorecidos constituiriam uma "mera gota no oceano"; que elas poderiam ser, além disso, contraproducentes; que a principal desigualdade social, que é a desigualdade de poder, permaneceria de qualquer forma inalterada; que essas exigências sobre os indivíduos imporiam tais cargas psicológicas que acabariam se tornando opressivas; que a auto-expropriação produz uma sensação de indignidade; que o que alguém pode fornecer aos demais não faz diferença nas divisões sociais que a desigualdade gera etc.). Novamente, nesse caso, sua proposição é crítica ao enfoque geral de Rawls. O que interessa a Cohen mostrar, o que ele se empenha em assinalar, é que as exigências da justiça não se esgotam com a justiça da "estrutura básica" de uma sociedade.

A crítica feminista à teoria de Rawls

Examinamos até aqui distintas críticas ao liberalismo de Rawls apresentadas por autores vinculados, de um jeito ou de outro, ao liberalismo igualitário. Todas as críticas que analisamos procuravam "denunciar" certos déficits próprios da "teoria da justiça" (enquanto uma teoria igualitária) e propunham, em última instância, a "reparação" desses déficits. As objeções que examinaremos a seguir – objeções apresentadas a partir da teoria feminista – são múltiplas e surgem destinadas, em muitos casos, à totalidade do projeto de Rawls. Nesta seção, gostaria de me concentrar especialmente nas críticas formuladas por uma autora – Catharine MacKinnon –, cuja obra tem a virtude, entre outras, de resumir algumas das objeções mais severas, incisivas e radicais apresentadas ao liberalismo em geral e ao liberalismo defendido por Rawls, em particular. Após essa análise, vamos nos concentrar no trabalho de outras autoras, cujos textos ajudarão a nos aprofundarmos na linha de problemas estudados por MacKinnon.

Na literatura feminista, MacKinnon escreveu um dos trabalhos mais originais e mordazes. Suas críticas, em geral, relacionaram-se à teoria liberal como um todo, a partir de uma rejeição à idéia de autonomia, pelo menos tal como esta é apresentada na referida corrente de pensamento. Segundo MacKinnon, a ênfase na autonomia deveria ser deixada de lado, para começar a pensar em um enfoque teórico mais radical que o que domina "o enfoque da dominação". De acordo com ela, esse enfoque permitiria descrever e examinar melhor a situação das mulheres no mundo contemporâneo.

O enfoque da dominação apóia-se na idéia de uma distribuição desigual do poder entre homens e mulheres, ao mesmo tempo que objeta a superioridade masculina e a subordinação feminina. Ele descreve "a relegação sistemática de um grupo completo de pessoas a uma condição de inferioridade, atribuindo-a a sua própria natureza"[38]. De acordo com a mencionada autora, essa subordinação não tem nada a ver com a biologia, ou com a forma diferente como evoluíram os sexos, mas com a política. Afirma, então, que sua concepção "toma como ponto de partida a crítica a que o ponto de vista masculino sobre a vida social tenha construído tanto a vida social como o conhecimento sobre ela"[39].

A rejeição de MacKinnon à idéia de autonomia é, de qualquer maneira, problemática: se o liberalismo valoriza

---
38. MacKinnon (1987), p. 41.
39. Ibid.

essa noção, isso se deve, entre outras causas, ao fato de que valoriza, tanto quanto MacKinnon, a idéia de não dominação. Porém MacKinnon está em desacordo com essa réplica, assim como está em desacordo com todas as teorias inseridas no "kantismo"[40]. Nesse sentido, e para entender melhor sua postura, convém examinar as (mais específicas) objeções apresentadas por essa autora ao liberalismo, e que podem ser resumidas em cinco teses principais. A seguir, analisaremos brevemente cada uma dessas críticas, e as possíveis respostas que um autor como Rawls poderia preparar para elas.

A primeira objeção que MacKinnon apresenta ao liberalismo destina-se a se opor ao individualismo que caracterizaria essa postura teórica. Segundo MacKinnon, pessoas "que não têm outra oportunidade que a de viver suas vidas como membros de um grupo, são consideradas como se fossem indivíduos únicos"[41]. Por meio dessa observação, MacKinnon parece aderir à clássica objeção antiliberal segundo a qual o liberalismo não reconhece que os indivíduos são algo mais que átomos desconectados entre si. Como membros de grupos diferentes – continua a crítica –, as pessoas podem sofrer várias formas de discriminação que são difíceis de discernir a partir de uma posição radicalmente individualista. No entanto, contra essa idéia poderia ser dito que, embora seja absolutamente certo que o liberalismo rawlsiano, por exemplo, adota uma postura metodologicamente individualista como ponto de partida, esta favorece, mais do que impede, a defesa de direitos individuais e coletivos. De fato, a partir de seu individualismo, por exemplo, o liberalismo rawlsiano pode distinguir de modo adequado entre duas situações completamente diferentes, e que uma teoria da justiça valiosa precisa distinguir. Por um lado, o liberalismo chama a atenção para o fato de que as pessoas são diferentes entre si e têm uma existência separada umas

---
40. Ibid., p. 158.
41. Ibid., p. 137.

das outras[42]: essa distinção permite ao liberalismo rejeitar certas concepções coletivistas às quais o feminismo também se opõe e deve se opor. A partir do que foi salientado, por exemplo, o liberalismo igualitário defende que o direito de *cada um dos membros* da família deve prevalecer (por exemplo, os direitos da mulher no caso de violência conjugal) sobre os direitos da própria família, na qual pode ocorrer certa violação de direitos. Nesse sentido, o liberalismo afirma que os direitos individuais não devem nunca ser sobrepujados pelos direitos coletivos. Por outro lado, o liberalismo igualitário não teve maiores dificuldades teóricas em defender medidas tais como as ações afirmativas, reconhecendo o fato de que ser membro de um grupo particularmente em desvantagem pode também afetar certos direitos individuais[43]. Nesse sentido, as mulheres, como membros de grupos em desvantagem, ganham das duas maneiras: como indivíduos e como membros de uma minoria desfavorecida.

Em segundo lugar, MacKinnon critica o "naturalismo" que é atribuído ao liberalismo, e segundo o qual certas "características sociais [...] são reduzidas a características naturais". Com essa objeção, a autora pretende assinalar que o liberalismo "considera como dadas" situações que são, na verdade, produto da política ou, talvez mais especificamente, da dominação masculina. No entanto, o fato é que autores como Rawls dão conta de sobra do mencionado problema. Com efeito, a teoria da justiça rawlsiana baseia-se justamente na idéia de que as desvantagens naturais e sociais não devem ser consideradas como dadas. Recursos tais como a "posição original" ou o "véu de ignorância", por exemplo, dão conta de um extraordinário esforço teórico destinado a não aceitar diferenças construídas socialmente na tomada de decisões corretas. Por isso, no esquema rawlsiano, cada agente que está na "posição original" é "cego" em

---

42. Ver, por exemplo, Rawls (1971), p. 27.
43. Ver, por exemplo, Dworkin (1986). [Trad. bras. *O império do direito*, São Paulo, Martins Fontes, 1999.]

relação a sua riqueza, posição social, educação e inclusive seus talentos: a tendência a não reduzir características sociais a características naturais é essencialmente distintiva do liberalismo igualitário[44].

Em terceiro lugar, MacKinnon acusa o liberalismo por seu "voluntarismo", salientando que, no liberalismo, "a impossibilidade de escolher transforma-se em escolhas livres". Por meio dessa crítica, no meu entender, MacKinnon quer dizer que o liberalismo considera como escolhas irrepreensíveis escolhas que não deveriam ser consideradas de tal modo. Por exemplo, não se deveria dizer (como, talvez, o liberalismo quisesse dizer) que, se uma mulher agredida não abandona seu lar (temendo a opinião de sua família, impedida por sua falta de recursos econômicos etc.), ela "escolhe" permanecer nele. Entretanto, não está nem um pouco claro que autores como Rawls possam aprovar descrições como a mencionada. Esse tipo de descrição não deriva necessariamente da teoria de justiça citada, nem parece claramente compatível com a tônica da obra. O contratualismo rawlsiano, por exemplo, aparece de algum modo (e tal como vimos) como uma forma de contestar o contratualismo "hobbesiano", ou as prescrições próprias da tradicional visão "pluralista" da democracia, que defendem os "acordos sociais reais" – não obstante os graus de desigualdade de poder sob os quais tenham sido estabelecidos – contra os "acordos hipotéticos" que seriam firmados por agentes livres e iguais (como aqueles pelos quais Rawls se interessa)[45]. Por outro lado, convém acrescentar que, dentro do liberalismo igualitário, desenvolveu-se recentemente uma vasta literatura tendente a analisar (o que foi denominado) o "processo de formação endógena das preferências", de tal modo que se possam julgar melhor o valor e o peso dessas preferências, e não correr o risco justamente de

---

44. Em idêntico sentido, ver Nagel (1991) e Sunstein (1993).
45. Ver, a respeito, Nino (1991), Freeman (1990), Hampton (1980) ou Elster (1983).

considerar como escolhas (mais ou menos) autônomas aquelas realizadas sob coerções de distintos tipos[46]. O próprio Rawls avançou há pouco tempo nesse tipo de observação, enfatizando a necessidade de analisar a questão da voluntariedade das escolhas (de qualquer sujeito, mas especificamente também) das mulheres[47].

Em quarto lugar, MacKinnon critica o liberalismo por seu "idealismo", ressaltando que nessa concepção "a realidade material transforma-se em 'idéias sobre' a realidade". Por meio dessa objeção, a bem dizer obscura, MacKinnon alude a casos como o seguinte: em matéria de pornografia (para tomar um caso relevante), os liberais tendem a adotar uma postura, de preferência, tolerante. Nesse sentido, poderia ser dito, deixam de lado a consideração dos danos "reais" que provavelmente decorrem da pornografia, para referir-se a ela como uma forma particular de "discurso", protegida pela defesa geral que a liberdade de expressão costuma receber no mundo liberal. Em minha opinião, se MacKinnon de fato aludia a esse tipo de caso, de novo, é preciso chamar a atenção sobre a fragilidade de sua posição. Em primeiro lugar, o liberalismo igualitário – em linhas gerais – não considera a pornografia como mais uma forma de discurso. A bem dizer, os autores inseridos nessa corrente deram enorme atenção ao tema, e tentaram averiguar os casos em que podem ser comprovados, ou pressupostos com alguma certeza, danos a terceiros. A esse respeito, tentaram distinguir os casos (mais claramente objetáveis) em que as mulheres

---

46. Ver, por exemplo, Elster (1983) e Sunstein (1991).
47. Essa análise, em sua opinião, encaixa na distinção defendida por ele entre o "racional" e o "razoável". Uma ação – afirma – pode ser voluntária em um sentido, mas não em outro. "Pode ser voluntária no sentido de racional: agir de modo racional nas circunstâncias dadas mesmo que elas impliquem condições não eqüitativas; ou uma ação pode ser voluntária no sentido de razoável: agir de modo racional quando todas as condições circundantes também são eqüitativas." Em seu texto, defende a idéia do ato voluntário no segundo sentido: assim, por exemplo, sustenta que "afirmar a própria religião é um ato voluntário quando todas as condições circundantes são também razoáveis ou eqüitativas".

ou as crianças são forçadas a participar na produção de material pornográfico, ou são objeto de violência nesse processo, dos casos (mais complicados) que decorrem dos potenciais efeitos da leitura de materiais pornográficos. Quanto a esse último tipo de caso, parece claro, é bem mais difícil creditar danos a terceiros. É óbvio que podemos dizer que nessas obras não costuma ser respeitada a dignidade da mulher, mas – lamentavelmente – o mesmo ocorre na maioria dos filmes aos quais assistimos diariamente, e em inúmeras obras literárias, teatrais e televisivas (que, "naturalmente", condenam a mulher às tarefas do lar, ou as colocam em um papel mais que secundário), que não estaríamos dispostos a censurar, apesar do desgosto que nos causam.

Por fim, e em relação à existência ou não de uma ligação entre a leitura do material pornográfico e um aumento da violência física contra a mulher, os liberais costumam tomar – entendo que com razão – uma posição mais prudente, dada a existência de evidência muito contraditória a esse respeito, inclusive nos relatórios mais sérios efetuados sobre o tema (pensar, por exemplo, no relatório da Comissão Williams sobre Pornografia)[48]. Mesmo assim, deveria ser acrescentado que alguns liberais igualitários – talvez de modo equivocado – tomam posições muito mais próximas às preferidas por MacKinnon, nesse ponto[49].

De qualquer maneira, se a crítica de MacKinnon era formulada de modo mais geral, e se orientava, por exemplo, para uma suposta tendência liberal a descuidar "da realida-

---

48. O relatório da Comissão, realizado na Grã-Bretanha sob a orientação do filósofo Bernard Williams, não conseguiu encontrar provas que justificassem atribuir à pornografia a geração de violência.
49. Ver, por exemplo, Sunstein (1992), defendendo, *prima facie*, "a regulação de materiais que combinem sexo e violência contra as mulheres", p. 29. Também Sunstein (1986). Contrastar com a posição defendida a esse respeito por Ronald Dworkin em "Do We Have a Right to Pornography", em Dworkin (1985) [*Uma questão de princípio*, São Paulo, Martins Fontes, 2001, cap. 17]; ou sua discussão direta com MacKinnon, continuada em Dworkin (1996) [*O direito da liberdade*: a leitura moral da Constituição norte-americana, São Paulo, Martins Fontes, 2006, cap. 10].

de material" em suas permanentes discussões sobre "idéias" e "abstrações", diria de novo, embora por distintas razões, que a crítica da referida autora não é acertada. Nesse sentido, pensemos simplesmente no tipo de igualitarismo radical defendido pela maioria dos autores liberais igualitários (igualdade de bens primários, em Rawls; igualdade de recursos, em Dworkin; igualdade de acordo com as capacidades, em Sen).

Finalmente, MacKinnon critica o liberalismo por seu "moralismo", afirmando que, de acordo com essa postura, "as posições concretas de poder e falta de poder são transformadas em juízos de valor relativos, em relação aos quais pessoas razoáveis podem determinar preferências diferentes, mas igualmente válidas". Essa objeção ao liberalismo, segundo parece, implica que essa concepção menospreza a importância das posições de poder "concretas", sendo indiferente para com a radical falta de poder de negociação, distintiva de certos grupos (como o das mulheres). A meu ver, e pelo contrário, o liberalismo do tipo defendido por Rawls esteve particularmente preocupado com a ausência de poder dos grupos menos poderosos. O tipo de contratualismo defendido por Rawls – como vimos – tende justamente a outorgar uma proteção adequada à diversidade de grupos e indivíduos existentes na sociedade, tenham ou não poder (político, econômico) concreto. Também não é verdade, por outro lado, que o liberalismo rawlsiano atribua "igual peso" a todos os argumentos, seja qual for seu conteúdo ou procedência. Melhor dizendo, e pelo contrário, o liberalismo de Rawls propõe certos instrumentos teóricos destinados justamente a prestar mais atenção aos interesses dos grupos com mais desvantagens. Daí a idéia, central na obra de Rawls, de considerar os diferentes arranjos institucionais do "ponto de vista" dos menos favorecidos. Mais ainda, parece própria do pensamento liberal igualitário a distinção entre as diferentes reivindicações dos cidadãos, assinalando, por exemplo, que as reivindicações mais urgentes daqueles em pior situação devem receber sempre um tratamento preferencial em uma sociedade justa. Por exemplo, uma demanda orientada a obter o necessário para comer deveria ter um tratamento especial – dentro da sociedade liberal igualitária –, acima de outras reivindicações destinadas a satisfazer, digamos, gostos supérfluos[50].

As críticas feministas a Rawls, de qualquer forma, não se interromperam. Em particular, a "posição original" rawlsiana, em sua abstração, sua falta de contextualização concreta e seus resultados particulares (refiro-me aos princípios de justiça que Rawls infere dela), continua sendo objeto de considerações severas. Muitas dessas críticas reproduzem, de um modo ou de outro, as feitas por MacKinnon e merecem, então, respostas semelhantes. De qualquer jeito, gostaria de me deter um pouco mais na observação, também habitual, de que os sujeitos que participam na "posição original" – tal como foi descrita por Rawls – representam o ponto de vista masculino e uma visão tradicional (não crítica) sobre a organização familiar.

A esse respeito, e antes de mais nada, gostaria de mencionar que esse tipo de crítica contra Rawls vincula-se a uma série de críticas mais gerais do feminismo contra o liberalismo. Tem sido comum, nesse sentido, que algumas vertentes feministas oponham-se à típica abordagem do liberalismo sobre os problemas relacionados com a justiça e sua tendência a vinculá-la a princípios gerais e abstratos. Para certas concepções feministas, essa aproximação à justiça descreve simplesmente o ponto de vista masculino sobre o tema. Assim, por exemplo, para Nancy Chodorow, homens e mulheres abordam de forma completamente antagônica a justiça, que se vincula a concepções gerais de vida muito diferentes entre ambos os sexos. De fato, para Chodorow, as mulheres buscam "conexão" com os demais sujeitos, enquanto os homens tendem a valorizar mais a "separação" entre eles. Chodorow baseia esse tipo de afirmação em seu trabalho sobre os primeiros anos de vida das

---

50. Nesse sentido, ver, por exemplo, Scanlon (1975) ou Nagel (1979).

crianças, e sobre a tendência a que elas sejam criadas por suas mães, enquanto seus pais aparecem como figuras distantes. Seria nesses anos que se firmariam os vínculos antes mencionados (masculinidade-separação; feminilidade-conexão). Portanto, Chodorow mostra de que modo essas avaliações se traduzem em visões diferentes da justiça. Os homens tendem a vincular a justiça aos valores de separação que ressaltam. As mulheres, em contrapartida, tendem a vincular a justiça à busca do concreto, às particularidades do caso, e não à formulação de regras abstratas. Por isso, a concepção dominante sobre a justiça – que se desinteressa do concreto para privilegiar a defesa de certas regras gerais – pode ser considerada enviesada em matéria de gênero[51].

Esse viés "masculino" nos estudos sobre a justiça – um viés próprio do liberalismo – aparentemente poderia ser encontrado refletido também na posição de Rawls. Nesse sentido, algumas críticas preocuparam-se em mostrar de que modo a "posição original" exposta na "teoria da justiça" de Rawls representa, mais uma vez, um reflexo do ponto de vista masculino sobre a justiça, além de uma visão tradicional (não crítica) sobre a organização familiar. A meu ver, é certo de fato que Rawls, em sua principal obra, não assumia uma postura crítica em relação à família, o que abria espaço para as observações mencionadas[52]. Essa "falta" atribuível a sua obra original é reconhecida pelo próprio Rawls:

---

51. Chodorow (1978) e Gilligan (1987). Carol Gilligan apoiou esse tipo de observação por meio de sua distinção entre dois tipos de enfoques fundamentais no estudo de questões morais: o enfoque da "justiça" e o enfoque do "cuidado". O primeiro deles, mais próprio dos homens, estaria orientado para a busca de princípios abstratos; enquanto o segundo, mais próprio das mulheres, ressalta a busca de particularidades, as especificações do caso a caso. Contra os que tentam merecer ou degradar esse segundo enfoque, Gilligan preocupa-se em mostrar o valor da perspectiva do "cuidado", uma forma tão valiosa de se aproximar das questões morais como a que seria própria dos homens.

52. Ver, por exemplo, Young (1981), no qual Young impugna os ideais liberais de imparcialidade e universalidade, afirmando que eles deixam de lado as diferenças, a "alteridade", e criam uma falsa dicotomia entre a razão e o sentimento.

"Admito – salienta Rawls – que a 'teoria da justiça' deveria ter sido mais explícita [quanto às implicações de uma justiça igual para homens e mulheres], mas isso teve a ver com uma falta atribuível a mim, e não ao liberalismo político por si mesmo."[53]

De qualquer forma, alguns outros autores (e além das afirmações do próprio Rawls) defenderam que uma interpretação razoável da "teoria da justiça" poderia mostrá-la como plenamente compatível com as principais reivindicações e preocupações do feminismo. Essa tentativa de tornar a teoria de Rawls compatível com o feminismo apareceu de modo pioneiro, por exemplo, no trabalho de Susan Moller Okin[54]. O trabalho de Okin consiste fundamentalmente em defender que os agentes da "posição original" devem ser vistos como sujeitos dotados de "empatia", e não como sujeitos meramente interessados em si mesmos. Em última instância, é absolutamente certo que esses sujeitos, para poder escolher princípios válidos para todos os indivíduos e grupos, devem "pôr-se no lugar dos demais", e sobretudo, como vimos, devem assumir o ponto de vista dos que têm mais desvantagens. Daí que, segundo Okin, a "posição original" não faça abstrações das diferenças (de sexo, por exemplo) e contingências que as feministas estão interessadas em ressaltar. De acordo com Okin, então, embora Rawls faça uma digressão sobre a questão da justiça dentro da família, a lógica de seu argumento leva-o a pôr em crise a organização tradicional desse grupo.

Examinando a distância sua proposta original, o próprio Rawls optou por uma revisão diferente daquela preparada por Okin em relação ao alcance de sua teoria da justiça. De acordo com ele – e apesar da margem de dúvidas que poderia ter deixado sua teoria original –, é errada a in-

---

53. Após dizer isso, Rawls indica uma série de autoras que o ajudaram a reconhecer essa dificuldade. Entre elas, menciona Susan M. Okin, Linda McClain, Martha Nussbaum e Sharon Lloyd. Ver Rawls (1997), p. 787. [Trad. bras. *O direito dos povos*, São Paulo, Martins Fontes, pp. 171-235].

54. Ver, especialmente, Okin (1990).

terpretação segundo a qual os princípios de justiça defendidos por ele não têm nenhuma aplicação sobre a vida interna da estrutura familiar (do mesmo modo que não teriam aplicação sobre nenhuma das diferentes associações que compõem a sociedade). Se essa acusação fosse certa, ela permitiria que disséssemos que os princípios de justiça não garantem uma justiça igual entre maridos e esposas. No entanto, Rawls oferece outra interpretação de sua postura inicial: no esquema defendido em *"a teoria da justiça"*, a família, como qualquer associação, goza de uma margem de liberdade muito significativa, mas sujeita a certas "limitações essenciais". Essas limitações são as destinadas a garantir "os direitos e as liberdade básicas, e a liberdade e as oportunidades de todos os seus membros"[55]. E isso é assim porque as mulheres são, como seus maridos, cidadãs que gozam das mesmas prerrogativas que eles – sendo essas prerrogativas imunes, em princípio, a qualquer arranjo contrário. Segundo Rawls: "[C]omo cidadãos, temos razões para impor os limites especificados pelos princípios políticos de justiça sobre as associações; enquanto, como membros dessas associações, temos razões para limitar essas restrições de tal modo que nos deixem espaço para uma vida interna livre e próspera apropriada para a associação em questão."[56] Os princípios de justiça – acrescenta Rawls – não nos dirão nada sobre como criar nossos filhos, mas, sim, por exemplo, sobre a impossibilidade de abusar ou de descuidar deles. Esses princípios também nos informarão sobre a necessidade de pôr fim a uma situação histórica na qual, por exemplo, as mulheres tiveram que suportar "uma obrigação desproporcional na tarefa de criar, alimentar e cuidar das crianças". "Elas estão em desvantagem de modo adicional – acrescenta – pelas leis que regulam o divórcio [que as transforma em um grupo altamente vulnerável]."[57]

---

55. Rawls (1997), p. 789.
56. Ibid., p. 790.
57. Ibid. Mais adiante, afirma, sobre o mesmo ponto: "Parece intoleravelmente injusto que um marido possa abandonar sua família, levando consi-

O comentário anterior serve para irmos ao encalço de outra crítica tradicionalmente formulada pelo feminismo a posições como as de Rawls. A crítica vincula-se à distinção entre a esfera do "público" e do "privado", ou do "político" e do "pessoal", defendida de forma tradicional pelo liberalismo, e ainda por autores como Rawls, em uma parte importante de sua teoria[58]. Esse tipo de distinção costuma ser utilizado a fim de fazer referência aos limites da ação estatal: a idéia é que não se pode considerar que há um exercício legítimo da coerção quando por meio dela procura-se afetar a vida privada das pessoas. Nesse sentido, e por exemplo, o liberalismo comumente criticou as tentativas de uma maioria ou de um certo grupo no governo de impor ou proibir determinados modelos de excelência humana, como as tentativas de incentivar ou desencorajar certas práticas – a homossexualidade, o uso de entorpecentes para consumo pessoal, a leitura de determinada literatura etc. – vinculadas fundamentalmente ao projeto de vida (digno ou indigno, "elevado" ou "baixo", "altruísta"ou "egoísta") que cada um escolheu para si.

Essa tentativa, tipicamente liberal, destinada a "blindar" a esfera da privacidade das pessoas, refletiu-se em muitas das decisões mais importantes tomadas pela suprema corte (em casos vinculados ao aborto ou ao uso de contraceptivos), instituição que fez uso habitual da retórica do "público" e do "privado"[59]. Não obstante, muitas feministas critica-

---

go seu poder de ganho e deixando sua mulher e filhos em muito mais desvantagem que antes... Uma sociedade que permite isso não se preocupa com a situação das mulheres, e muito menos com sua igualdade ou com os menores, que constituem seu próprio futuro." Ibid., p. 793. Afirma também: "Se uma causa básica, se não a principal, para explicar a desigualdade das mulheres é a de que elas devem suportar uma carga maior na criação, nutrição e cuidado dos filhos na divisão tradicional do trabalho na família, deverão ser dados passos adicionais destinados a igualar essas cargas ou a compensá-las por isso." Ibid. pp. 792-3.

58. Ver, por exemplo, Pateman (1987), Okin (1989) e MacKinnon (1987).

59. Ver tipicamente, e por exemplo, o caso "Griswold vs. Connecticut" 381 US 479 (1965), em que a Suprema Corte norte-americana considerou inconstitucional uma lei que embargava aos casais casados o acesso a contraceptivos, e fez isso em nome do direito à privacidade desses casais.

ram uma possível e muito comum interpretação dessa idéia do privado, que poderia "abrir a porta" a abusos contra a mulher, tolerados pelo Estado. De fato, se dissermos ao Estado que "tire suas mãos" da área do "privado", e definirmos as ações "privadas" (não como deveríamos, isto é, como ações que não causam danos a terceiros) como ações – por exemplo – realizadas na intimidade (ou seja, na intimidade do lar), então estaríamos dizendo ao Estado que não se envolva no que ocorre dentro do ambiente familiar. Desse modo, excluiríamos do âmbito das preocupações estatais ações como as vinculadas à violência conjugal, às injustiças na distribuição de encargos e benefícios que se produzem dentro da estrutura familiar etc. Mais grave ainda, a ênfase no "público" – como esfera da participação, da política etc. – seria feita à custa de uma deterioração da esfera do "privado", à qual a mulher seria confinada.

A esse respeito, Rawls preocupou-se em esclarecer, recentemente, que concepções como a sua não implicam considerar "a esfera do político e do não-político como dois espaços separados, desconectados entre si, governados cada um a partir de seus próprios princípios distintivos. Mesmo que só a estrutura básica da sociedade seja o sujeito primário da justiça, os princípios de justiça ainda impõem restrições essenciais à família e a todas as demais associações. Os membros adultos das famílias e de outras associações são, em primeiro lugar, cidadãos iguais: essa é sua posição básica. Nenhuma instituição ou associação na qual estão envolvidos pode violar seus direitos como cidadãos... Daí que a esfera do político e do público, do não-público e do privado incluem-se todos no conteúdo e aplicação da concepção de justiça e de seus princípios. Se alguém alegar que a assim chamada esfera do privado constitui um espaço isento de justiça, o fato é que não existe tal coisa"[60].

---

60. Rawls (1997), p. 791.

Por fim, convém dar conta de outro tipo de crítica, de origem diferente das anteriores, e formuladas também por autoras próximas ao feminismo. Refiro-me a um tipo de crítica relacionado às pretensas virtudes da "posição original" como ferramenta "epistêmica" – como ferramenta capaz de nos ajudar a conhecer e tratar de modo apropriado os pontos de vista dos demais. De acordo com esse tipo de objeção, o procedimento escolhido por Rawls para "pensar a imparcialidade" é claramente inadequado para a obtenção desse objetivo. Nesse sentido, por exemplo, Seyla Benhabib assinala que a "posição original" constitui "um processo inaceitavelmente restrito de reflexão individual, em vez de um processo aberto de argumentação moral coletiva"[61]. De acordo com Benhabib, no esquema ideal de Rawls, os sujeitos "não têm conhecimento sobre os interesses distintivos de cada um"[62]. Em sua opinião, os "outros concretos" não podem ser conhecidos realmente "na ausência da *voz* dos demais"[63], já que "falta a informação epistêmica necessária para julgar a situação moral [de cada um] como 'parecida' ou 'diferente' da dos demais"[64].

Contudo, quanto a isso, poderia ser contestado que os seres imaginários na "posição original" de Rawls não desconhecem (não podem desconhecer) que a algum deles pode caber ocupar, digamos, o papel futuro de uma mulher negra, solteira e com filhos. Daí que, no caso de que procurem elaborar um esquema institucional adequado, não possam deixar de fazer um esforço para dar respostas a situações difíceis como as que podem ser propostas na condição citada. Entendo que o ponto objetável é, a bem dizer, outro, que Benhabib menciona e que tem a ver com as dificuldades próprias da reflexão monológica. Para voltar ao

---

61. Benhabib (1992), p. 169.
62. Ibid., p. 166.
63. Ibid., p. 168.
64. Benhabib (1989), p. 167.

exemplo em questão: ali, os sujeitos imaginários poderiam se pôr no lugar de uma mulher negra, solteira e com filhos; o problema é que, possivelmente, teriam insuperáveis dificuldades para conhecer as dificuldades que afligem essa mulher, e compreender o modo como tais inconvenientes a afetam.

Nesse ponto, os críticos perguntam-se: é razoável esperar que, por meio de sua auto-reflexão, um indivíduo isolado represente de modo adequado os pontos de vista de todos os demais? E sua resposta costuma ser negativa. Aqueles que defendem a "posição original" e o "véu de ignorância" propostos por Rawls dizem que, na verdade, tais instrumentos são muito exigentes, que eles exigem de nós, "no mínimo, uma forte empatia com os demais e um preparo para escutar com muita atenção os pontos de vista diferentes dos demais"[65]. Apesar dessa boa vontade para com terceiros, é razoável pensar que, se não consultarmos dirctamente os outros, sempre teremos dificuldades: a) para conhecer quais são suas opiniões quanto a problemas particulares; e b) para reconhecer a importância que os outros atribuem a essas opiniões, dentro de seu próprio plano de vida. Em um sentido semelhante Habermas contesta o projeto da posição original, baseada na escolha realizada por agentes "egoístas racionais". Salienta, então: "Supõe-se que as partes vão entender e também vão considerar seriamente as implicações e conseqüências de uma autonomia que é negada a eles próprios. Isso pode ser ainda plausível para a defesa de interesses *relacionados aos de alguém* [...] Porém, pode-se pensar que o significado das considerações sobre a justiça permaneçam não afetados pela perspectiva de egoístas racionais?"[66] Esse é um dos pontos cruciais a partir do qual serão separadas, em suma, as concepções "monológicas", que vinculam a imparcialidade à reflexão individual, e as "dia-

---

65. Okin (1990).
66. Habermas (1995), p. 112.

lógicas", que vinculam a imparcialidade à reflexão coletiva[67]. A análise dessa complexa distinção e de suas implicações teóricas, de qualquer maneira, deve ficar para uma próxima oportunidade.

---

67. Para uma crítica às concepções "monológicas", ver, por exemplo, Habermas (1979). Também, notadamente, Habermas (1995), parte I. Rawls não aceita esse tipo de crítica e defende, pelo contrário, que a posição original constitui um mecanismo de representação não associado a um monólogo, tampouco a um diálogo, mas a um "omnílogo". Nesse sentido, Rawls dá uma interpretação bastante peculiar da acusação habermasiana. Em sua opinião, Habermas associa a idéia de monólogo à posição original porque nela "todas as partes têm [...] as mesmas razões e, portanto, selecionam os mesmos princípios". Ver Rawls (1995), p. 140.

Capítulo 4
Marxismo analítico e teoria da justiça

Em princípio, parece difícil determinar a influência ou o impacto (se é que há algum) do trabalho de Rawls sobre a evolução da teoria marxista. Essa dificuldade se deve, entre outras coisas, ao fato de não existir um grupo mais ou menos homogêneo de autores trabalhando de modo consistente na referida teoria, e cuja linha de trabalho nos permita registrar "o estado real da teoria marxista". Deparamos, a bem dizer, com uma diversidade de grupos, pouco interconectados, que estuda o marxismo a partir de diferentes visões, muitas vezes opostas entre si. De qualquer forma, em linhas gerais, poderíamos dizer que, entre o final da década de 1970 e início da de 1980 (isto é, nos anos em que a teoria de Rawls se desenvolvia), a teoria marxista não atravessava seu momento mais próspero.

No entanto, existe pelo menos um grupo importante de teóricos que, durante o período citado, trabalhou na teoria marxista e em temas de interesse para o marxismo, e que recebeu sem dúvida nenhuma um forte impulso a partir da obra de Rawls. O grupo ao qual me refiro é conhecido pelo nome de "grupo de setembro", sua linha de trabalho é identificada como "marxismo analítico" e sua obra geral, embora indubitavelmente polêmica, ajudou a revitalizar um pensamento que, por diversas razões, parecia anquilosar-se.

A evolução do "marxismo analítico" apresentou-se envolvida pelo menos por dois tipos de circunstância muito diferentes entre si. Por um lado, a certeza de que a sociedade não avançava natural e inevitavelmente para o comunismo fez que alguns marxistas começassem a formular questões relacionadas à justiça e à igualdade, pelos quais antes não se interessavam (para que teorizar sobre o que inevitavelmente vai chegar?). Por outro lado, essas crescentes reflexões sobre questões valorativas, antes menosprezadas, surgiram no exato momento em que a teoria da justiça de Rawls chegava ao ápice de seu desenvolvimento. Curiosamente, a teoria de Rawls vinha oferecer muito do que esses autores marxistas estavam buscando: uma proposta crítica à ordem estabelecida, fortemente igualitária, e capaz de delinear parâmetros a partir dos quais pensar sobre a justiça e a ordem institucional desejada.

Evidentemente, esses autores (logo conhecidos como) "marxistas analíticos" não abraçaram a teoria da justiça rawlsiana como própria nem se transformaram em seus dedicados defensores. A maioria deles, pelo contrário, criticou Rawls e mostrou a insuficiência de sua teoria como proposta igualitária. É verdade, no entanto, que, por um lado, muitos entre os mais notáveis "marxistas analíticos" (sobretudo, autores como Jon Elster ou Gerald Cohen) reconhecem de forma explícita a enorme influência exercida pelo trabalho de Rawls em seus próprios trabalhos. Por outro lado, as próprias discussões realizadas por esses marxistas sobre o trabalho de Rawls vieram mostrar justamente que esses marxistas começavam a considerar a justiça como um problema teórico de primordial importância: reconhecia-se a necessidade de argumentar sobre a justiça, e se reconhecia que a aceitação desse tipo de argumentos produzia um severo impacto sobre o que, até então, podia ser visto como a "dogmática" marxista.

Pelo que foi dito, não será estranho que esses marxistas incluam de modo explícito em sua agenda o tema da justiça e da igualdade; que comecem a se preocupar com as possibilidades e as conseqüências previsíveis da transição para o socialismo; ou que examinem a idéia de exploração como um "abuso" ou uma forma de "levar vantagem" normativamente inaceitável. Como ressalta G. A. Cohen, ele, como muitos que pensavam como ele, está hoje em dia "comprometido com a análise de perguntas filosóficas sobre a igualdade que antes tinha pensado que não exigiam investigação de um ponto de vista socialista. No passado, parecia não existir a necessidade de *argumentar* a favor da desejabilidade de uma sociedade socialista igualitária. Agora faço um pouco mais que isso"[1].

De qualquer maneira, poderia ser dito que a influência da renascente filosofia política sobre o marxismo (analítico) foi muito maior: além dos temas essenciais examinados por essas novas teorias da justiça (o igualitarismo; a distribuição justa), encontrava-se a metodologia própria desses estudos. De fato, esses novos estudos costumavam tomar como ponto de partida o indivíduo; definir claramente os conceitos que empregavam; formular e pôr à prova as hipóteses. Em suma, esses estudos recorriam a ferramentas próprias da filosofia analítica, e se preocupavam em atingir o máximo rigor científico.

Em minha opinião, então, a influência dessa "nova filosofia política" sobre o marxismo (analítico) seria dupla: influência nos temas abordados e influência no modo de abordá-los. A seguir, vou expor com certo detalhe o desenvolvimento dessa específica corrente teórica marxista (o "marxismo analítico") e apresentar as inovações, temáticas e metodológicas, que a distinguiram.

O que é o marxismo analítico

Se fosse necessário determinar uma data exata para definir o nascimento da referida tendência, ela poderia coincidir com a publicação de um trabalho de G. A. Cohen sobre a "teoria marxista da história", em 1978[2]. É verdade que

---

1. Cohen (1995), p. 7. Ver também Cohen (1994 e 1997c).
2. Cohen (1978).

a maioria dos marxistas analíticos apresentou severas críticas ao texto de Cohen. Contudo, também é verdade que todos eles ficaram impressionados com o rigor conceitual e a clareza daquele trabalho. De alguma forma, a partir da publicação de *La teoría de la historia...*, começou a ser impressa uma série de trabalhos ligados ao pensamento de Marx e orientados por princípios semelhantes[3].

A partir do ano seguinte (1979), alguns daqueles autores que estavam (por coincidência) trabalhando com marxismo começaram a se reunir todo ano, no que foi denominado o "grupo de setembro", para discutir sobre seus respectivos textos. Desde então, com adesões e baixas, o grupo foi basicamente composto pelo próprio Cohen, Jon Elster, Adam Przeworski, John Roemer, Robert Brenner, Philippe van Parijs, Robert van der Veen, Pranab Bardham, Hillel Steiner, Sam Bowles e Erik Olin Wright[4]. O nome "marxismo analítico" aparentemente surgiu de Jon Elster, embora tenha sido popularizado a partir de um trabalho de John Roemer, compilando algumas importantes contribuições dos autores mencionados[5].

Para alguns, mais que um corpo de doutrina, a única coisa que reúne esses autores é um estilo de trabalho. Segundo Elster, que descreve o marxismo analítico simplesmente como um "pensamento claro", a marca fundamental parece ser o não-dogmatismo. Em sua opinião, "para saber se uma pessoa pode ou não ser caracterizada como um marxista analítico [deve-se observar] sua disposição para abandonar as concepções marxistas no caso de haver conflito entre [essas concepções] e um argumento empírico ou lógico"[6].

---

3. No prefácio a Elster (1987), o autor norueguês destaca que foi a partir da publicação do trabalho de Cohen que descobriu "que outros colegas em outros países estavam dedicados a um trabalho semelhante".
4. Ver Wright (1994).
5. Roemer (1985).
6. Entrevista feita por Esther Hamburguer a Jon Elster, publicada em Elster (1991).

Em um livro recente, Erik Olin Wright especificou quais eram, em sua opinião, os traços distintivos do marxismo analítico. Primeiro, um compromisso com as normas científicas convencionais, o que leva os autores inseridos nessa corrente a enfatizar o valor da investigação empírica, e submeter seus argumentos a uma crítica e revisão permanentes. Segundo, uma acentuada preocupação com a definição de conceitos e com a preservação da coerência lógica das diferentes análises realizadas (um exemplo notável nesse sentido é apresentado pelo próprio Wright e seu persistente estudo sobre a idéia de "classes sociais")[7]. Terceiro, "o uso explícito de modelos abstratos algumas vezes altamente formalizados, como na teoria dos jogos, e outras vezes um pouco menos formalizados, como nos modelos causais". Quarto, a importância atribuída às ações intencionais dos indivíduos, tanto nas teorias explicativas como nas normativas[8].

Na seqüência, ocupar-me-ei dos que são, a meu ver, os elementos definidores do marxismo analítico (coincidindo em parte com a classificação de Wright). Logo depois, mostrarei qual é o impacto desses pressupostos no estudo de tópicos marxistas tradicionais. O foco principal de minha atenção será (o que poderia ser chamado de) "teoria moral marxista".

Fundamentos e microfundamentos

Um traço comum à maioria dos marxistas analíticos (embora não a todos) é o individualismo metodológico. Segundo Elster, esse ponto de partida implica simplesmente considerar que "todas as instituições, os padrões de comportamento e os processos sociais podem, em princípio, ser explicados em termos exclusivamente de indivíduos: suas ações, propriedades e relações". O individualismo metodo-

---
7. Ver, entre outros trabalhos, Wright (1985, 1989, 1994).
8. Wright (1994), p 181.

lógico, em contrapartida, não os compromete nem com o pressuposto de que os homens são egoístas e racionais, nem com a idéia dos sujeitos como "átomos", com uma existência "pré-social"[9].

Outra forma de propor a mesma questão e mostrar ao mesmo tempo algumas das principais obsessões dos marxistas analíticos é a de fazer referência à "busca de microfundamentos"[10]. Ou seja, voltando a Elster, a idéia de que a "caixa-preta" deve ser aberta para observar suas "porcas e parafusos", a idéia de que os comportamentos coletivos devem ser estudados a partir das motivações e crenças dos agentes que participam deles[11].

Dentro do instrumental a que habitualmente recorrem esses analíticos, destaca-se o próprio da teoria da escolha racional. Nessa teoria, assume-se que os indivíduos, em suas condutas costumeiras, tendem a escolher o curso de ação que em sua opinião é o melhor (o que "maximiza", e não simplesmente o que "satisfaz", suas preferências) dentro de um limitado leque de opções. Em princípio, a ação é considerada racional enquanto e desde que seja a preferida pelo sujeito em questão, de acordo com seus desejos e crenças, e considerando a informação disponível. Uma postura desse tipo, por exemplo, implica deixar de lado as visões estruturalistas (segundo as quais as alternativas abertas se reduzem a uma só); ou outras concepções deterministas (que entendem que os indivíduos não "escolhem", mas que suas decisões vêm predefinidas por tradições, hábitos, normas sociais etc.). Quanto a esse ponto, também cabe fazer alguns esclarecimentos. Antes de mais nada, para dizer que as afinidades com a teoria da escolha racional não levam esses marxistas (evidentemente) a concordar com os resul-

---

9. Elster (1990), pp. 22 e 23.
10. No trabalho citado, E. O. Wright também rejeita explicitamente que se possam identificar os analíticos com o individualismo metodológico, que tantos reconhecem como distintivo dele. Por outro lado, reconhece a tendência comum ao estudo de "microfundamentos". Ver Wright (1994).
11. Ibid.

tados dos mais tradicionais trabalhos baseados na escolha racional (trabalhos realizados sobretudo por economistas neoclássicos)[12]; tampouco a adotar todos os postulados próprios dessa teoria. Diria, antes, que entre eles estão alguns dos mais severos críticos da teoria da escolha racional.

Em particular, autores como Elster dedicaram boa parte de seus melhores trabalhos a enfatizar os limites e problemas da mencionada metodologia. Elster, por exemplo, afirma que é muito comum que a racionalidade de uma decisão seja afetada pelo modo como os desejos e crenças em jogo foram "moldados". O exemplo típico, nesse caso, é o da raposa e as uvas (que intitula um de seus conhecidos estudos)[13], no qual a raposa, percebendo que não consegue alcançar as uvas, acaba convencendo-se de que elas estavam verdes. Ou seja, acaba adaptando suas preferências ao que vê como possível, como um modo de reduzir "dissonâncias cognitivas"[14]. Mas há muitos outros casos semelhantes de deficiências na racionalidade, como o conformismo, o anticonformismo, o fenômeno de ver "o verde sempre mais verde do outro lado da cerca" etc. Todos esses casos demonstram a fragilidade da razão e definem os limites com que (autores como os citados) assumem a teoria da ação racional.

A questão da justiça

A partir dessa nova preocupação com os "microfundamentos", com a averiguação das "crenças e motivações"

---

12. Erick Olin Wright, preocupado sobretudo em mostrar essas diferenças, ressalta o exemplo de Roemer, que, depois de analisar a idéia de exploração por meio desses instrumentos, "conclui que as estratégias individuais de otimização geram sistematicamente exploração e classes". Ou seja, chega, a bem dizer, a conclusões opostas às expostas pelos economistas neoclássicos. Wright (1994), p. 191.

13. Elster (1983). Ver também seus outros trabalhos sobre as "limitações na racionalidade". Especialmente, em Elster (1989).

14. Festinger (1957).

dos indivíduos, era quase "natural" que os marxistas analíticos começassem a se ocupar de temas como o da justiça ou da igualdade, comumente despercebidos (ou menosprezados) pelo marxismo. No entanto, o próprio devenir histórico veio reforçar essas tendências. Sobretudo quando se começou a perceber que o Estado igualitário final, próprio do comunismo, não apareceria como um resultado inevitável da evolução social. Ou quando se observou que, apesar do crescente desenvolvimento produtivo, os problemas da escassez ameaçavam permanecer crônicos. Tornou-se imperioso, então, determinar que normas iam ser usadas para distribuir a escassez presente. Do mesmo modo, tornou-se necessário definir que tipo de igualdade deveria ser buscado como último objetivo social.

Em uma análise por assim dizer autobiográfica, Gerald Cohen explica a evolução dessas reflexões, e comenta por que ele próprio se transformou em um autor preocupado fundamentalmente com questões normativas (quando antes tendia mesmo a deixar de lado esses termos). Em sua opinião, as modificações que aconteceram em seu trabalho têm a ver com uma mudança paulatina em seus pressupostos empíricos. Em particular, refere-se a uma nova aproximação com o tema da classe operária e da capacidade produtiva do comunismo. A idéia é a seguinte: durante muitos anos, ele, como muitos outros, admitiu que a classe operária: a) constituía a maioria da sociedade; b) era a que gerava a riqueza da sociedade; c) representava a classe explorada; d) sobrepunha-se ao grupo dos "necessitados"; e) não tinha fundamentalmente nada a perder com uma revolução; por isso f) podia e ia transformar a sociedade. Ao mesmo tempo, admitia que o comunismo seria capaz de "liberar" as forças produtivas da sociedade, até levá-la a uma situação de abundância, que é condição necessária para possibilitar a afirmação do comunismo[15] (sem recursos abundan-

---

15. Recordar, por exemplo, a idéia incluída em Marx (1973), em que ele destaca que "[e]m uma fase superior da sociedade comunista, quando tiver

tes, não podem ser satisfeitas várias necessidades)[16]. Porém, o decorrer do tempo foi mostrando a Cohen (segundo seu próprio relato) inovações de tremendo peso. Entre elas, e de forma clara, que a classe operária já não constituía uma maioria, não produzia toda a riqueza social nem era a única explorada. Mais ainda, que a classe operária tinha coisas a perder com a revolução; e que (além do que acontecia com o "comunismo real") era empiricamente muito duvidoso que o comunismo pudesse significar uma sociedade hiperprodutiva. No entanto, o problema mais notável foi o de que a classe operária já não se identificava com a dos necessitados dentro da sociedade. Em outras palavras, surgia o problema de que grupos totalmente à margem da estrutura produtiva precisavam urgentemente ser ajudados e atendidos pela comunidade, embora não fossem operários ou estivessem diretamente à margem da estrutura produtiva.

Em síntese, nos novos estudos marxistas, o tema da justiça começava a ocupar um primeiro plano. Há pouco tempo, essa questão era praticamente inexistente para a maioria dos marxistas, já que se admitiam a inevitabilidade da revolução proletária, a prática eliminação da "escassez" e a identificação entre proletários e necessitados.

Marx e a justiça

Levados a justificar distribuições mais eqüitativas da riqueza e obrigados a recorrer a princípios de justiça (tam-

---

desaparecido a submissão escravizadora dos indivíduos à divisão do trabalho, e com ela, portanto, o antagonismo entre o trabalho intelectual e o trabalho manual; quando o trabalho se transformar não só em meio de vida, como na primeira condição da existência; quando, ao se desenvolverem em todos os seus aspectos os indivíduos, também se desenvolverem as forças produtivas e fluírem com toda sua abundância as fontes da riqueza coletiva, só então poderá ser totalmente ultrapassado o estreito horizonte do direito burguês, e a sociedade poderá escrever em sua bandeira: de cada um segundo sua capacidade, a cada um segundo suas necessidades".

16. Ver, por exemplo, Cohen (1994).

bém) como princípios motivadores para a ação, muitos autores começaram a analisar quais princípios normativos, se havia algum, eram compatíveis com os mais clássicos fundamentos do marxismo.

Seguindo o raciocínio anteriormente esboçado, alguns defenderam que não se deveria vasculhar o pensamento marxista em busca daquilo que não se poderia encontrar. Marx simplesmente não se interessava pelas questões da justiça porque pensava que, com a chegada do comunismo, iriam desaparecer as (o que Hume ou Rawls denominaram) "circunstâncias da justiça". A escassez e os conflitos seriam reduzidos até o ponto de tornar desnecessário qualquer apelo à justiça[17].

Para outros, como Richard Miller, em contrapartida, Marx adotava uma postura muito mais radical e ativa em relação à justiça. Para eles, Marx mantinha uma profunda rejeição aos discursos sobre a justiça. Quem defendia essa opinião contava com várias passagens a seu dispor, nos quais Marx parecia adotar de fato esse ativismo antimoralista. Assim, podiam ser ressaltadas suas explícitas afirmações, classificando de "lixo verbal" ou "contra-senso ideológico" todas as discussões sobre a justiça e os direitos[18].

Autores como Zayid Husami contestaram severamente os anteriores, mostrando que, apesar de seu discurso, Marx mantinha uma implícita teoria da justiça. Essa teoria deixava-se entrever em suas habituais referências ao "roubo" dos capitalistas aos trabalhadores, efetivado por meio da extração de mais-valia; ou em sua defesa de idéias tais como as de comunidade, humanismo, auto-realização etc. Para Husami, o erro de autores como Miller era o de fazer colapsar a teoria moral marxista em sua sociologia da moral. Para dizer de modo mais claro: em sua sociologia da

---

17. Ver, sobretudo, Buchanan (1982).
18. Essa postura é comumente defendida por Miller (1984). De modo análogo, embora mantendo uma postura menos radical que a de Miller, ver Wood (1982).

moral, Marx descrevia a dependência das idéias predominantes ao modo de produção vigente. No entanto, essa descrição não impedia que Marx avaliasse essas idéias a partir de um parâmetro diferente, que, segundo Husami, era o da justiça proletária ou pós-capitalista. Para dar um exemplo claro a esse respeito, Husami cita a idéia de "a cada um de acordo com sua contribuição", que viria sintetizar a visão de Marx sobre a justiça socialista, e que permitiria criticar a distribuição capitalista vigente[19]. Jon Elster parece defender uma postura semelhante a de Husami, embora dê um passo além do anterior. Segundo o autor norueguês, Marx sustenta outro princípio de justiça, mais radical, destinado a ser aplicado na "superior" etapa comunista. De acordo com esse princípio, deve-se tomar "de cada um segundo sua capacidade" e dar a cada um "segundo suas necessidades"[20].

Ainda que a polêmica não esteja encerrada nesse campo, como na maioria dos que estudaram os marxistas analíticos, o fato é que todos eles reformularam a relação entre marxismo e justiça, e, em sua maioria acabaram aceitando a presença de certa teoria marxista da justiça.

A auto-realização como ideal

Se na sugerida e ainda precária teoria da justiça marxista eu precisasse indicar uma idéia fundamental, capaz de se constituir em pilar dela, indicaria a noção de auto-realização[21]. Essa idéia tem a virtude de estar ancorada no coração do marxismo e de ser, ao mesmo tempo, uma idéia que estimulou a atenção e o estudo de outras correntes. No fim das contas, o liberalismo, e em especial o liberalismo igualitário, sempre firmou-se no valor da autonomia, que tem

---

19. Husami (1978).
20. Elster (1983b). Ver Marx (1973) na passagem transcrita.
21. Talvez o exemplo mais claro de todos seja o de Jon Elster. Ver, em particular, Elster (1987).

uma clara afinidade com o da auto-realização. As semelhanças entre ambos os ideais acentuam-se assim que "limpamos" o conceito da auto-realização de suas interpretações menos aceitáveis.

Por exemplo, em *A ideologia alemã**, Marx parece aceitar um modelo muito exigente sobre qual deveria ser o ideal da boa vida (ou qual seria a forma "natural"desse ideal no comunismo). A imagem a que me refiro é aquela em que um indivíduo dedica-se à caça pela manhã, pesca à tarde, recolhe o gado ao anoitecer, e se transforma em crítico depois do jantar[22]. Nessa metáfora são formulados pelo menos dois dos traços básicos da auto-realização que merecem ser averiguados. Em primeiro lugar, o da "completitude" da auto-realização. Segundo Jon Elster, são apresentadas duas alternativas excludentes a qualquer indivíduo que enfrenta essa questão: ou (pretender) atualizar "todas"as potenciais habilidades pessoais, correndo o sério risco de se frustrar em quase todas as tentativas; ou tentar desenvolver alguma dessas habilidades em especial o máximo possível. Na opinião de Elster, essa última é a única possibilidade razoável, com o que descarta o pressuposto de "completitude" da auto-realização, que alguns podem querer atribuir à noção marxista[23]. Em segundo lugar, merece ser examinada a compatibilidade da idéia de "liberdade"com a de auto-realização. A pergunta, então, teria a ver com um possível "perfeccionismo" marxista[24]: basicamente, pode-se obrigar alguém a desenvolver essas ou aquelas capacidades? Para Elster, a resposta é nitidamente negativa, já que, no caso de a opção não ser livremente adotada pelo indivíduo em questão, a própria aspiração à auto-realização acabaria frustrada[25].

---

* Trad. bras. São Paulo, Martins Fontes, 3ª ed., 2002.
22. Marx (1985).
23. Elster (1986), p. 101.
24. Ver Kymlicka (1990), cap. 5. [Trad. bras. *Filosofia política contemporânea*, São Paulo, Martins Fontes, 2006.]
25. Ibid.

Uma vez formulados esses primeiros esclarecimentos, a idéia de auto-realização surgiria ligada ao livre desenvolvimento de (algumas) capacidades individuais. Isto é, uma idéia que não parece distante de habituais reivindicações do "liberalismo igualitário". Nesse sentido, marxistas analíticos e liberais igualitários estariam compartilhando pelo menos uma mesma busca: a de uma sociedade que torne possível o desenvolvimento individual autônomo, libertando os agentes dos "encargos" próprios de contingências ou meras circunstâncias[26], e permitindo que estes sejam donos de e, sobretudo, responsáveis por seu próprio destino[27].

A seguir, vou me concentrar em alguns temas clássicos do marxismo para ilustrar de que forma análises e pressupostos como os até aqui descritos produzem impacto sobre eles.

A filosofia da história em Marx

Uma das áreas em que mais se concentraram os marxistas analíticos foi a da filosofia marxista da história. A linha geral desses trabalhos foi muito crítica em relação à visão de Marx. Porém, de modo curioso, um dos estudos importantes nesse campo, que foi o de Gerald Cohen (e que se constituiu, sem dúvida nenhuma, no ponto de partida do próprio movimento analítico, como dissemos), destinou-se a recuperar as teses esboçadas por Marx. O objetivo de Cohen, nesse sentido, foi esclarecer os obscuros trabalhos de Marx sobre a evolução da história. Do mesmo modo, Cohen procurou dar conteúdo empírico suficiente a esse aspecto da filosofia marxista a fim de permitir que as afirmações em jogo se tornassem comprováveis ou refutáveis.

---

26. O fato de alguém nascer no contexto de uma família rica e outro não; de alguém nascer com certas incapacidades etc.

27. Quando menciono o trabalho de liberais "igualitários", penso sobretudo nos textos de Rawls; Ronald Dworkin (em especial, seus artigos sobre o significado da igualdade); Thomas Nagel; Thomas Scanlon; etc.

Cohen sintetizou a visão marxista em duas teses fundamentais. Uma primeira tese é a da primazia das forças produtivas, que defende que as forças produtivas constituem um fator explicativo de primeira importância para entender as mudanças sociais em larga escala e a estabilidade das estruturas sociais. A segunda tese é a do desenvolvimento, que afirma que as forças produtivas se desenvolvem ao longo da história, permitindo que as estruturas sociais menos produtivas sejam substituídas por outras mais produtivas[28].

Para a maioria dos marxistas analíticos, as análises de Cohen apresentavam-se lúcidas e claras, mas pouco convincentes. Foram muitos, então, os que polemizaram com Cohen, destacando-se nesse sentido uma famosa e extensa disputa entre ele e Jon Elster[29]. As críticas a Cohen foram de diversos tipos. Houve as que se centraram fundamentalmente em objeções empíricas às duas teses anteriores, que tentaram mostrar de que modo vários casos da história desmentiam aquelas afirmações[30]. Outros, em contrapartida, criticaram a limitação de explicações como as de Cohen no que se refere a questões fundamentais para os analíticos, como (entre outras) as mencionadas questões motivacionais. Cohen, por exemplo, diz por que ocorrem certas mudanças na estrutura produtiva (ocorrem porque são as que facilitam o crescimento das forças produtivas), mas não esclarece como ocorrerão essas mudanças. Não é explicado fundamentalmente como diferentes agentes irão confluir na determinação dessas mudanças. E aqui se acrescenta outra clássica proposição dos analíticos, derivada do apelo ao individualismo metodológico, do recurso à teoria dos jogos e do estudo dos problemas da ação coletiva. A idéia, nesse caso, é que as condutas coletivas costumam gerar problemas de coordenação, por isso não é óbvio qual pode ser o resultado de uma infinidade de indivíduos atuando em conjunto: pode

---

28. Ver Cohen (1978).
29. Entre uma vasta série de trabalhos, ver, sobretudo, Elster (1980, 1982), e a resposta de Cohen a esse último trabalho em Cohen (1982).
30. Ver, por exemplo, o trabalho de um autor "liberal igualitário", como J. Cohen (1982).

ser que essas ações individuais levem ao crescimento das forças produtivas, como pode ser que não[31]. Essa afirmação pode ser ilustrada com um exemplo. No capitalismo, indivíduos que agem em seu próprio interesse, e que permutam bens entre si, podem gerar um incremento na produtividade geral do sistema enquanto e desde que existam certas instituições políticas e sociais que tornem possível um adequado funcionamento do mercado (como direitos de propriedade estáveis etc.). Exemplos como esse nos revelam, por um lado, que a primeira tese de Cohen (sobre a primazia explicativa das forças produtivas no estudo de mudanças sociais etc.) é duvidosa, já que, no nível explicativo, o recurso às forças produtivas é tão importante quanto é o apelo ao comportamento racional dos indivíduos ou a instituições como as mencionadas. A segunda tese de Cohen também parece afetada, já que não se explica por que os problemas de coordenação tendem a ser resolvidos com o passar do tempo. Nesse sentido, a objeção consistiria em assinalar um ensinamento típico dos estudos sobre a ação coletiva e a teoria dos bens públicos: uma ação pode ser frustrada, embora todos tenham interesses comuns e atuem racionalmente, pela pretensão que cada um tem de conseguir os benefícios em questão incorrendo nos menores custos pessoais possíveis[32].

Críticas como as mencionadas, baseadas em um renovado arsenal teórico, e realizadas pela maioria dos analíticos, lançam fortes dúvidas sobre a plausibilidade das clássicas reflexões marxistas sobre a filosofia da história.

Teoria da revolução

Na análise da factibilidade dos movimentos revolucionários podem ser esclarecidas algumas questões enuncia-

---

31. Esse tipo de crítica foi desenvolvido, por exemplo, em Buchanan (1985).

32. Ver particularmente Olson (1965 e 1982).

das no item anterior, ligadas aos problemas próprios da ação coletiva. De fato, a revolução representa um típico caso de comportamento grupal estudado pelo marxismo e sujeito a prognósticos pouco claros. A seguir, vou apresentar uma série de observações propostas, nesse campo, pelos marxistas analíticos.

1. Em primeiro lugar, são expostas dúvidas quanto à possibilidade de ocorrer uma revolução comunista no momento de maior expansão das forças produtivas capitalistas, tal como acreditava Marx. Além do importante fato de que a história tendeu a negar essa tradicional crença, os analíticos destacam a falta de razão desse critério quanto a sua base motivacional. É compreensível – afirmam – que os trabalhadores tendam a se negar a arcar com os altíssimos custos da transição para o comunismo, em momentos de hiperprodutividade capitalista: essa aposta implica renunciar ao que se tem (ainda que seja muito pouco) em prol de uma utopia incerta, e que implica a passagem por um caminho repleto de riscos[33]. Como diz Elster, certo grau de miopia e de aversão ao risco pode predispor os trabalhadores antes a uma atitude de rejeição à revolução[34].

2. Pode-se afirmar, no entanto, que a revolução comunista vai ocorrer quando às mencionadas condições objetivas (um sistema capitalista hiperprodutivo, incapaz de continuar expandindo-se) somarem-se outras, subjetivas, como as tipicamente produzidas pelo capitalismo: alienação, exploração etc.[35] Acontece, de qualquer maneira, que é duvi-

---

33. De acordo com Przeworski, o socialismo pode ser de fato mais bem-sucedido que o capitalismo na satisfação dos interesses materiais dos trabalhadores. Contudo, pode ser mais racional para os trabalhadores não optar pelo socialismo. Isso devido, acima de tudo, aos custos da transição. Mas, além do mais, também devido à possibilidade de pactuar um certo *modus vivendi* com a classe dos capitalistas. Dados esses elementos, a própria busca do socialismo pode chegar a se transformar em um projeto não racional. Ver, por exemplo, Przeworski (1985, 1986).

34. Elster (1990), p. 160.

35. Ver, por exemplo, Elster (1987).

doso que as mencionadas condições objetivas e subjetivas sejam reunidas em um mesmo contexto. A bem dizer, parece que a revolução manifestou-se em sociedades economicamente "atrasadas", onde a mencionada confluência de condições não estava presente.

3. Em terceiro lugar, deve-se destacar que a revolução, vista como qualquer outro "bem público", está sujeita aos problemas do "carona", "penetra" ou *free-rider* que costumam se apresentar na busca de tais bens[36]. O problema do "carona" surge quando alguns indivíduos percebem que sua participação na conquista do bem desejado (por exemplo, uma mudança social drástica) levaria-os a sujeitar-se a sérios custos (por exemplo, arriscar sua vida), e percebem ao mesmo tempo que, se esse bem for produzido (se a revolução for concretizada), eles se beneficiarão de qualquer modo (tenham participado da produção ou não). A atitude "racional" de cada um desses sujeitos, então, é a de não contribuir para a produção de tal bem, com a esperança de livrar-se de qualquer custo e, ao mesmo tempo, beneficiar-se da possível atuação dos demais. Pensemos, por exemplo, nos processos inflacionários: todos sabem que se consegue um benefício coletivo se todos contribuírem não aumentando os preços. No entanto (a não ser que sejam tomadas certas medidas quanto a isso), cada um tende a aumentar os preços dos bens que vende na expectativa de se beneficiar (sem sujeitar-se a custos) se todos os demais mantiverem os preços baixos (e não se prejudicar, se todos os demais também os aumentarem). Ou seja, atuando racionalmente, todos tendem a assumir a conduta do "carona", com o conseqüente prejuízo geral.

---

36. Fala-se de um bem público quando o bem em questão requer, para ser produzido, a atividade de um grupo de pessoas; uma vez obtido, beneficia todos (mesmo aqueles que não contribuíram para produzi-lo); implica custos para todos aqueles que contribuem para alcançá-lo; e tem benefícios que, uma vez obtidos, superam os custos mencionados. Um caso que pode ilustrar perfeitamente as condições mencionadas pode ser o da preservação de um meio ambiente saudável. Ver a respeito Olson (1982).

Segundo os analíticos, na revolução apresentam-se problemas idênticos aos mencionados. Nesse caso, as situações possíveis seriam as seguintes:

	Os outros	
Alguém	P	não-P
P	2	4
não-P	1	3

Sendo P: participa/n; não-P: não participa/n

A idéia é que, quanto a uma revolução, a situação ótima ocorre quando alguém participa, e os demais também (situação 2). Aqui, todos sujeitam-se a certos custos, mas todos acabam se beneficiando. A pior situação possível (4) ocorre quando alguém contribui para provocar a revolução, mas todos os demais não. O que o gráfico tenta revelar é que a situação ótima (2) tende a ser substituída por outra (1), já que todos têm a expectativa de se beneficiar da ação dos demais, sem sujeitar-se a nenhum custo. O resultado, então, é a não-produção do bem desejado, já que todos acabam considerando 1 como o curso de ação mais racional[37].

4. Por fim, os analíticos destacam que Marx, em sua teoria sobre a revolução, defende duas afirmações aparentemente implausíveis. Por um lado, que os proletários seriam capazes de superar problemas de ação coletiva como os mencionados (seriam capazes, por exemplo, de superar as situações de *free rider* – nesse caso, a tentação de cada proletário de "se aproveitar" dos esforços que supostamente farão os demais). Por outro lado, que os capitalistas seriam

---

37. Ver, por exemplo, Buchanan (1982), cap. 5.

incapazes de superar iguais problemas (seriam incapazes de coordenar suas ações para beneficiar os interesses gerais da "classe" capitalista). Ambas as afirmações parecem, de qualquer modo, equivocadas. A primeira porque, no contexto capitalista, como vimos, os trabalhadores tendem a se recusar a se sujeitar aos custos necessários para uma revolução: esses custos são muito altos, e além disso normalmente os trabalhadores têm muito mais a perder além de seus bens[38]. Quando à segunda afirmação, também mostra-se implausível. A idéia marxista tradicional seria a seguinte: ansiosos por tirar mais e mais mais-valia, e aumentar assim sua porcentagem de lucro, os capitalistas tendem a se comportar irracionalmente, levando os trabalhadores a uma situação de absoluta miséria, que os pressiona para a revolução. O que na realidade parece acontecer, no entanto, é que os capitalistas (ao contrário dos trabalhadores) têm a sua disposição os meios suficientes para coordenar suas ações e superar assim problemas que ameaçam todos os membros de sua classe. Contam, por exemplo, com meios para facilitar a comunicação entre eles; para estabelecer sanções para os que não cooperam (aumentando assim os custos da não-contribuição para os objetivos comuns) etc. Esses meios não só facilitam a ação coletiva entre os capitalistas, como também podem ajudar a dificultar a cooperação entre os trabalhadores[39]. A situação final, portanto, tende a ser

---

38. Essas comprovações mostram a dificuldade dos movimentos revolucionários em contextos capitalistas. Mas não negam a possibilidade desses movimentos em outros contextos; nem sequer a viabilidade de ações combinadas dos trabalhadores dentro do capitalismo, enquanto e desde que estejam presentes certos elementos adicionais. Por exemplo, modos de aumentar os custos dos não-participantes (por meio de sanções formais ou informais); uma liderança de características excepcionais; instituições que coordenem de modo eficiente os esforços dos trabalhadores etc. Restam dúvidas, porém, sobre até que ponto essas medidas podem ajudar a diminuir os custos da transição revolucionária, e eliminar o problema do "carona".

39. Marx soube perceber alguns dos recursos que os capitalistas tinham a sua disposição para dificultar as ações grupais de seus adversários. Por exemplo, escolhiam uma tecnologia inferior perante outra superior e capaz de ajudar os trabalhadores a trabalhar de forma mais integrada [ver, por exemplo,

a inversa da prevista por Marx (quando previa a cooperação entre os trabalhadores e a irracionalidade dos capitalistas). Esse tipo de comprovação, a meu ver, deve ajudar-nos a reformular as possibilidades e as condições da ação grupal voltada ao socialismo.

Exploração

Os novos pressupostos reconhecidos pelos marxistas analíticos também levam a profundas reformulações de tradicionais conceitos, como o da exploração. Uma primeira e decisiva observação é ressaltada por G. A. Cohen: uma vez que aceitamos que a categoria dos trabalhadores já não se sobrepõe à dos necessitados – afirma Cohen –, "somos forçados a escolher entre o princípio de que temos direito ao produto de nosso trabalho, implícito na doutrina da exploração, e um princípio de igualdade de encargos e benefícios que nega o direito ao produto do trabalho de alguém e que é necessário para defender o apoio aos mais necessitados que não são produtivos e que, como resultado, também não são explorados"[40].

Essa necessidade de repensar a idéia de exploração é acompanhada de outros dados adicionais, derivados da renovada postura normativa dos analíticos. Fundamentalmente, a maioria dos marxistas analíticos não estaria disposta a reconhecer como exploradoras aquelas situações nas quais uma pessoa trabalha às ordens de outra depois de ter escolhido (em um sentido forte do termo) fazer isso. Tomemos este típico caso, apresentado por John Roemer (talvez o que mais tenha escrito sobre o tema da exploração entre os membros do "grupo de setembro"). Duas pessoas, Karl e Adam, são os únicos habitantes de certo território. Ambos

---

Elster (1983c)]. Atualmente, é comum que se ofereçam aumentos de salário, rompendo assim a homogeneidade das reivindicações trabalhistas, "dividindo para reinar".

40. Cohen (1994), p. 10. Em um sentido semelhante, ver Cohen (1990).

nascem dotados de idênticos atributos, em uma situação de absoluta igualdade. Os recursos com os quais contam permitem que vivam com tranqüilidade o resto de suas vidas, com um mínimo de trabalho. Porém, Karl e Adam diferem em suas preferências quanto a como distribuir o trabalho e o lazer. Karl quer desfrutar de sua juventude, e trabalhar apenas na última etapa de sua vida. Adam, por outro lado, prefere trabalhar em sua juventude, e descansar quando se aproximar da velhice. Daí que, chegando à metade de suas vidas, Adam multiplicou seus recursos, e Karl havia consumido tudo o que tinha. Logo, e conforme os planos que haviam escolhido no início, Karl vai trabalhar para o benefício de Adam, e esse começa seu período de descanso. Para Roemer, nesse caso não se apresenta uma situação de exploração, já que Karl escolheu seu destino do modo mais autônomo possível: nenhuma desigualdade o afetava; também não se pode falar de nenhuma "manipulação" ou distorção cognitiva. Ele era plenamente consciente da decisão que tomava para seu futuro[41]. No entanto, assinala Roemer, as visões marxistas mais tradicionais classificariam de exploradora a situação em que Karl vai trabalhar para o benefício de Adam, mesmo que admitam que é o resultado de uma escolha pela qual Karl é plenamente responsável e consciente. Classicamente, esse seria o critério daqueles que entendem que há exploração quando "um sujeito utiliza na produção mais horas do que as que estão incorporadas nos bens que pode comprar com as rendas do que produz".

Contra esse tipo de postura mais ortodoxa, Roemer defende uma polêmica noção de exploração, que tenta considerar observações como a apresentada no exemplo anterior. Em sua opinião, a exploração implica um desigual acesso aos meios de produção, sendo concebida como uma "conseqüência distributiva de uma injusta desigualdade na distribuição dos recursos e dos ativos produtivos"[42]. Para reafirmar as enormes diferenças entre a visão de Roemer e as

---

41. Ver Roemer (1982, 1982b, 1985b, 1989).
42. Ver Roemer (1985b), p. 65.

posições mais tradicionais, pode ser conveniente recorrer a outro exemplo. Tomemos, assim, a seguinte situação. Em uma sociedade x, A recebe, ao nascer, um maquinário importante, superprodutivo; e B recebe, por outro lado, um menos eficiente, mas que permite que produza o necessário para viver com tranqüilidade o resto de seus dias. No entanto, A é um consumista voraz, o que o leva a pedir trabalho extra a B (embora A, com sua máquina, seja capaz de produzir muito mais que B). Para as concepções mais tradicionais, B estaria explorando A. Para Roemer, em contrapartida, ou não haveria exploração, ou A estaria explorando B (!)[43].

A concepção de Roemer serviu para indicar resultados contra-intuitivos próprios das mais habituais aproximações à idéia de exploração. Porém, a sua postura parece ser ainda muito polêmica. Baseia-se, no mínimo, em uma teoria da justiça não fundamentada (por que é injusta toda desigualdade na distribuição dos meios de produção?).

Seja qual for a plausibilidade da específica proposta de Roemer, o fato é que, a partir da brecha aberta por ele, que significou incluir como parte integrante do conceito de exploração a idéia de justiça[44], renasceu a preocupação com esse conceito, e foram propostas outras possíveis definições da exploração.

G. A. Cohen, por exemplo, ligou esse conceito à "carência de reciprocidade". De forma sintética, de acordo com sua visão, deve-se acentuar que, durante o processo produtivo, os trabalhadores produzem "coisas que têm valor" e agentes não produtivos (os empresários) obtêm o maior benefício. A objeção ao capitalismo, então, estaria formulada em termos de "falta de reciprocidade". Nesse sentido, a postura de Cohen parece atraente. Essa postura tem, além

---

43. Roemer (1989). A dúvida, na postura de Roemer, se deve a uma certa modificação em sua concepção originária de exploração. Roemer parece exigir, agora, que o indivíduo explorador, para ser classificado como tal, obtenha vantagens a partir do trabalho do outro, além de ter a vantagem de uma desigual distribuição nos meios de produção.

44. Ver Reiman (1989).

disso, a virtude de prescindir da tão reprovada "teoria do valor" marxista[45]. Entretanto, essa concepção também parece aberta a críticas de peso (por que considerar todas as contribuições empresariais como supérfluas? Quando deixa de haver "falta de reciprocidade"? etc.).

Concordando com uma linha semelhante à dos autores mencionados, Jon Elster afirma que a idéia mais "ortodoxa" de exploração não tem valor moral fundamental porque (como vimos nos exemplos anteriores) situações que tradicionalmente podem ser descritas como exploradoras nem sempre incluem algo censurável. E, como Cohen e Roemer, ele tende a ligar a idéia de exploração com certo princípio normativo de eqüidade como o de "dar a cada um de acordo com sua contribuição". Assim, ocorre que "a exploração, quando está errada, está errada não só porque é exploração, mas porque são acrescentados outros traços adicionais"[46]. Por exemplo, quando está unida à coerção física; quando, sem faltas que sejam atribuíveis aos próprios trabalhadores, eles são forçados a vender sua força de trabalho etc.[47]

Todas essas diferentes visões da exploração são, em suma, tentativas ainda incompletas, destinadas a reforçar ou reformular um conceito que (nos termos que era habitualmente formulado) parecia ou ambicioso demais, ou muito confuso, ou diretamente contra-intuitivo em algumas de suas aplicações. Os marxistas analíticos, nesse sentido, tentaram distinguir claramente os planos descritivos dos normativos, e mostrar as possibilidades e limites de diferentes conceitos de exploração.

Quais são as alternativas?

Vimos, até o momento, muitas das críticas formuladas pelo marxismo analítico contra as versões mais tradicionais

---

45. Ver Cohen (1979).
46. Elster (1990), p. 196.
47. Ver, também, nesse sentido, Cohen (1985).

do marxismo. Levadas a sério, essas críticas implicam deixar de lado importantes peças da típica estrutura marxista. Porém, essa atitude de "rejeitar o rejeitável" não leva os analíticos a se conformar com um modelo (agora) um tanto "impotente" de marxismo. Pelo contrário, a maioria deles concentrou-se na elaboração de possíveis alternativas ao capitalismo: alternativas, em todo caso, respeitosas com os próprios critérios básicos que serviram para que se defrontassem com o marxismo mais ortodoxo. Assim, em linhas gerais, suas propostas (diversas e nem sempre consensuais entre todos eles) procuraram "economizar em informação e confiança" (duas virtudes que, em geral, os sistemas de economia planejada não têm); aceitar certos critérios de eficiência; considerar o problema dos fatores externos e, fundamentalmente, orientar-se para a auto-realização individual e (o que constitui seu reverso) a diminuição ou eliminação da alienação no trabalho[48].

Entre as diferentes propostas apresentadas pelos marxistas analíticos, vou deter-me particularmente em duas, devido à divulgação e à relativa aprovação acadêmica que receberam.

Renda básica universal

Uma das idéias mais notáveis (e que mais polêmica gerou dentro da corrente analítica) é a apresentada, originalmente, por Philippe van Parijs e Robert van der Veen, e anunciada como "uma via capitalista ao comunismo"[49]. A idéia em questão consiste em garantir a todos os indivíduos uma renda suficiente para satisfazer suas necessidades básicas, que seja independente – *incondicional* – de trabalhos atuais ou passados, de suas necessidades particulares etc. Os pressupostos a partir dos quais essa proposta é formula-

---

48. Esses critérios, por exemplo, são enunciados em Elster e Moene (1989).
49. Van Parijs e Van der Veen (1988).

da são os seguintes. Primeiro, a existência de uma situação de desemprego estrutural, e não apenas conjuntural[50]. Segundo, o fato de que (pelo menos no mundo desenvolvido) a sociedade já teria chegado a um nível de "abundância relativa" como o que é precondição para a instalação de uma sociedade comunista.

Quanto ao enfoque tradicional sobre o comunismo e a transição para ele, a proposição de Van der Veen e Van Parijs implica algumas modificações importantes. Por exemplo, nela são deixados de lado alguns tradicionais (e básicos) compromissos com idéias como as de igualdade de renda, propriedade pública dos meios de produção ou um planejamento global da economia. E, ainda mais, eles descartam a necessidade de uma "etapa socialista intermediária" como via para chegar ao comunismo (sobretudo porque o socialismo mostra-se ineficiente para a criação da riqueza que o comunismo necessita e que, aparentemente, o capitalismo já teria criado).

De qualquer maneira, e apesar de suas "rupturas" com certas convicções tradicionais do marxismo, ratificam-se aqui acordos muito substanciais com aquela velha tradição. Por exemplo, a idéia de que todos os indivíduos precisam ver suas necessidades básicas satisfeitas; ou a de que deve haver independência entre o que uma pessoa fornece para a produção e o que recebe como resultado desse processo produtivo. De modo igualmente importante, a proposta da renda básica garantida implica uma extraordinária tentativa de abolir a alienação. Isso porque o trabalho (após emitir os subsídios) já não estaria preso às recompensas externas (daí que sejam praticamente eliminados os trabalhos forçados ou penosos). Logo, ninguém ficaria obrigado a aceitar aquilo que não quer, pois sua subsistência passaria a estar assegurada com a provisão do subsídio. Nesse sentido, a alie-

---

50. Ver, por exemplo, Przeworski (1987). Segundo Przeworski: "Nao há em vista uma solução econômica ao crescente desemprego." Ver também Offe (1992). Do mesmo modo, Lo Vuolo (1996).

nação no trabalho seria eliminada em um contexto no qual o que trabalha, trabalha se quer e naquilo que prefere[51].

Os benefícios mencionados, então, poderiam ser alguns dos benefícios preparados pela introdução da renda universal[52]. Passemos, então, a seguir, a enumerar alguns dos possíveis problemas que a idéia dos subsídios universais parece implicar. As dificuldades às quais farei referência têm a ver fundamentalmente com dois tipos de problema: os que se apresentam para tornar o projeto "economicamente" viável; e os que se apresentam para torná-lo "politicamente" viável.

Em primeiro lugar, destacam-se os enormes problemas que mesmo sociedades altamente desenvolvidas poderiam encontrar para enfrentar o pagamento dos "subsídios". Aqui aparecem questões como a de se os trabalhadores continuariam tendo incentivos para trabalhar, uma vez que fosse garantida a eles a cobertura de suas primeiras necessidades; ou a de se os capitalistas continuariam motivados a investir, depois das deduções realizadas em seus lucros, para pagar tais "subsídios". As respostas não são unânimes em nenhum desses casos. Porém, a meu ver, há pelo menos algo que parece ficar claro: quase todos parecem concordar que os "subsídios universais" e o capitalismo democrático são duas idéias muito difíceis de conciliar[53].

---

51. A idéia é que o trabalho (ligado agora às preferências individuais) passaria a ser tão atraente que "já não seria trabalho". Nove (1987).

52. Além disso, possibilitariam que cada um desenvolvesse seus próprios e pessoais projetos; permitiriam reduzir o estigma que costuma acompanhar os desempregados; ajudariam na redução da economia informal; favoreceriam a igualdade sexual (ao dotar, de um igual poder econômico, o homem e a mulher, e deixá-los, em princípio, com igual tempo livre) etc. Ver Lindstedt (1988), p. 6. Também Standing (1992), p. 59.

53. Assim formulado, por exemplo, em Przeworski (1987). Erik Olin Wright também dedicou-se a deixar claro que os defensores dos "subsídios" se apressaram ao decretar a "desnecessidade" do socialismo no caminho para a "sociedade da liberdade". A idéia é a seguinte: uma vez que se decida aplicar os mencionados "subsídios", seria fácil prever um imediato movimento migratório de indivíduos e capitais que tornaria impossível a implementação de-

Conforme assinalei, o outro tipo de crítica que a idéia de "subsídios universais" costuma receber tem a ver com a "viabilidade política" deles. Mesmo para autores como Clauss Offe, em geral favoráveis à instrumentação do projeto, é uma incógnita como obter uma aliança de forças políticas e sociais suficientemente ampla para dar apoio aos "subsídios"[54]. Outros pensadores, como Jon Elster, são ainda mais críticos, a ponto de chegar a sugerir que não só seria impossível encontrar tal apoio em massa, como também as maiorias fariam bem em tirar o apoio de idéias como a do *basic income*. As observações de Elster, nesse sentido, são fundamentalmente duas. A primeira, de essência "hayekiana", consiste em ressaltar a incapacidade humana para planejar uma reforma institucional da magnitude da proposta por Van der Veen e Van Parijs[55]. Por outro lado, e mais importante, Elster afirma que as maiorias rejeitariam a proposta dos "subsídios universais" por causa de sua incapacidade de refletir, de modo simples e claro, princípios de justiça plausíveis. Segundo esse autor, em matéria de justiça, a noção dos "subsídios" parece, a bem dizer, recorrer a um princípio de características inaceitáveis, como o de permitir a "exploração dos trabalhadores pelos preguiçosos"[56].

---

les. Ou seja, no caso de se querer garantir a viabilidade dos "subsídios", deverão ser adotadas medidas como a de nacionalizar o capital; impedir sua evasão; privar os capitalistas do direito de investir ou deixar de investir onde quiserem etc., tudo o que evidentemente parece desmentir cada vez mais a utopia de Van der Veen e Van Parijs sobre uma "via capitalista ao comunismo" [ver essas críticas em Wright (1987), e também em Carens (1987)]. As críticas de pessoas como Wright foram suficientes para obrigar esses autores a reconhecer a necessidade de "um certo socialismo", para realizar o ideal que defendem [por exemplo, em Van der Veen e Van Parijs (1987)].

54. Offe (1992), p. 74.

55. Segundo ele, as conseqüências de semelhante proposta seriam tantas e tão graves que realizá-la seria antes como um exercício irresponsável.

56. De fato, isso é o que surge quando são autorizadas situações como a de que uma pessoa obtenha seu "subsídio" sem trabalhar, e mesmo que esteja capacitada para fazer isso e tenha uma boa oferta de trabalho disponível. Para Elster, uma política que permita esse tipo de situação é muito difícil de aceitar, ao não apelar para um senso básico de imparcialidade ou eqüidade (o que ele chama, remetendo-se a Thomas Schelling, "pontos focais", mais fácil e imediatamente suscetíveis de aprovação). Elster (1987).

Em suma, a proposta de uma "renda básica garantida" mostra-se ainda imatura, apesar (acredito) de seus indubitáveis atrativos. Nesse sentido, é auspicioso que ela continue sendo objeto de um debate muito intenso e sofisticado (sobretudo no âmbito acadêmico europeu).

Socialismo de mercado

Outra importante proposta apresentada por defensores do marxismo analítico refere-se ao chamado "socialismo de mercado". Tão polêmicos como os anteriores, os estudos relativos ao "socialismo de mercado", entretanto, parecem ter gerado pelo menos um maior consenso entre os membros do "grupo de setembro".

Baseado nos velhos projetos de Oskar Lange e Fred Taylor[57], o "socialismo de mercado" amplia o alcance das idéias daqueles autores. A marca essencial de ambos os modelos é que neles tenta-se tornar compatível certo papel do mercado com a ausência da propriedade privada dos meios de produção. No primeiro desses projetos, o mercado funciona em relação aos bens de consumo e ao trabalho; mas é eliminado em relação à produção de bens. Nesse caso, o governo é que, por meio de um comitê central de planejamento, determina como destinar os recursos produtivos, e como e quanto investir. Esse comitê deve seguir uma política de "tentativa e erro" para efetuar suas políticas, dada a ausência de preços de bens produtivos que indiquem como se comportar (por isso, esse comitê deve baixar ou aumentar os preços do bem produzido de acordo com a resposta do mercado consumidor).

No "socialismo de mercado" mais atual (definido por Elster como "um sistema de cooperativas de trabalhadores que participam de transações de mercado umas com as outras")[58], o papel do mercado abrange também a produção

---

57. Lange e Taylor (1956). Ver também, por exemplo, Nove (1983).
58. Elster (1985), p. 449.

de bens. Segundo um pioneiro e perspicaz estudo de Allen Buchanan, o moderno "socialismo de mercado" poderia ser distinguido pelos seguintes traços: a) todos os preços (como antecipamos), incluídos os dos bens de produção, são determinados pelo mercado; b) o governo central desenvolve o plano geral de investimentos, recolhendo recursos de impostos sobre as taxas de lucro das empresas. Não estabelece o preço dos bens, e intervém na redução do desemprego; c) as empresas são administradas pelos trabalhadores. Elas fazem concorrência entre si no mercado de consumo e, além disso, na disputa para receber verbas públicas (a uma taxa de juros determinada pelo Estado); d) os trabalhadores definem, dentro de cada companhia, o que e como produzir, e como distribuir os lucros obtidos; e) todos os trabalhadores contribuem democraticamente para tomar todas as decisões básicas da empresa (podendo, ainda, votar a delegação dessas decisões a uma autoridade mais centralizada)[59].

A proposta do "socialismo de mercado" esteve acompanhada, imediatamente após ser formulada, de incontáveis elogios e críticas. A seguir, farei uma breve referência a esses comentários[60].

Poderiam ser mencionadas várias virtudes dessa proposta. Em primeiro lugar, o fato de não ser vulnerável (como as propostas de um "planejamento centralizado") à típica crítica, baseada em Hayek, sobre a impossibilidade de o socialismo conhecer e usar toda a informação necessária para fazer funcionar de modo eficiente um sistema econômico. Nesse caso, como na maioria das economias capitalistas, a informação é fornecida pelo próprio mercado, que elimina os problemas "epistemológicos" que preocupavam Hayek. Além disso, e dado o papel mais amplo que o mercado assume, nesse caso, evitam-se problemas como os que podem surgir perante o modelo de Lange-Taylor (um perma-

---

59. Buchanan (1985), p. 106.
60. A melhor resenha que pode ser encontrada a respeito certamente está em Roemer e Bardham (1993).

nente processo de "tentativa e erro" tentando determinar o que produzir; possíveis perdas de eficiência, por causa desse próprio processo)[61]. Em segundo lugar, o "socialismo de mercado" superaria os modelos "simples" de mercado, enquanto esses últimos "não conseguem uma eficiente determinação de recursos na presença de fatores externos"[62]. Isso tanto no que se refere à prevenção de fatores externos negativos (poluição, por exemplo), quanto no que se refere a fatores externos positivos (investimento em educação, por exemplo). Em terceiro lugar, esse modelo permitiria enfrentar melhor o problema do desemprego por meio do controle centralizado dos investimentos pelo governo. Em quarto lugar, o "socialismo de mercado" favorece, pelo menos de modo mais completo que outros sistemas, a autorealização dos trabalhadores em seu local de trabalho (ao conceder a eles, por exemplo, o direito de participar de todas as decisões da empresa etc.)[63]. Em último lugar, e talvez o mais importante, a proposta em questão é atraente em termos de igualdade distributiva. Segundo Adam Przeworski (que, em linhas gerais, mostra-se cético diante dessa proposta): "[A] distribuição da renda associada ao [socialismo de mercado é] mais igualitária que a que se consegue com o capitalismo, já que os empregados recebem a totalidade da renda gerada pela empresa."[64] Como conclusão, Jon Elster afirma que o sistema em questão representa "o melhor compromisso" possível com muitos dos ideais defendidos por Marx, se aceitarmos (talvez, contra os próprios critérios de Marx) que tais ideais não podem ser todos realizados ao mesmo tempo e em seu máximo grau[65].

Passemos agora às possíveis falhas do "socialismo de mercado". Um primeiro ponto que pode ser salientado é que esse projeto poderia continuar sendo vulnerável aos

---

61. Buchanan (1985).
62. Roemer (1993), p. 349. Também Roemer (1992).
63. Ver Elster (1985), p. 455.
64. Przeworski (1991), p. 129.
65. Elster (1985), p. 455.

abusos e manipulações que se tornaram freqüentes nos países do "socialismo real". Vamos pensar, fundamentalmente, no fato de que é um corpo burocrático que distribuirá os investimentos públicos[66]. Em segundo lugar, também não fica clara a (às vezes alegada) superioridade desse sistema em termos de eficiência e, em particular, suas virtudes quanto à capacidade de motivar seus membros a maximizar lucros[67]. Em terceiro lugar, o "socialismo de mercado" não pode eliminar muitos dos males que o socialismo tinha proposto erradicar (por exemplo, o "socialismo de mercado", mesmo sendo aplicado de maneira bem-sucedida, não permitiria eliminar a alienação – embora, como destacamos anteriormente, contribuísse melhor que outros sistemas alternativos para a diminuição dos males que o socialismo pretende enfrentar)[68]. Pior ainda, esse sistema é incapaz de erradicar completamente as desigualdades de renda (de fato, as empresas que "começam melhor" tendem a ganhar mais que as que começam com menos recursos)[69] e, como assinala Cohen em relação aos sistemas de mercado, em geral, ainda "motiva que [as contribuições de cada um dependam] não do compromisso da pessoa para com os demais seres humanos e do desejo de servi-los ao mesmo tempo que é servida por eles, mas da impessoal gratificação em dinheiro vivo"[70]. Por fim (e embora esse problema não seja atribuível, em si, às cooperativas), parece claro que as cooperativas podem ter problemas quanto a assegurar sua própria estabilidade. Nesse sentido, parece certo que fundamentalmente em um contexto capitalista as cooperativas têm dificuldades para se estabelecer e se desenvolver. Entre outras razões, porque as vantagens que criam são absorvidas e aproveitadas por empresas que não se sujeitam aos gastos a que

---

66. Ver, sobretudo, Buchanan (1985), p. 113.
67. John Roemer tenta provar, de modo convincente, a falsidade desse último ponto em Roemer (1993).
68. Ver, por exemplo, Elster (1985), p. 453.
69. Przeworski (1991), p. 130.
70. Ver Roemer (1993); Cohen (1991).

elas se sujeitam (vamos pensar, por exemplo, na formação dos trabalhadores que, após serem treinados, são cooptados por empresas não cooperativas); e porque as próprias firmas capitalistas contam com meios para discriminá-las e desestimular a integração cooperativa, no caso de sofrer a concorrência destas[71]. Mais radicalmente ainda, existe a séria ameaça de que a própria base democrática das cooperativas fique desgastada por dinâmicas como a descrita: por exemplo, pode ser que os próprios trabalhadores, decididos a vencer em sua disputa com outras empresas (capitalistas ou não), votem pela adoção de modelos mais centralizados de tomada de decisões; ou que elejam sistemas menos igualitários quanto à distribuição da renda[72].

O balanço final, após essas idas e vindas, parece incerto. De qualquer forma, entendo que os mencionados estudos mostram a seriedade e a preocupação dos marxistas analíticos quanto à proposição de alternativas ao capitalismo que sejam, ao mesmo tempo, aceitáveis e realizáveis.

Alguns esclarecimentos finais

São muitos (e muito importantes) os temas "marxistas" que não abordamos nessa primeira aproximação ao marxismo analítico. Por exemplo, na análise aqui exposta não demos maior espaço para o tratamento da questão das classes sociais; nem nos ocupamos da concepção marxista do Estado; nem do problema da mudança tecnológica; nem do tema da ideologia; nem da alienação (embora, sim, de seu reverso, entendido como a auto-realização)[73]. É preciso apresentar alguma justificativa para o porquê do "recorte" pelo qual optamos.

---

71. Um trabalho muito interessante a respeito está em Elster (1989b). Ver também Przeworski (1991), p. 126.
72. Ver Przeworski (1991), pp. 129 e 130. Também, Buchanan (1985), p. 114.
73. Elster (1985), cap. 2.

A meu ver, as omissões em que incorremos podem ser desculpadas, pelo menos em parte, a partir de razões como as seguintes: a dificuldade de tratar de tal diversidade de temas; a certeza de que sempre apareceriam "novas questões fundamentais" não abordadas, a falta de espaço etc. Porém, há uma razão mais explícita e mais central sobre o porquê da seleção realizada. E esta é a convicção de que o marxismo sofreu um processo curioso, pelo qual o aspecto que (tradicionalmente) parecia menos prestigiado, ou mais marginal, foi se transformando no que o manteve vivo. Estou me referindo à subjacente "teoria moral" marxista, que, para figuras de peso como Louis Althusser, constituía mero "resíduo ideológico" no pensamento de Marx[74].

Muitos analíticos encontraram nesse "resíduo" o coração da contribuição marxista para nossa vida contemporânea. É daí que se deduzem as bases para a crítica à exploração, à alienação e aos abusos próprios das sociedades capitalistas modernas. E é esse, talvez, o principal ensinamento que os marxistas analíticos podem deixar para nós e que, a meu ver, merecia ser examinado antes de qualquer outro.

---

74. Althusser (1969) em seu explícito anti-humanismo.

Capítulo 5
O embate comunitarista

As principais críticas do comunitarismo ao liberalismo igualitário

O comunitarismo pode ser caracterizado, em princípio, como uma corrente de pensamento que surgiu na década de 1980, e que se desenvolveu em permanente polêmica com o liberalismo em geral e com o liberalismo igualitário em particular. Essa disputa entre comunitaristas e liberais pode ser vista como um novo capítulo de um enfrentamento filosófico de longa data, como o que opunha as posições "kantianas" às "hegelianas". De fato, e em boa parte, o comunitarismo retoma as críticas que Hegel fazia a Kant: enquanto Kant mencionava a existência de certas obrigações universais que deveriam prevalecer sobre aquelas mais contingentes, derivadas do fato de pertencermos a uma comunidade particular, Hegel invertia essa formulação para dar prioridade a nossos laços comunitários. Assim, em vez de valorizar – junto com Kant – o ideal de um sujeito "autônomo", Hegel defendia que a plena realização do ser humano derivava da mais completa integração dos indivíduos em sua comunidade.

De qualquer forma, embora seja possível encontrar os vestígios dessa polêmica nessas críticas contemporaneamente formuladas contra o liberalismo, convém esclarecer desde o começo que é difícil reconhecer esse comunitarismo como uma concepção teórica homogênea, unificada. Ou seja, é difícil enumerar com exatidão quais são os conteúdos mais ou menos próprios dessa postura. O termo "comunitarismo" parece servir muito mais de "anteparo" para reunir uma variedade de estudos que, em todo caso, vinculam-se uns aos outros para superar uma linha semelhante de críticas ao liberalismo. Porém, depois de observar essas críticas comuns, as diferenças entre os "membros" desse grupo começam a sobressair. Assim, dentro do núcleo de autores mais peculiarmente associados ao movimento comunitarista, encontramos teóricos que são críticos do liberalismo, mas que, no fim das contas, defendem critérios muito próximos dos da referida postura – como Charles Taylor; outros que oscilam entre a defesa de posições socialistas e republicanas – como Michael Sandel; e ainda outros que assumem posturas mais decididamente conservadoras – como no caso de Alasdair MacIntyre.

Pode-se encontrar atualmente uma extraordinária variedade de estudos comunitaristas, sobre o comunitarismo ou sobre a polêmica comunistarismo-liberalismo. Contudo, existe um número relativamente pequeno de "textos fundamentais" dentro dessa corrente, que merecem ser destacados dos demais – tanto por causa de seu valor intrínseco quanto pela enorme influência que tiveram no desenvolvimento da vasta literatura mencionada.

Um dos livros que, de algum modo, mais contribuiu para a tarefa de "abrir o fogo" comunitarista contra o liberalismo foi *Hegel y la sociedad moderna* [*Hegel e a sociedade moderna**], escrito por Taylor e publicado em 1979[1]. Nesse livro, Taylor buscou dar continuidade ao propósito hegeliano de se opor à obra de Kant. Essas críticas registravam tanto o conceito de razão puramente formal utilizado por Kant – um conceito de razão que impediria dar qualquer conteúdo a nossas obrigações morais –, como a concepção da "auto-

---

* Trad. bras. São Paulo, Loyola, 2005.
1. Taylor (1979).

nomia" proposta por ele – uma concepção que rejeitava justamente o que Hegel considerava mais importante: a "imersão" do indivíduo em sua comunidade.

O livro de Taylor sobre Hegel, assim como seus principais textos sobre o "atomismo" (que examinaremos depois), foi seguido por outras obras também consideradas "básicas" dentro desse movimento. Entre esses trabalhos, caberia destacar sobretudo *El liberalismo y los limites de la justicia* [*O liberalismo e os limites da justiça*], escrito por Michael Sandel e destinado, fundamentalmente, a atacar o liberalismo por sua concepção da justiça como independente de qualquer concepção do bem[2]; *Spheres of Justice* [*As esferas da justiça**], redigido por Michael Walzer em oposição à proposta de justiça distributiva que aparece em trabalhos como o de Rawls[3]; e *Tras la virtud* [*Depois da virtude***], de Alasdair MacIntyre, destinado a retomar uma moral de origem aristotélica baseada em virtudes, e não em princípios universais[4].

Tendo esse panorama bem geral sobre a produção original e mais destacada do comunitarismo, podemos tentar definir, com maior exatidão, quais são as principais críticas que foram formuladas por essa corrente contra o liberalismo.

Em primeiro lugar, o comunitarismo contesta a "concepção da pessoa" própria do liberalismo igualitário, e que Rawls sintetiza na idéia segundo a qual "o eu antecede a seus fins". Essa afirmação, que à primeira vista pode parecer tão abstrata e complexa, quer dizer simplesmente que, muito além do fato de pertencer a qualquer grupo, categoria, entidade ou comunidade – seja de tipo religiosa, econômica, social ou sexual –, os indivíduos têm (e é importante que tenham) a capacidade de questionar tais relações, a ponto inclusive de se separar delas, se assim preferirem. Para o

---

2. Sandel (1982).
* Trad. bras., São Paulo, Martins Fontes, 2003.
3. Walzer (1983).
** Trad. bras., Bauru, Edusc, 2001.
4. MacIntyre (1981).

liberalismo, não se deve admitir que, por exemplo, e pelo fato de ter nascido em determinada comunidade, eu não possa ou não deva questionar esse fato, para optar por fins ou metas diferentes dos que poderiam distinguir os membros de minha comunidade. Para o comunitarismo, em contrapartida, nossa identidade como pessoas, pelo menos em parte, está profundamente marcada pelo fato de pertencermos a certos grupos: nascemos inseridos em certas comunidades e práticas sem as quais deixaríamos de ser quem somos. Esses vínculos aparecem assim como vínculos valiosos, enquanto essenciais para a definição de nossa identidade. Daí que, para os comunitaristas, a pergunta vital para cada pessoa não é a de quem quero ser, o que quero fazer de minha vida – uma pergunta que parece ser própria da tradição liberal, defensora da plena autonomia dos indivíduos –, mas a de quem sou, de onde venho. A identidade de cada um – segundo um renomado comunitarista, Charles Taylor – é definida em boa parte a partir do conhecimento de onde a pessoa está situada, quais são suas relações e compromissos: com quem e com que projeto se sente identificada. Perante aqueles que apresentam uma idéia "vaga" da liberdade, os comunitaristas defendem uma idéia de liberdade "situada", capaz de considerar nosso "fazer parte" de certas práticas compartilhadas[5].

Certamente, a crítica mais conhecida das feitas pelo comunitarismo contra a visão liberal sobre a concepção da pessoa é a realizada por Michael Sandel a John Rawls[6]. Sandel contesta, sobretudo, o pressuposto rawlsiano segundo o qual as pessoas *escolhem* seus fins, seus objetivos vitais. Esse pressuposto, segundo o autor comunitarista, compreende uma visão descritivamente pobre do ser humano. A adoção implica deixar de lado uma visão mais adequada da pessoa, que reconhece a importância que tem, para cada

---

5. Taylor (1979, 1990). Uma excelente explicação nesse sentido está em Kymlicka (1990).
6. Sandel (1982). Também, MacIntyre (1981).

um, o conhecimento dos valores próprios de sua comunidade – valores que as pessoas não escolhem, mas *descobrem*, reconhecem olhando "para trás", para as práticas próprias dos grupos aos quais pertencem.

Sandel contesta também outro aspecto típico da concepção rawlsiana. A idéia segundo a qual "o eu antecede a seus fins" – de acordo com Sandel – traz implícito que, por mais intensa que seja minha identificação com determinado fim (digamos, um fim habitualmente buscado pelos membros da comunidade a que pertenço), ele nunca será visto como algo constitutivo de minha pessoa. Nesse sentido, a visão de Rawls parece ser incapaz de explicar certas experiências humanas básicas. Exclui, por exemplo, a possibilidade de existirem certos propósitos compartilhados com minha comunidade que possam ser vistos como formando uma parte integral de meu próprio ser. Essa visão parece excluir também a possibilidade de atribuirmos obrigações ou responsabilidades a determinada comunidade enquanto tal.

Chegando nesse ponto convém chamar a atenção para o seguinte aspecto. Quando os comunitaristas afirmam que nem todos os planos de vida são igualmente valiosos, ou sugerem (como veremos) a adoção de políticas de proteção à comunidade que delimitam nossas escolhas, o que nos mostram é sua completa rejeição a um ideal caracteristicamente liberal: o ideal referente à "neutralidade" do Estado. De fato, como vimos, o liberalismo defende que o Estado deve ser "neutro" diante das distintas concepções do bem que surgem em determinada comunidade, e deve permitir que, em suma, a vida pública seja um resultado "espontâneo" dos livres acordos realizados pelos particulares. Por outro lado, para o comunitarismo, o Estado deve ser essencialmente um Estado ativista, comprometido com certos planos de vida e com certa organização da vida pública. Esse "compromisso" estatal pode chegar a implicar – para alguns – a promoção de um ambiente cultural rico (de forma que melhore a qualidade das opções dos indivíduos)[7], a proteção de certas práticas ou tradições consideradas "definidoras" da comunidade, a criação de fóruns para a discussão coletiva, o fornecimento de informação de interesse público etc.

Do mesmo modo, e de acordo com alguns comunitaristas, o mencionado "compromisso" estatal deveria estender-se de forma ainda mais direta às questões vinculadas à (o que o liberalismo denominaria) vida privada ou à ética pessoal. Para Michael Sandel, por exemplo, se alguém quiser ser coerente com a defesa do ideal do "autogoverno compartilhado" (um ideal que, poderia se pensar, também não deveria ser alheio à tradição liberal), então não pode adotar uma postura indiferente ante aquela esfera do "pessoal" ou do "privado". De fato, se for reconhecida a importância de os indivíduos intervirem ativamente na vida política de sua comunidade, então deve-se advertir que tal objetivo requer certas condições institucionais, mas também certas qualidades de caráter nos indivíduos. O Estado não deve ser indiferente, por exemplo, ao fato de os indivíduos possuírem ou não compromissos políticos: uma cidadania pouco comprometida politicamente acaba frustrando ou tornando impossível o sucesso do autogoverno desejado[8]. E, mais ainda, o Estado deveria ajudar os indivíduos a se identificar com certas formas de vida comuns – já que, quando isso não ocorre, os indivíduos acabam se enfrentando e tirando a legitimidade do Estado (e esse parece ser, sem dúvida nenhuma, o mal próprio das sociedades modernas)[9].

Se o liberalismo não demonstra preocupações como as anteriores, isso se deve – segundo os autores comunitaris-

---

7. Ver, por exemplo, Raz (1986). De qualquer forma, deve-se notar que Raz, ao contrário de outros comunitaristas, afirma apenas que o Estado deve promover uma pluralidade de opções para contribuir com uma maior autonomia individual. Autores comunitaristas mais determinados, por outro lado, declaram-se a favor de que o Estado promova certos planos de vida importantes.

8. Ver a respeito, por exemplo, Sandel (1996, 1997). Analiso essa postura com mais detalhes na revisão sobre o pensamento republicano.

9. Nesse sentido, ver especialmente Kymlicka (1990).

tas – ao fato de não reconhecer os profundos vínculos que unem os indivíduos de uma mesma comunidade entre si, e de não reconhecer os vínculos que ligam esses indivíduos a sua própria comunidade: o liberalismo parece conceber os sujeitos como "separados" uns dos outros e de sua comunidade. É essa concepção que leva os liberais a, geralmente, estabelecer uma drástica divisão entre a esfera "privada" e a "pública"; entre o "pessoal" e o "político". É essa concepção que os leva a exigir, tanto das autoridades públicas como dos cidadãos, que "ponham entre parênteses" suas próprias concepções do bem em suas discussões públicas sobre o alcance do poder coercitivo estatal: nada pior para os liberais que o Estado fazer uso da força que possui em nome e a favor de determinada concepção do bem[10]. O que explica essa atitude própria do liberalismo é que essa postura não só reconhece, como também *valoriza e defende* aquela independência entre os indivíduos e as reivindicações provenientes de sua comunidade. Isso como um modo de garantir a possibilidade de que cada sujeito possa escolher livremente seus próprios fins, sua própria concepção do bem. A defesa liberal de certos direitos invioláveis pode ser entendida deste modo: como uma forma de impedir que as reivindicações comunitaristas (por mais que se trate de reivindicações amparadas pela enorme maioria da comunidade) tenham êxito sobre certos interesses fundamentais que devem ser garantidos incondicional e universalmente a todos os indivíduos. Nesse sentido, e para mencionar apenas um exemplo, a comunidade deverá respeitar o direito inviolável de cada um de expressar suas idéias livremente, por mais que essas idéias contribuam para solapar valores que o resto da comunidade considera como prioritários.

O que foi dito até aqui deixa entrever, no liberalismo, a defesa de uma posição ontológica peculiar (e crucialmente diferente da assumida pelo comunitarismo), e que foi caracterizada como uma posição "atomista". O "atomismo" é

---

10. Defendendo essa postura liberal, ver, por exemplo, Rawls (1993).

um termo com o qual os comunitaristas tendem a descrever aquelas doutrinas "contratualistas", surgidas no século XVIII, que adotam uma visão da sociedade como um agregado de indivíduos orientados por objetivos individuais[11]. O "atomismo" parte de uma análise sobre os indivíduos e seus direitos, aos quais atribui uma óbvia prioridade perante as questões "sociais". Defender uma postura atomista, segundo os comunitaristas, implica ignorar que os indivíduos só podem crescer e se auto-realizar dentro de certo contexto particular. Para os comunitaristas, é claro desde o início que os indivíduos na verdade não são auto-suficientes, por isso precisam da ajuda e do contato com os demais. Ou que não são entes capazes de viver no vazio, já que necessitam de certo tipo de ambiente social e cultural. A história de nossas vidas é registrada dentro de uma "narrativa" maior, que é a história de nossa comunidade, por isso não podemos pôr em prática nossa existência desconhecendo que fazemos parte dessa "narrativa"[12]. Para Charles Taylor, o ponto de partida dos "atomistas" "denota falta de visão, um engano sobre a auto-suficiência que os impede de ver que o indivíduo livre, que detenha os direitos, só pode assumir essa identidade graças a sua relação com uma civilização liberal desenvolvida; que é um absurdo situar esse indivíduo no estado de natureza no qual nunca poderia conquistar a identidade e, portanto, nunca poderia criar por contrato uma sociedade que o respeite. Na verdade, o indivíduo livre que se afirma como tal já tem uma obrigação de completar, de restaurar ou de manter a sociedade dentro da qual é possível conquistar essa identidade"[13]. Assim, não só é preciso se preocupar com as escolhas individuais das pessoas, como também é necessário cuidar de modo muito especial do "âmbito" em que essas escolhas são realizadas.

Nesse sentido, Taylor propõe contrabalançar a "tese atomista", que o liberalismo parece aprovar, com a "tese social"

---

11. Taylor (1985).
12. MacIntyre (1981).
13. Taylor (1985).

antes sugerida. Perante a "tese atomista", que parece admitir que as pessoas são capazes de desenvolver suas potencialidades humanas isoladamente, a "tese social", como tese "antiatomista", vem afirmar o contrário: o homem é um "animal social", no sentido aristotélico. O homem não é auto-suficiente individualmente, fora da pólis, já que sem a existência de determinado contexto social o homem não pode afirmar sua "autonomia moral", não pode formar as "convicções morais" às quais o liberalismo volta sua atenção[14]. Inclusive a rejeição dos papéis que socialmente são atribuídos a nós seria ininteligível se não compreendêssemos "o papel e o significado dessa rejeição para nós e para aqueles que nos cercam: somos seres sociais, e não há nenhum 'eu' que possa situar-se completamente à parte da sociedade"[15].

Convém lembrar, nesse ponto, as implicações do que foi dito sobre a idéia da primazia dos direitos, comumente defendida pelo liberalismo. Para autores como Taylor, a "tese atomista" constitui a base sobre a qual descansa a defesa prioritária dos direitos, sugerida pelo liberalismo. E por isso nossas considerações sobre os direitos devem mudar quando "minamos" essa "tese atomista" e reconhecemos que – para o desenvolvimento de suas potencialidades especificamente humanas – o homem precisa da sociedade. Reconhecer que o homem precisa da sociedade implica reconhecer a necessidade de garantir as condições que nos permitem desenvolver certas capacidades humanas relevantes. Por nossa própria natureza, necessariamente fazemos parte de determinada sociedade, e por isso somos forçados a reconhecer o significado que ela tem para nossas vidas. Daí que tenhamos algumas boas razões para deixar de lado a obstinada defesa liberal da primazia dos direitos: a

---

14. De fato, destaca Taylor, nossas escolhas mais importantes, nossos juízos morais e, em suma, nossa própria identidade são moldados e constituídos dialogicamente, por meio das relações que estabelecemos com o restante dos membros de nossa comunidade.

15. Horton (1998), p. 159.

"tese social" é no mínimo tão importante quanto a "tese atomista", que sugere a proteção privilegiada dos direitos. A conclusão de Taylor a esse respeito é a seguinte: a única forma de garantir que os homens afirmem sua autonomia é, em suma, assegurando determinada política cultural, amparada em instituições de participação política e garantias de independência pessoal. Ou seja, não podemos insistir sem reflexão na necessidade de proteger certos direitos contra a própria sociedade ou à custa dela[16]. Não é nem um pouco óbvio que, no caso de conflito entre certas reivindicações "sociais" e algum direito individual, devamos optar necessariamente por proteger o direito que está em jogo. Se nos comportássemos desse modo, afetaríamos nossa própria existência como seres autônomos (anularíamos as bases de nossa autonomia futura) e impediríamos as gerações seguintes à nossa de formar suas próprias convicções morais independentes[17].

Alasdair MacIntyre também critica a visão atomista e associal pressuposta pelo liberalismo, e ridiculariza o "agen-

---

16. Segundo Taylor, aqueles que implicitamente defendem uma tese atomista tendem a não se preocupar com o envolvimento dos cidadãos na política. O modelo institucional que os "atomistas" costumam preferir – um modelo "adversarial", em que os conflitos são resolvidos fundamentalmente por meio das instituições judiciais – solapa o tipo de modelo institucional mais valorizado pelos comunitaristas: um esquema no qual os indivíduos "valorizam e mantêm uma comum adesão a um conjunto histórico de instituições que surgem como o bastião de nossa liberdade e dignidade". Para Taylor, o caso dos Estados Unidos apresenta um claro exemplo desse declínio modelo comunitarista. Isso pode ser comprovado, por exemplo, pelo fato de o poder judiciário ocupar um papel institucional cada vez mais importante, ou de os lobistas aumentarem seu poder de influência, ao mesmo tempo que diminuem dramaticamente a participação dos cidadãos nas eleições. Taylor (1995), p. 201. [Trad. bras. *Argumentos filosóficos*, São Paulo, Loyola, 2000, pp. 197-220.]

17. Para Taylor, além disso, o atomismo defendido pelos liberais impede que reconheçam e distingam a importância do que denomina "bens compartilhados" – ou seja, bens cujo valor é inseparável do fato de serem comuns a uma pluralidade de pessoas (sendo a amizade o exemplo mais típico desse tipo de bem). Note-se que o que caracteriza tais bens não é o simples fato de precisarem de mais de uma pessoa para serem desfrutados, mas que seu bem consiste justamente nesse ser *compartilhado* por uma pluralidade de pessoas.

te moral autônomo" que é defendido por essa visão. Perante imagens como essa, declara que os indivíduos só podem prosperar dentro de certas práticas, por meio das quais os indivíduos desenvolvem e aperfeiçoam suas virtudes[18].

O ponto de partida da análise de MacIntyre está focalizado no caráter *arbitrário* do debate moral contemporâneo. Esse debate seria distinguido por seu estigma "emotivista", e, por isso, pela alegação de razões pessoais ("isso deve ser feito porque acho que sim") e não impessoais ("faça isso porque é seu dever"), nas discussões sobre moral. Nessas discussões, o objetivo parece ser o de reverter por qualquer meio as emoções e preferências dos demais, de tal modo que elas cheguem a coincidir com as próprias. Essa situação de (que o comunitarismo reconhece como) declínio cultural teria sua causa de origem e sua fonte de permanência na própria cultura do "Iluminismo": essa cultura seria responsável pela presente arbitrariedade do debate moral, a partir do fracasso de suas principais figuras intelectuais no fornecimento de uma justificação racional para a moral[19].

Segundo MacIntyre, os filósofos do "Iluminismo" tenderam a concordar com o conteúdo da moral (a importância de manter as promessas; a centralidade do valor da justiça), mas fracassaram enfim em seus projetos de fundação por desconhecer ou simplesmente deixar de lado a idéia de *finalidade* própria da vida humana. A restauração de um papel importante para a moral precisaria da readoção dessa idéia de "finalidade", o que implicaria, ao mesmo tempo, deixar de lado aquele ser emotivista e a filosofia abstrata na qual se enquadra, para começar a *pensar as pessoas como situadas em seu próprio contexto social e histórico*.

Prestar atenção à "finalidade" das pessoas (e por isso à situação contextual em que estão inseridas) exigiria voltar a

---

18. Hampton (1997).
19. Mulhal e Swift (1992), p. 77.

reconhecer o papel representado pelas "virtudes" no pleno desenvolvimento da vida de cada pessoa. De acordo com MacIntyre: "O que constitui o bem para o homem é uma vida humana completa, vivida da melhor maneira, e o exercício das virtudes é uma parte necessária e central dessa vida."[20] Essas virtudes, por outro lado, só poderiam desenvolver-se por meio da participação dos sujeitos em certas práticas próprias de sua comunidade[21].

Por fim, MacIntyre enfatiza que, em diferentes contextos, diferentes indivíduos desenvolvem várias práticas diferentes: em diferentes momentos históricos, destacam-se certas práticas e outras não. Ou seja, nascemos inseridos em certas tradições específicas (entendidas como um conjunto de práticas organizadas e moldadas de determinada maneira). É dentro desse âmbito que realizamos nossas escolhas, e é em relação a esse *background* que poderemos avaliar a racionalidade das decisões de alguém, em sua busca do bem.

Diante de posturas como as de Taylor ou MacIntyre, os liberais tenderiam a enfatizar excessivamente as preferências dos indivíduos. Segundo eles, atendendo a tais preferências, contribui-se melhor para o bem comum. Para os comunitaristas, por outro lado, o ponto de partida é exatamente o oposto. Para eles, o bem comum, "mais que adaptar-se ao parâmetro das preferências individuais, forneceria o padrão a partir do qual essas preferências [deveriam ser] avaliadas"[22].

---

20. MacIntyre (1981), p. 140.
21. Por sua vez – segundo MacIntyre –, o exercício dessas virtudes permitiria que conquistássemos os "bens internos" próprios de cada prática. Esses bens internos são aqueles que só podem ser conquistados dentro de cada prática. Por exemplo, alguém pode conquistar prestígio e riqueza fora do exercício da música, mas há certa sensibilidade que só posso adquirir dentro dessa atividade musical, e não em outra área.
22. Uma análise dessa posição pode ser encontrada em Kymlicka (1990), p. 206. Ver também Kymlicka (1989).

Comunitarismo e justiça

Liberais igualitários e comunitaristas diferem radicalmente quanto à concepção da justiça que defendem. Apesar de essa diferença já estar implícita nos itens anteriores, é importante dar-lhe um lugar especial, dada a relevância que muitos comunitaristas atribuem a ela em suas objeções ao liberalismo. De qualquer forma, convém antecipar que, embora todos os comunitaristas se oponham ao liberalismo igualitário nesse ponto, quase todos eles (internamente) divergem quanto a qual concepção de justiça apoiar. Na seqüência, vou mencionar apenas duas das concepções sobre a justiça defendidas pelo comunitarismo, por serem as mais notáveis entre as que se desenvolveram até o momento.

Para alguns comunitaristas, o próprio valor da "justiça" não merece a importância que os liberais tendem a atribuir-lhe. Recordar, por exemplo, a idéia rawlsiana segundo a qual a justiça é a "primeira virtude das instituições sociais". Contra esse tipo de consideração, alguns autores comunitaristas, como Michael Sandel, afirmam que a justiça é só uma virtude para "remediar". A justiça surge simplesmente porque não se permite (ou não se favorece) o desenvolvimento de outras virtudes mais espontâneas, mais ligadas a valores como a fraternidade ou a solidariedade. Segundo Sandel, em uma família, por exemplo, não é necessário nenhum princípio de justiça. Seus membros possuem os necessários "entendimentos compartilhados". Sabem como resolver seus conflitos internos sem a necessidade de "árbitros" ou de controles externos. A idéia de comunidade, nesse caso, substitui a idéia de justiça[23]. Para Sandel, dentro do projeto liberal rawlsiano, "a justiça encontra seu lugar pelo fato de que não podemos conhecer uns aos outros, ou nossos fins, o suficientemente bem para nos governarmos exclusivamente a partir do bem comum. Não é provável que essa condição desapareça de todo, e, enquanto isso não ocor-

---

23. Sandel (1982).

rer, a justiça vai continuar sendo necessária. No entanto, também não é garantido que ela predomine para sempre, e, enquanto for assim, a comunidade continuará sendo possível e continuará constituindo uma presença perturbadora para a justiça"[24].

Segundo Charles Taylor, de qualquer forma, nossa interpretação da posição de Sandel não deve ficar apenas na indicação das distâncias entre o modelo de resolução de conflitos que surge em uma família e o modelo de administração de justiça defendido pelo liberalismo. De fato – continua Taylor –, pensar quase que Sandel defende uma sociedade organizada "de modo análogo a uma família" é ridicularizar a posição dele. O ponto importante que Sandel quer nos mostrar, na verdade, é o seguinte: em uma sociedade onde não existem fortes laços de solidariedade entre seus membros, a insistência obstinada na aplicação de certas regras de justiça pode resultar não só em uma tarefa inútil, como também em uma tarefa contraproducente em relação aos laços sociais ainda vigentes. Em particular, Sandel interessa-se em ressaltar as dificuldades de manter o tipo de redistribuição igualitária favorecida por Rawls, em uma sociedade cujos membros não têm um sentido forte de comunidade[25].

Para outros comunitaristas, ao contrário do que parecia próprio da concepção de Sandel, as idéias de justiça e comunidade podem ser, de fato, compatíveis. Entretanto, esses comunitaristas consideram que se deve dar à justiça um conteúdo diferente do que hoje é atribuído a ela. Hoje, a justiça baseia-se em princípios universais, abstratos, a-históricos. A justiça, em contrapartida, deveria nutrir seu conteúdo a partir de nossas práticas comuns. Isso porque, na verdade, não é possível sairmos de nossa própria realidade em busca daqueles princípios ideais. Na versão da justiça defendida por esses comunitaristas, cada comunidade avalia

---

24. Ibid., p. 183.
25. Taylor (1995), p. 184-5.

seus bens sociais de maneira diferente, e a justiça surge na medida em que essas avaliações têm importância, e são as que dominam as distribuições de direitos e de recursos que a sociedade em questão realiza.

Uma posição como essa última foi defendida, por exemplo, por Michael Walzer. Para esse autor, "diferentes bens sociais devem ser distribuídos por diferentes razões, de acordo com procedimentos diferentes, por agentes diferentes; e todas essas diferenças derivam de diferentes entendimentos dos mesmos bens sociais – são o produto inevitável do particularismo histórico e cultural"[26]. Essa idéia de Walzer vem claramente contestar o que defendem posturas como as de Rawls ou de Dworkin. Autores liberais como os citados – em sua proposta de distribuir igualitariamente certos bens básicos ("bens primários" no caso de Rawls, "recursos" no de Dworkin) – parecem não considerar o fato de que certas comunidades podem menosprezar os bens que em tais propostas resolve-se distribuir; ou podem considerar que esses bens devem ser distribuídos de acordo com normas não necessariamente igualitárias; ou podem entender, ainda, que nem todos os bens em questão devem ser distribuídos de acordo com princípios idênticos (por exemplo, podem entender que certos bens não devem ser distribuídos de forma igualitária, mas sim, em todo caso, de acordo com certas tradições habitualmente aceitas dentro da comunidade em questão).

Levando em conta considerações como as citadas, Walzer defende uma noção "complexa" de igualdade, segundo a qual cada bem deve ser distribuído de acordo com seu próprio significado, que se contrapõe a uma idéia "simples" de igualdade, segundo a qual o que a justiça requer é a melhor distribuição de algum bem determinado (distribuir melhor o dinheiro, por exemplo).

Para Walzer, no momento em que reconhecemos o distinto significado que têm bens diferentes, começamos a en-

---

26. Walzer (1983), p. 6.

tender como devemos distribuir tais bens, quem deve fazer isso e por quais razões: o reconhecimento desse significado "deflagra" – força – o aparecimento de um princípio distributivo específico. Para entender a idéia, vamos pensar no bem "saúde". Em sociedades como a nossa, o primeiro propósito da saúde parece estar vinculado ao bem-estar físico, à cobertura de necessidades médicas. Quando reconhecemos isso, então, devemos ver como um problema o fato de o maior atendimento médico, por exemplo, não recair sobre aqueles que dispõem de maiores necessidades, mas sim sobre aqueles que contam com maiores vantagens econômicas[27].

A "interpretação" desses significados diferentes – esclarece Walzer – não é tarefa exclusiva dos filósofos. A bem dizer, a tarefa de reconhecer esses "acordos compartilhados" deve ser concebida como uma obra coletiva, uma tarefa na qual deve intervir toda a sociedade. Mais uma vez, pode-se observar aqui uma crítica de Walzer a posições liberais como a defendida por Rawls: a satisfação do ideal de justiça não aparece vinculada aos princípios abstratos que um bom filósofo possa discernir, mas a peculiaridades – próprias de cada bem – que cada comunidade, em conjunto, deverá reconhecer por si só. Vamos pensar, por exemplo, na educação. Para Walzer, na hora de determinar uma política para essa área, deveríamos formular perguntas como as seguintes: O que as pessoas em geral pensam a respeito? O que pensam os pais que mandam seus filhos à escola? O que pensam os professores? Qual é o "entendimento" profundo que a sociedade tem a respeito?[28]

Por fim, a idéia de que diferentes bens devem ser distribuídos de modo diferente, de acordo com seu significado, implica uma rejeição à possibilidade de que possam ser

---

27. Essa visão defendida por Walzer parece tributária de uma posição semelhante, nesse ponto, sustentada por Williams (1971), e duramente criticada por Nozick (1974).

28. Ver também Miller e Walzer (1995).

autorizadas (o que Walzer denomina) "conversões" entre as diferentes "esferas" de bens. Assim, por exemplo, não é aceitável que o dinheiro, que tem sentido dentro da esfera econômica, ocupe um papel significativo no modo como são distribuídas as honrarias; como não é aceitável que a situação familiar de um indivíduo influencie no modo como são distribuídos os postos de trabalho. Isso é o que, por exemplo, transforma o capitalismo em um sistema injusto: mais que a distribuição desigual da riqueza, o fato de que o dinheiro seja capaz de proporcionar a quem o possui um acesso privilegiado a bens tais como a saúde ou a educação. Por razões semelhantes, por exemplo, eram criticáveis as sociedades teocráticas nas quais a autoridade religiosa contava com um poder de influência semelhante ao que hoje distingue o dinheiro. Isso – na linguagem de Walzer – sugere-nos que um certo bem transformou-se em bem "dominante", e que "tiraniza" os demais bens: existe essa "tirania" quando não se respeitam os princípios internos a cada esfera distributiva, do modo como é garantido, por exemplo, pela proposta da "igualdade complexa".

Um balanço do debate comunitarismo-liberalismo

Como resultado desse "embate" comunitarista, muitos liberais sentiram-se obrigados a rever suas posições iniciais. Em particular, mais adiante analisaremos de que modo a nova obra de Rawls reflete o impacto das críticas comunitaristas (embora o próprio Rawls ainda se recuse a reconhecer a magnitude dessa influência). No entanto, pode-se reconhecer que esse "avanço" do comunitarismo foi seguido de uma série de contra-réplicas liberais que também provocaram um sério impacto sobre o comunitarismo. Atualmente, e depois de mais de uma década do início dessa discussão entre comunitaristas e liberais, as águas parecem ter se acalmado, e as coincidências e diferenças entre uma postura e outra tornaram-se também mais claramente visíveis.

Na seqüência, vou me dedicar a fazer um balanço do estado da discussão entre o comunitarismo e o liberalismo igualitário.

Em primeiro lugar, e por um lado, deveria se destacar que muitas das críticas mais habituais do comunitarismo não merecem maior atenção por parte do liberalismo. Especificamente, a acusação de que o liberalismo aprova uma posição "atomista" reconhece um aspecto muito pouco interessante, e entretanto também habitual demais nas objeções formuladas pelo comunitarismo: refiro-me à idéia de que os liberais não reconhecem a importância do "contexto" sociocultural na formulação de escolhas individuais. A influência e importância do "contexto", deve-se dizer, é antes um dado óbvio para qualquer liberal[29]. Seguindo essa linha de resposta, poderíamos dizer que todo liberal sensato deve negar a imagem da sociedade – imagem que com freqüência é imputada a ele – como uma sociedade composta de átomos distantes e separados entre si. Para o liberalismo, deve ficar totalmente claro que os indivíduos se agrupam de modo formal ou informal, e que essas associações são ou podem vir a ser relevantes em extremo para seus membros.

Por outro lado, e contra o que pode querer sugerir o comunitarismo, a defesa que o liberalismo faz da idéia de "neutralidade" não deve ser associada, necessariamente, a programas políticos consistentes na "inatividade estatal". Ressaltar isso é importante, dado que, para muitos, o liberalismo se tornaria insustentável como proposta igualitária (ao mesmo tempo que o comunitarismo passaria a se transformar em uma proposta atraente) se fosse incapaz de fundamentar teoricamente a possibilidade de o Estado representar um papel significativo na redução das desigual-

---

29. Além disso, deve-se acrescentar que, de acordo com posições como as defendidas pelo igualitarismo, muitas vezes os comunitaristas partem de descrições triviais ("nossas escolhas mostram-se influenciadas pelo contexto em que vivemos") ou óbvias ("não podemos sair de nossa realidade") para chegar a prescrições injustificáveis ("nossas escolhas devem ser influenciadas pelo contexto em que vivemos").

dades sociais. A esse respeito, cabe destacar que, tal como já vimos, a idéia de neutralidade estatal defendida pelo liberalismo igualitário não só é compatível com, mas *exige* uma ampla intervenção do Estado na regulação da vida da comunidade[30]. De fato, muitos dos principais autores pertencentes ao liberalismo igualitário destacam-se no âmbito acadêmico justamente por defenderem o ativismo do Estado[31]. Em Dworkin ou em Rawls, esse ativismo é exigido em nome da justiça e implica diretamente que o sistema institucional – em sua totalidade – esteja orientado para reduzir a influência dos "acasos da natureza" na vida de cada pessoa. Vimos também que uma das marcas distintivas do liberalismo igualitário (perante o liberalismo conservador) era a de considerar que podiam ser violados direitos tanto por ações como por omissões. Esse posicionamento implicava defender não só (como o liberalismo conservador) a liberdade em seu sentido "negativo" (liberdade como não-interferência), mas também em seu sentido "positivo": manter a liberdade, então, exigia como imperativo a instauração de um Estado "ativista". Nesse sentido, poderia ser dito que o comunitarismo deveria direcionar suas críticas sobre a inatividade ou a indiferença estatal, em todo caso, para o liberalismo conservador, e não para o liberalismo igualitário.

De qualquer forma, é indubitável que, a partir da "pressão" comunitarista, os liberais igualitários começaram a prestar atenção a questões das quais antes pareciam descuidar. Assim, por exemplo, desde o aparecimento dessas críticas, surgiu em muitos liberais uma maior preocupação em limitar o alcance de certos juízos de valor que, em um primeiro momento, apareciam especificamente impregnados de pretensões "universalistas". Nesse sentido, poderia ser dito que as críticas do comunitarismo forçaram muitos libe-

---

30. Ver, por exemplo, a defesa feita anteriormente pelo liberalismo igualitário contra as críticas do feminismo radical.
31. Casos especialmente notáveis, por exemplo, em Sunstein (1990) e Michelman (1969).

rais a adotar uma postura de maior "modéstia" ("abstinência") epistêmica[32]. Como veremos, em Rawls esse posicionamento implicou a retradução de sua teoria como uma teoria política, e não metafísica, direcionada para refletir sobre a específica sociedade norte-americana, e não para formular juízos de valor universais – válidos em qualquer tempo e lugar. Segundo a opinião do próprio Rawls, essa mudança de postura não implica a adoção de uma visão cética em matéria de valores. A discussão sobre o caráter objetivo ou relativo de tais valores simplesmente ficava entre parênteses: não era necessário ir além no tema para o desenvolvimento de seu novo "liberalismo político"[33]. Enfoques ("autorestritivos") semelhantes foram desenvolvidos simultaneamente em autores como Ronald Dworkin ou Thomas Nagel[34].

O novo tipo de preocupação fornecida pelo comunitarismo pôde também implicar que os liberais começassem a prestar atenção a questões das quais antes tendiam a descuidar. Por exemplo, os liberais tendem, agora de modo mais enfático que antes, a vincular a liberdade de escolha à existência de uma multiplicidade de opções possíveis (e significativas). Ou seja, destaca-se, de modo previamente não habitual, que o valor da livre escolha vincula-se ao tipo de opções em jogo. Um autor que desenvolveu essa linha de pensamento de forma muito incisiva é Joseph Raz (no melhor dos casos, um liberal muito heterodoxo), de cujo trabalho nos ocuparemos mais adiante. Dentro dessas novas inquietações liberais, poderia ser registrada também uma tentativa mais clara de examinar a influência de situações passadas como fonte de inaceitáveis desigualdades presentes; ou a maior relevância moral que hoje é atribuída à análise dos "grupos" de indivíduos na hora de definir como distribuir direitos e obrigações.

---

32. Raz (1990).
33. Rawls (1993).
34. Uma análise a respeito pode ser encontrada, por exemplo, em Nino (1991).

Por fim, em outros casos, o pensamento liberal igualitário demonstrou uma ferrenha resistência contra certas demandas comunitaristas. Assim, comumente os liberais igualitários reafirmaram sua rejeição a determinadas intervenções estatais amparadas pelo comunitarismo em matéria de moral privada. Nesse sentido, o liberalismo igualitário tendeu a manter o princípio segundo o qual um Estado justo deve respeitar todas as diversas concepções do bem compatíveis com certos princípios básicos de justiça. E assim manteve sua rejeição à possibilidade de impor ou proibir certos ideais pessoais em nome de uma concepção compreensiva sobre o bom. O comunitarismo, por outro lado, e segundo sugerimos, não é de jeito nenhum alheio a essa última possibilidade[35]. O igualitarismo persiste também em sua distinção entre a moral convencional e a moral crítica, para afirmar que a justiça de uma ordem moral não depende de quais são os valores predominantes em determinada comunidade. Afirmar-se nesse tipo de distinção permitiu que mantivesse sua voz crítica contra fatos tão aberrantes como a escravidão ou o sistema de castas, que alguns autores comunitaristas, em defesa do relativismo cultural, se recusaram a classificar de injustos[36].

De modo coerente com os princípios sugeridos, o liberalismo igualitário tende a manter a defesa do princípio de "dissociabilidade das pessoas", próprio da exposição defendida por Rawls contra o utilitarismo (um princípio segundo o qual se deve considerar as pessoas como independentes e separadas entre si, e não como fazendo parte de um "cor-

---

35. Daí que não cause surpresa, por exemplo, que alguns de seus representantes promovam a censura da pornografia em nome da moral predominante na sociedade. Ver, por exemplo, Sandel (1984).

36. Ver, por exemplo, Walzer (1983). Em sua visão crítica da realidade, o liberalismo igualitário descarta certas versões "ingênuas" da história, que parecem implícitas nos autores comunitaristas (por exemplo, a visão romântica segundo a qual, antes da "civilização", as relações humanas eram cooperativas e harmônicas). Uma postura mais crítica a respeito deve nos levar ao fato de que essas práticas (que o comunitarismo costuma idealizar) se distinguiam em muitos casos pela violência e pela exploração que lhes eram inerentes.

po" comum). Para os autores igualitários, a defesa desse princípio é básico, por exemplo, para condenar aquelas políticas capazes de sacrificar alguns indivíduos em nome dos restantes, ou em nome de um alegado "bem comum". O princípio de "dissociabilidade das pessoas" é rejeitado pelo comunitarismo, e daí que esse, pelo menos teoricamente, não seja incompatível com políticas que o liberalismo julga inaceitáveis – políticas que violam direitos individuais. Nessa prioridade que os comunitaristas conferem à integração dos indivíduos em sua comunidade (sua "imersão" comunitária), eles tornam-se merecedores da crítica de liberais como Amy Gutman, que salienta que "assim como os velhos comunitaristas espelhavam-se em Marx e em seu desejo de refazer o mundo, os novos comunitaristas espelham-se em Hegel e em seu desejo de reconciliar as pessoas com seu mundo"[37].

Comunitarismo, liberalismo e "multiculturalismo"

Após vários anos abrigando polêmicas entre liberais e comunitaristas, a filosofia política mudou o foco de sua atenção para concentrar-se em uma discussão diferente, embora, no fim das contas, aparentada à anterior. Essa nova discussão refere-se aos problemas originados pela diversidade cultural que distingue a maioria das sociedades modernas. De fato, muitos países modernos parecem ser compostos de uma pluralidade de grupos (étnicos, religiosos etc.) que, às vezes, possuem uma linguagem, costumes ou formas de pensar muito diferentes entre si, o que tende a gerar graves tensões e antagonismos sociais. Segundo Will Kymlicka, por exemplo, existem na atualidade cerca de 180 Estados independentes, e nesse número relativamente pequeno de países convivem mais de 600 grupos lingüísticos diversos, e mais de 5 mil grupos étnicos[38].

---

37. Gutman (1985).
38. Kymlicka (1995), p. 1. Devemos informar, desde o início, que quando falarmos de grupos não estaremos nos referindo, por exemplo, a um "mero"

Situações de diversidade cultural como a mencionada nos ajudam a entender o ressurgimento, ocorrido em nossa época, de movimentos nacionalistas (e de estudos sobre essa questão) que pareciam característicos de épocas já passadas[39]. É evidente: quando as autoridades de dado país querem determinar qual é a língua com que vão se comunicar, o que será ensinado nas escolas públicas, quais tradições serão comemoradas publicamente, qual será o calendário oficial, então, em muitos casos, ficam diante da necessidade de fazer opções básicas que dificilmente podem satisfazer todos os diferentes grupos que convivem nessa comunidade[40].

Os estudos relacionados ao "multiculturalismo" procuram chamar a atenção sobre situações de diversidade cultural como a mencionada, e tendem comumente a destacar as dificuldades do pensamento liberal para dar conta dos e, sobretudo, dar resposta adequada aos desafios que enfrentam essas modernas sociedades "multiculturais".

Dado o tipo de crítica apresentada pelos estudiosos do "multiculturalismo" contra o liberalismo, muitos tenderam a estabelecer uma "associação natural" entre essa linha de estudos "multiculturais" e o comunitarismo. De fato, essa associação não é inteiramente arbitrária, uma vez que muitos autores, reconhecidos em geral como comunitaristas, mostraram-se pessoalmente interessados na promoção desse tipo de discussão. Independentemente dessa questão episódica, cabe registrar que comunitaristas e estudiosos do "multiculturalismo" parecem concordar em seu "desconforto" perante políticas aparentemente toleradas pelo liberalismo em relação a certas minorias culturais.

---

agregado de indivíduos – sujeitos agrupados mais ou menos por acaso. Falaremos, como fez O. Fiss, de "grupos sociais", ou seja, "algo mais que um conjunto de indivíduos que, para utilizar um exemplo extremo, chegam casualmente à mesma esquina no mesmo momento" [Fiss (1976), p. 148]. Faremos referência fundamentalmente (embora não exclusivamente, como veremos) a grupos étnicos, lingüísticos e religiosos.

39. Neste texto tratarei de modo meio indireto dos problemas específicos do "nacionalismo".

40. Ver, por exemplo, Walzer (1997).

O liberalismo é criticado por defender, em princípio, uma política de inação estatal ante a diversidade cultural que distingue muitas sociedades modernas: o Estado liberal – segundo parece – não deve se comprometer com ou "tomar o partido" de nenhuma "minoria culturalmente desfavorecida". Essa inatividade estatal é criticada por várias razões. Fundamentalmente, essa neutralidade não parece genuína quando consideramos o modo como muitas dessas minorias culturais foram (mal)tratadas em termos históricos: muitas das minorias em questão sofreram historicamente discriminações explícitas ou implícitas por parte da "sociedade mãe" na qual estão agrupadas. Algumas delas, inclusive, foram vítimas de medidas de assimilação coercitiva a ela. Perante a situação postergada em que ficaram muitos desses grupos, a inação estatal poderia ser vista como uma maneira de proteger o *status quo* criado por esse mesmo Estado que hoje proclama sua neutralidade.

Além da polêmica anterior (sobre como agir diante das injustiças originadas no passado), há o tema sobre o que deve fazer o Estado para mostrar respeito a esse fato da "diversidade cultural". Nesse sentido, os liberais distinguiram-se por propor que o Estado restrinja sua atividade à de garantir a todos os indivíduos (seja qual for a cultura a que pertençam) certos direitos humanos básicos[41]. Essa resposta, no entanto, é ainda pouco atraente para os críticos do liberalismo: a partir de propostas como a citada, o liberalismo revela seu persistente compromisso com uma postura metodologicamente individualista, um compromisso que é visto com desconfiança pelos que defendem um papel ativo do Estado na determinação de políticas "multiculturais". O mencionado "individualismo" é o que leva os liberais a darem absoluta primazia aos direitos individuais (ante eventuais reivindicações em nome dos direitos de algum grupo); o que os motiva a defender de modo quase excludente o

---

41. Kymlicka (1995), p. 2. Waldron (1995). Ver também Garzón Valdés (1993).

ideal da autonomia pessoal (acima de objetivos tais como o da proteção do "contexto social"); e o que os leva a pressupor que os indivíduos antecedem a qualquer sociedade ou cultura.

Idéias e pressupostos como os anteriores explicam por que os liberais não reconhecem como um problema maior a decadência de certa cultura, ou o paulatino desaparecimento de certas práticas ou tradições em geral consideradas fundamentais em relação à identidade de determinado grupo. Se essas práticas compartilhadas decaem pela própria displicência dos que (supostamente) se beneficiavam delas, então – nos diria um liberal – não pode ser exigida de nós a adoção de políticas públicas orientadas para evitar essa "queda": como defender o uso da coerção estatal para manter práticas cujos supostamente interessados não se interessam em manter? Para ilustrar o que foi dito com um caso concreto, vamos pensar, por exemplo, na situação de um grupo cuja própria identidade é associada ao destino de determinada língua (tomemos o caso do Quebec, no Canadá; ou o da Catalunha, na Espanha): tais grupos poderiam reivindicar medidas especiais para a proteção dessa língua, como forma – em última instância – de preservar a identidade do grupo? Para o liberalismo, em princípio, se a língua em questão é hoje minoritária, porque os próprios membros do grupo tendem a se comunicar em outra língua, então não há nenhuma razão especial para "proteger" essa língua minoritária, mesmo diante da hipotética ameaça de seu desaparecimento. Em suma, por meio de atitudes como as citadas – seu individualismo; sua clara aprovação do princípio de não-discriminação –, o liberalismo mostra sua resistência a reconhecer como válidas aquelas reivindicações feitas em nome de certas minorias desfavorecidas[42].

---

42. Em um excelente ensaio, Charles Taylor (1992) menciona a incapacidade do liberalismo para tratar de modo apropriado dos dois tipos de problema propostos pelo "multiculturalismo" (e, em especial, a subjacente demanda moderna pela "própria identidade"). Atualmente, devemos enfrentar, por um lado, uma solicitação em favor de direitos iguais (compatíveis com a

Tudo o que foi dito até aqui parece mostrar, por um lado, a incompatibilidade entre a teoria liberal e as preocupações próprias do "multiculturalismo" e, por outro lado, os profundos laços que vinculam o "multiculturalismo" ao comunitarismo. Essas duas últimas concepções, segundo parece, mostram uma prioritária preocupação com a preservação de certos contextos culturais; e ambas promovem a concessão de direitos especiais a determinados grupos ou minorias culturais desfavorecidas. Contudo, as afirmações anteriores são menos sólidas do que parecem.

Will Kymlicka, por exemplo, ressalta que a incompatibilidade entre o liberalismo e o "multiculturalismo" que certos autores comunitaristas se interessam em mostrar é basicamente infundada[43]. Em primeiro lugar – diz Kymlicka –, existe certo equívoco sobre quais são as reivindicações mais comuns dos grupos minoritários nos quais costuma-se pensar nesses casos. O comunitarismo parece admitir como óbvio que as principais reivindicações dessas minorias (étnicas, lingüísticas etc.) são reivindicações antiliberais, que buscam a separação do grupo em questão da "sociedade mãe" na qual estão inseridos. Porém, afirma Kymlicka, empiricamente, parece que se demonstra que o caso costuma ser outro: pelo menos em sua grande maioria, esses grupos pretendem ser "participantes plenos e iguais das sociedades liberais modernas"[44]. Os grupos minoritários em questão tendem a compartilhar a enorme maioria dos princípios liberais prevalecentes em muitas sociedades modernas (respeito pela liberdade de expressão, respeito pela liberdade religiosa etc.). Algo semelhante costuma ocorrer com os grupos que emigram para países com culturas democráticas, provindos de países não democráticos: a maioria des-

---

política de "cegueira perante as diferenças" defendida pelo liberalismo) e, por outro lado, uma solicitação em favor de vantagens especiais (uma "política das diferenças", que o liberalismo se nega a reconhecer).

43. Kymlicka (1997).
44. Ibid., p. 4.

ses imigrantes tende a adotar rapidamente as práticas de orientação liberal que regem as sociedades que os recebem.

O segundo mal-entendido destacado por Kymlicka tem a ver com o errôneo pressuposto comunitarista segundo o qual "os princípios liberais são inerentemente opostos às reivindicações de direitos por parte de minorias"[45]. Na realidade, as coisas não são tão simples e unidirecionais como os comunitaristas parecem sugerir. No contexto deste trabalho, já vimos de que modo, em muitos casos, autores liberais igualitários tão arquetípicos como Dworkin abriam um nítido espaço para as reivindicações de certas minorias desfavorecidas. Esse tipo de demanda, defendida e encorajada por certo liberalismo, podia às vezes ser traduzida em medidas provisórias em favor de determinados grupos, como as ações afirmativas; e também podia implicar a proteção de determinado ambiente cultural ou o compromisso do Estado com o favorecimento de determinados bens culturais dificilmente acessíveis ao público senão por meio da intervenção estatal[46].

Kymlicka prossegue na questão citada, tentando mostrar de que modo o liberalismo pode dar validade às reivindicações de certas minorias culturais; e quais são os limites que o liberalismo impõe a si mesmo ao embarcar nessas iniciativas. Para tanto, Kymlicka distingue entre o que denomina "restrições internas" e "proteções externas". De acordo com o autor canadense, os liberais tenderiam a opor claras resistências contra essas "restrições internas", entendendo-as como as medidas adotadas por certo grupo contra os direitos de alguns de seus próprios membros (assim, por exemplo, falaríamos de uma "restrição interna" quando determinado Estado utiliza o poder coercitivo de que dispõe para restringir a liberdade de algum grupo de indivíduos, e, em nome da religião, as tradições ou as práticas dominan-

---

45. Ibid., p. 5.
46. Ver, por exemplo, Ronald Dworkin, nos caps. 3 e 5 de Dworkin (1985). [Trad. bras. *Uma questão de princípios*, São Paulo, Martins Fontes, 2001.]

tes dentro dessa comunidade)⁴⁷. Não obstante – acrescenta Kymlicka –, os liberais não costumam ver maiores inconvenientes na possibilidade de defender certos direitos minoritários especiais, direcionados a estabelecer "proteções externas", ou seja, barreiras em defesa de determinada minoria desfavorecida contra as pretensões do grupo social mais amplo com o qual elas convivem. Nesse sentido, seria razoável (mesmo para um liberal) que o grupo minoritário em questão buscasse proteções especiais contra a possibilidade de que a maioria da sociedade queira tomar decisões que violem sua identidade (por exemplo, restringindo sua possibilidade de se comunicar por meio de sua própria língua). Em sua opinião, os liberais tendem cada vez mais a defender o estabelecimento de "proteções externas", reconhecendo que pelo menos alguns desses direitos minoritários podem ser vistos como extensões ou suplementos dos direitos individuais tradicionais, capazes de enriquecer os princípios liberais mais clássicos⁴⁸.

Sobre o fato de pertencer a determinada cultura

A análise levada adiante nos últimos parágrafos – destinada a mostrar de que modo o liberalismo pode aceitar cer-

---

47. Kymlicka desenvolve esse ponto em Kymlicka (1995), cap. 3.
48. Cabe notar, de qualquer maneira, que nem todos os autores liberais ou próximos ao liberalismo "exaltam" o "multiculturalismo" e defendem as políticas comumente aconselhadas nos estudos sobre as questões "multiculturais". David Miller, por exemplo, tenta justificar o ativismo estatal em favor da manutenção de certa "identidade nacional". Em sua opinião, a maior diversidade cultural dentro de um país tende a provocar que, em suma, as diferentes culturas em jogo comecem a perder seu caráter distintivo, tornando-se assim "insatisfatórias". Além disso, considera que o pluralismo cultural não costuma ser acompanhado de uma igualdade de acesso entre todos os concidadãos às diferentes oportunidades culturais existentes: a erosão das identidades nacionais – afirma – tende antes a ser substituída por uma situação na qual só uma elite recebe os benefícios do viver em um meio ambiente culturalmente rico e variado. Ver Miller (1995). Convém prestar atenção também aos estudos realizados por Yael Tamir, tentando mostrar a compatibilidade entre nacionalismo e liberalismo. A esse respeito, ver Tamir (1993).

tas "políticas multiculturais"– mal inaugura um debate teórico muito importante, relacionado a uma pergunta como a seguinte: é justificável dar uma proteção especial a determinados grupos? Uma análise um pouco mais atenta sobre a questão deve considerar, em primeiro lugar, se é relevante ou não para a vida normal de qualquer indivíduo o fato de pertencer a determinados grupos[49].

A partir de razões diferentes, a meu ver, atualmente são muitos os filósofos políticos que consideram que, na realidade, o fato de pertencermos a determinados grupos culturais é vital para nossa existência. Segundo Joseph Raz, por exemplo, essa conclusão é justificada a partir de razões como as seguintes. Em primeiro lugar – diz Raz –, o "horizonte de oportunidades" de cada pessoa é determinado, em boa parte, por pertencer a certo ambiente cultural. A prosperidade do grupo ao qual um indivíduo pertence, portanto, contribui para enriquecer e ampliar as oportunidades de cada indivíduo. Em segundo lugar, essa cultura compartilhada "facilita as relações sociais e é condição para obter relações pessoais ricas e abrangentes". Por fim, Raz salienta que para a maioria das pessoas o fato de pertencer a uma cultura específica constitui um fator determinante de sua identidade[50]. Uma consideração desse tipo, por exemplo, permite entendermos por que, quando se difama ou se desvaloriza a cultura de uma pessoa, essa pessoa sente-se lesada, ofendida em sua própria dignidade[51].

---

49. Outra pergunta diferente, e também relevante, é por que, na atualidade, adquiriram tanta importância os estudos "multiculturais". Uma razão parece óbvia, e é a relacionada às imigrações em massa, presenciadas em nossa época. Charles Taylor, entretanto, menciona um fenômeno muito mais profundo, vinculado à renovada importância que atribuímos, em nosso tempo, à conquista de uma identidade e à conquista de reconhecimento por parte dos demais. Para Taylor, antes da modernidade, a identidade de cada um e, por fim, o reconhecimento que se obtinha dos demais dependiam da posição que cada um ocupava dentro das hierarquias sociais existentes. Taylor (1992).

50. Raz (1994), p. 71.

51. Essa postura, afirmada por Raz, coincide com sua concepção geral sobre o valor central da autonomia, as condições que tornam possível essa au-

Muitos criticam Raz nesse aspecto, considerando que, se o Estado se envolvesse na promoção das condições que contribuem para a maior autonomia de cada um, ele abandonaria a neutralidade "desejada" para se transformar em um "Estado perfeccionista". De fato, para muitos, a atuação do Estado nesse campo exigiria o envolvimento dele na avaliação de diferentes concepções do bem para, no fim das contas, hierarquizá-las e favorecer algumas delas (pior ainda, segundo Raz, o ativismo estatal pode levar o Estado a confrontar e desencorajar, de forma direta, aquelas concepções do bem "moralmente repugnantes", de tal modo que elas deixem de constar do *menu* de "opções disponíveis"). No entanto, Raz opõe-se às acusações formuladas, mostrando, por um lado, que sua postura não implica violar o princípio milliano* (segundo o qual a única razão para justificar a coerção é a de impedir danos a terceiros); e, acima de tudo, tentando mostrar a implausibilidade dos argumentos antiperfeccionistas. Fundamentalmente, de acordo com Raz, defender uma postura perfeccionista não implica de maneira obrigatória (e tal como costumam acreditar os antiperfeccionistas) que o Estado deva se comprometer com a imposição da concepção do bem de alguns, acima da concepção do bem de outros (como diz Raz, boa parte da ação estatal pode estar destinada antes a "encorajar e facilitar as ações do tipo desejado, ou a desencorajar os modos

---

tonomia e os compromissos que o Estado deve assumir para favorecer tais condições. As condições às quais se refere Raz – como básicas para permitir uma escolha autônoma – são essencialmente três. Primeiro, garantir que não haja manipulação em favor de certas formas de vida. Segundo, garantir a cada um certas capacidades mentais mínimas (essa segunda condição implica, para Raz, que sejam favorecidas as condições emocionais e imaginativas da pessoa, e que seja favorecido, também, o desenvolvimento das habilidades de raciocínio, memória e uso da informação etc. Em suma, que o Estado se comprometa a garantir a saúde, a educação e o desenvolvimento de seus habitantes). Terceiro, garantir que os cidadãos contem com um leque adequado de opções (nesse sentido, por exemplo, pode ser fundamental fornecer apoio a determinadas minorias culturais).

* A referência aqui é ao filósofo e economista inglês John Stuart Mill (1806-1873). (N. do T.)

de conduta indesejáveis")[52]. Por outro lado, acrescenta Raz, o fato de o Estado agir motivado por certos ideais do bem não implica assumir que exista apenas uma concepção moral plausível (pelo contrário – acrescenta –, o perfeccionismo é compatível com um "pluralismo de valores" – com a idéia de que existem múltiplas formas de vida muito diferentes entre si, e todas elas preciosas)[53].

Seguindo um caminho em parte semelhante ao sugerido por Raz (e vinculando, assim, o "multiculturalismo" ao liberalismo), Kymlicka faz referência à relevância do fato de pertencermos a determinados grupos culturais para nossa liberdade de escolha. A capacidade que temos para formar e rever concepções do bem – salienta Kymlicka – está liga-

---

52. Raz (1986), p. 161. "Dar prestígio a artistas criativos e ativos, conceder prêmios ou empréstimos às pessoas que criem centros comunitários, cobrar mais impostos sobre certo tipo de atividade de lazer (por exemplo, a caça) em relação a outras" – continua Raz – são todos casos nos quais o Estado toma o partido de certo tipo de concepção do bem, e que estão – todos eles – muito longe da "popular imagem ameaçante [do perfeccionismo, segundo a qual seria exigível] prender as pessoas que seguem sua religião, expressam seus pontos de vista em público, deixam crescer o cabelo ou consomem drogas não nocivas". Ibid.

53. Apesar dessas considerações, e a meu ver, muitos liberais igualitários estariam dispostos a acompanhar Raz no desenvolvimento de sua proposta teórica – embora certamente apenas em parte de seu trajeto. De fato, os liberais igualitários tenderam a considerar meios não perfeccionistas para alcançar objetivos, em última instância, semelhantes aos buscados por Raz. Isso, por exemplo, ao defender uma igualdade de recursos capaz de permitir que cada pessoa realize escolhas mais plenamente autônomas. Do mesmo modo, alguns liberais consideram razoável comprometer o Estado de forma ativa na preservação de um "meio ambiente cultural" vivo e variado [ver, por exemplo, Dworkin (1985)]. Os igualitários tendem a ser mais resistentes, entretanto, à alternativa de desencorajar certas opções de vida aparentemente repugnantes. De qualquer maneira, cabe esclarecer, o próprio Raz acaba autolimitando o possível alcance prático da concepção que ele defende. Isso por causa de sua rejeição à coerção estatal direta: ocorre que a coerção, "por meio de penas criminais, implica uma invasão à autonomia, global e indiscriminada [não havendo, também,] forma prática de garantir que tal coerção restrinja a possibilidade de a vítima escolher opções repugnantes, mas que isso não interfira em suas outras escolhas" [Raz (1986), pp. 418-9]. Pelo que foi dito, em suma, continuam existindo vínculos muito profundos entre posições como as de Raz e posições como as defendidas pelo liberalismo igualitário.

da ao fato de pertencermos a determinada cultura: é nesse contexto que fica definido o leque de opções de que vamos dispor na hora de tomar alguma decisão quanto a nossos planos de vida futuros[54].

No entanto, posições como a de Raz ou a de Kymlicka, que examinaremos aqui, distam de ser aceitas de forma unânime no âmbito da filosofia política. Por um lado, e contra essas posturas, encontramos os que sugerem afastar-se de modo mais drástico das premissas do pensamento liberal. Nesse sentido, e por exemplo, podemos citar o caso de O. Fiss, que já há muitos anos soube fazer referência aos "grupos sociais" como tendo uma existência diferente da de seus membros, e rejeitando assim, diretamente, um dos pressupostos típicos do liberalismo: o individualismo metodológico (na idéia de que os grupos são reduzíveis, por fim, aos membros que os compõem)[55].

Por outro lado, encontramos liberais que consideram exageradas e, enfim, inúteis ou inconvenientes as discussões sobre direitos grupais ou culturais. Jeremy Waldron, especificamente, defende uma posição crítica como a citada, considerando que, de fato, estamos imersos em um "caleidoscópio cultural", que significa que nossas vidas são o resultado de um conglomerado de culturas diferentes. Nesse sentido – acrescenta Waldron –, a preocupação em manter imaculada ("íntegra") certa cultura só pode ser conseguida à custa de um "corte" (um distanciamento de nossa cultura em relação a outras) artificioso, improvável e, sobretudo, injustificável: "Precisamos de uma cultura, mas não precisamos da integridade cultural... [as culturas] vivem e crescem, mudam e, às vezes, enfraquecem; mesclam-se com outras culturas, ou se adaptam às necessidades geográficas ou demográficas. *Preservar* uma cultura em geral é adotar uma versão, a bem dizer, caprichosa dela, e insistir em que essa versão deva perdurar a todo custo em sua definida pureza, e sem

---

54. Kymlicka (1995), p. 126.
55. Ver, por exemplo, Fiss (1976).

considerar as circunstâncias sociais, econômicas e políticas circundantes."[56]

Fazendo constar a presença de críticas como as mencionadas, gostaria de propor uma nova questão que surge neste ponto[57]. A questão é a seguinte: uma vez que admitimos (como proponho admitir) a relevância que tem para nossa vida cotidiana a possibilidade de nos integrarmos de fato a determinados grupos culturais, o que decorre dessa comprovação? Para a maioria dos que tratam do tema do "multiculturalismo", observações como as anteriores surgem como o primeiro passo para reivindicação de certos "direitos coletivos". Essa é a questão que tentarei examinar no tópico seguinte.

A polêmica em torno dos direitos coletivos

É razoável peticionar em favor de (algo como) "direitos coletivos"? Mais basicamente ainda: pode ser concebida a existência de direitos desse tipo?[58]

M. Hartney, por exemplo, mantém uma posição cética quanto à idéia de que existem direitos coletivos. Sua postu-

---

56. Waldron (1995), p. 110.
57. Daqui em diante, então, vou-me concentrar no enfoque "liberal" sobre a questão do "multiculturalismo".
58. Refiro-me, obviamente, a direitos *morais* coletivos (isto é, a direitos que cabem a cada um de um ponto de vista moral), e não a direitos *legais* (os direitos que certas autoridades jurídicas criam ou estão em condições de criar). Os direitos legais dependem completamente da autoridade jurídica que se encarrega de decretá-los (nesse sentido, pode-se dizer que a autoridade jurídica é onipotente: o que ela determina como um direito legal passa a ser pelo simples fato de essa decisão ser gerada e realizada). Os direitos morais, por outro lado, vinculam-se a interesses fundamentais relacionados ao bem-estar dos indivíduos – interesses que, como tais, precisam de uma proteção especial. Recorrendo à classificação hohfeldiana sobre os diferentes sentidos em que se emprega a noção de direitos [direitos como correlativos a deveres, como liberdades ou privilégios, como poderes, como imunidades; Hohfeld, (1919)], poderíamos dizer que, em geral, a posse de um direito moral alude à existência de reivindicações aos outros: os outros têm, perante nós, certos deveres a cumprir.

ra vem baseada em uma variedade de razões. Em primeiro lugar, Hartney afirma a tradicional consideração segundo a qual a razão última capaz de manter a existência de direitos (morais) vincula-se ao valor de tais direitos para indivíduos particulares (mais que para algum grupo): o que realmente nos interessa defender são os direitos das pessoas, e não os interesses de alguns grupos. Por outro lado, a idéia de direitos coletivos é – em sua opinião – tão desnecessária quanto inconveniente. Essa idéia é desnecessária porque essencialmente os mesmos resultados que podem ser obtidos a partir do estabelecimento de direitos grupais podem ser obtidos dotando os indivíduos de direitos mais apropriados. E, além disso, a idéia de direitos coletivos é inconveniente porque gera confusões. Essa noção "desvia nossa atenção do fato de que a razão última para a necessidade de proteger coletividades é sua contribuição para o bem-estar dos indivíduos"[59].

Contrariando uma postura como a de Hartney, Joseph Raz considera que é possível para um liberal defender a adoção de direitos coletivos. Em última instância – afirma –, a alusão a direitos coletivos deve ser vista simplesmente como uma *"façon de parler.* Uma forma de se referir a interesses individuais que surgem a partir do fato de os indivíduos pertencerem a comunidades [específicas]"[60]. O que ocorre nesse caso (ao contrário da situação habitual na qual discutimos sobre direitos individuais) é o seguinte: por um lado, deparamos com um bem (não só público, mas) coletivo (um bem que surge a partir do fato de os indivíduos fazerem parte de determinado grupo); mas, além disso, e fundamentalmente, acontece que nenhum dos membros específicos desse grupo pode alegar seu próprio interesse como base para pleitear a satisfação do bem coletivo em jogo[61].

---

59. Hartney (1995), pp. 203-4.
60. Raz (1986), p. 208.
61. Para Joseph Raz, os direitos coletivos caracterizam-se por três traços distintivos. Em primeiro lugar, eles existem "porque um aspecto do interesse dos seres humanos justifica considerar alguma(s) pessoa(s) como sujeita(s) a

Isso pode ser ilustrado claramente em um exemplo oferecido pelo próprio Raz. Vamos pensar – diz Raz – no caso de Yasser Arafat reivindicando a autodeterminação da Palestina. O interesse de Arafat não justifica por si só a imposição de deveres tão amplos e custosos a outro povo, como os que podem estar implícitos na reivindicação da autodeterminação palestina. No entanto, o fato de Arafat, por si só, não ter o direito em questão não significa que o direito à autodeterminação palestina não exista: a própria nação palestina pode ser portadora desse direito. O direito à autodeterminação representa assim um direito tipicamente coletivo: constitui um interesse de grande importância para o bem-estar de um número significativo de pessoas; é (mais que um mero bem público) um bem coletivo que surge a partir do fato de os indivíduos pertencerem a um grupo; e os deveres que gera não surgem a partir das reivindicações de nenhuma pessoa do grupo em particular, mas dos interesses conjuntos de uma multiplicidade de indivíduos[62].

De modo semelhante, Will Kymlicka manifesta uma postura favorável ao reconhecimento de direitos coletivos, afirmando, como Raz, que é possível defender direitos diferenciados em favor de minorias nacionais de modo coerente com a defesa de princípios liberais básicos – como os princípios liberais em favor da igualdade. Além do mais – em sua opinião –, princípios liberais como os diretamente mencionados *precisariam* do estabelecimento de direitos especiais para minorias. Para apoiar sua postura, Kymlicka

---

um dever". Esse requisito revela a conexão existente entre direitos e interesses individuais: até os direitos coletivos vêm a servir a interesses individuais. Em segundo lugar – acrescenta –, "os interesses em questão são os interesses de indivíduos como membros de um grupo em um bem público e o direito é um direito a esse bem público, porque serve ao interesse daqueles indivíduos como membros do grupo. Em terceiro lugar, o interesse de qualquer membro particular desse grupo sobre tal bem público é suficiente por si só para justificar que se considere outra pessoa como sujeita a um dever". Ibid., p. 208.

62. Ibid., p. 209. Isso explica, segundo Raz, o fato de que, embora a existência de tal interesse não dependa do tamanho do grupo em questão, a existência do direito e sua força dependem, sim, de dados como os citados.

recorre, de forma muito especial, a concepções como as defendidas por Rawls e Dworkin. De acordo com ambos os autores, a justiça exige "afastar ou compensar as desvantagens não merecidas ou 'moralmente arbitrárias', sobretudo se elas são 'profundas e abrangentes, e estão presentes desde o momento do nascimento'"[63]. Por isso mesmo – afirma Kymlicka –, se o liberalismo quiser ser coerente com as premissas das quais parte, então deve considerar como fatos moralmente arbitrários não só as desigualdades vinculadas à raça e à classe (como costuma fazer), mas também as decorrentes de contextos culturais diferentes. Para Kymlicka, é óbvio que, se não fossem estabelecidos direitos diferenciados em favor de alguns grupos, os membros de certas culturas minoritárias não teriam a "mesma capacidade para viver e trabalhar em sua própria linguagem e cultura, que é garantida aos membros das culturas majoritárias"[64].

Direitos de minorias e "presença" institucional

Neste tópico, gostaria de examinar um exemplo que é especialmente relevante quando se pensa em estratégias destinadas à proteção de minorias: refiro-me à possibilidade de *garantir*, de algum modo, a representação de certas minorias em alguns órgãos públicos que tomam decisões.

---

63. Kymlicka (1995), p. 126.
64. Ibid. Para alguns autores próximos do pensamento liberal, a proteção das minorias pode chegar a justificar, ainda, certas reivindicações separatistas. Essa é a opinião, por exemplo, de A. Buchanan. Segundo esse autor, de fato, "[s]e um Estado persiste em realizar graves violações dos direitos humanos de uma minoria dentro de seus limites territoriais, é permissível a tal grupo tentar estabelecer seu próprio Estado como um refúgio para escapar da perseguição, caso não exista outro recurso a seu alcance". Buchanan (1997b), p. 310. Essa causa é uma das poucas justificativas do direito de secessão que – em sua opinião – são aceitáveis para o pensamento liberal (as outras causas em que pensa são as apropriações realizadas por uma comunidade sobre o território de outra, de modo injusto e sem ressarcimento adequado; e – sob restrições muito fortes – as situações em que uma comunidade é sistematicamente discriminada pelas políticas públicas – impositivas, reguladoras – adotadas pelo Estado ao qual está incorporada). Ver também Buchanan (1991 e 1997b).

Para observar por que pode ser importante garantir a presença de grupos minoritários em certas instituições públicas, vamos imaginar uma situação como a seguinte: o Parlamento de determinado país está prestes a sancionar uma lei relacionada à discriminação das mulheres nos locais de trabalho. Imaginemos, também, que – assim como costuma ocorrer em muitos legislativos contemporâneos, dominados de forma majoritária por homens – as mulheres não têm um papel significativo nesses debates. O que ocorre, então, é que a decisão em jogo, que afeta de modo muito especial as mulheres, é tomada, enfim, por uma maioria de homens. Esse fato, é claro, não implica que, necessariamente, a lei sancionada seja "ruim" (entendendo que uma lei é "boa" quando é "respeitosa" aos interesses de todos os que são afetados por ela, e "ruim" quando não é assim). Entretanto, para nós, que temos interesse em contar com um bom sistema institucional, que trate *todos* os cidadãos com igual consideração e respeito, a situação antes descrita deve representar uma ameaça, um risco: o risco de que, em suma, alguns grupos (o grupos dos homens, nesse caso) sejam mais bem tratados que os demais. Por que não garantir, então, em situações como a mencionada, a possibilidade de que as minorias também possam expor e defender seus pontos de vista?

Como maneira de esclarecer o que foi dito, e defender a necessidade de uma "efetiva presença" das mulheres (ou do grupo em questão) em certas instituições públicas, poderíamos pensar pelo menos em dois argumentos[65]. Em primeiro lugar, poderia ser dito que essa "presença efetiva" é fundamental para resolver um problema epistêmico como o seguinte: se o que queremos é que nossa decisão seja imparcial quanto aos interesses de todos os afetados (isto é, se não queremos que a decisão tenha de antemão um viés favorável a algum grupo; se queremos que essa decisão respeite, no que for possível, as distintas preferências em jogo),

---

65. Gargarella (1998).

precisamos lembrar que os riscos de fracassar nesse propósito são muito altos, por causa da dificuldade que cada um tem de reconhecer, entender e equilibrar de modo adequado os interesses dos outros. Nesse sentido, se não temos um acesso direto às opiniões "dos outros", se eles não têm oportunidades efetivas de apresentar e defender suas reivindicações, então, será muito difícil sabermos o que solicitam, por mais boa-fé e empatia que tenhamos por eles. Assim, por exemplo, poderíamos dizer que, embora contássemos com parlamentares bem-intencionados para com os interesses de certo grupo indígena, uma lei sobre os direitos desse grupo, em cujo projeto não participassem ativamente os membros dessa comunidade, correria o enorme risco de vir a ser inadequada para seus próprios propósitos (que, admito, vinculam-se a tratar melhor os membros do grupo em questão). Dizer isso não significa afirmar algo como "só os membros de determinado grupo podem entender e defender de forma adequada os interesses próprios de seu grupo". A questão, a meu ver, deve ser vista de outra forma. Analisando esse problema, por exemplo, Anne Phillips declarou o seguinte: "Ao nos perguntarmos sobre se *só* os membros de grupos desfavorecidos específicos podem entender ou representar seus interesses, convém voltar a perguntar e nos perguntarmos se tal entendimento ou representação é possível sem a presença de *nenhum* dos membros dos grupos desfavorecidos."[66] Nesse sentido, podemos dizer que a "presença" dos afetados na discussão dos temas que concernem a eles é "epistemicamente" importante: sua presença pode contribuir de maneira decisiva para reconhecermos certa informação que de outro modo ignoraríamos[67].

Por outro lado, essa "presença" é importante de um ponto de vista "motivacional". Nesse caso, a idéia seria a seguinte: pode ocorrer que, mesmo conhecendo com perfeição

---

66. Phillips (1996), p. 89, n.º 12; Kymlicka (1995), p. 147.
67. Notavelmente, essa é uma das razões que tendemos a utilizar para justificar a representação política "federal" – ou seja, a presença de representantes dos distintos estados no Parlamento.

as preferências e interesses de todos os sujeitos "potencialmente afetados", não tenhamos as motivações necessárias para considerar e processar de modo equânime essa informação. Nesse sentido, a "presença" dos próprios afetados no processo de tomar decisões poderia ser vista como crucial para garantir uma consideração mais efetiva dos pontos de vista em questão – para obrigar-nos a respeitar tais pontos de vista.

Kymlicka acrescenta outro argumento importante aos anteriores. Em sua opinião, a mencionada "presença" dos "potencialmente afetados" é relevante em termos de "confiança". Para ele, "mesmo no caso de os homens brancos entenderem os interesses das mulheres e das pessoas negras, não se pode confiar que eles promovam tais interesses". E – citando um trabalho de Christine Boyle – acrescenta que "a razão do que foi dito não é que necessariamente os homens não entendam os interesses das mulheres, mas que em certo ponto os membros de um grupo sentem que alguém que pertence a outro grupo tem tal conflito de interesses [com os próprios] que a representação torna-se impossível ou no mínimo improvável"[68].

Contudo, no caso de sermos persuadidos pelos argumentos anteriormente expostos, ainda deveríamos nos perguntar: Que tipo de medidas institucionais poderiam ser aconselhadas de modo específico, a fim de garantir da melhor maneira possível o respeito pelos interesses dos grupos afetados?

Direitos de minorias e representação democrática: a implementação de um sistema de "cotas" para grupos desfavorecidos

Existem diversos recursos institucionais imagináveis com o objetivo de favorecer os direitos de certos grupos. Os

---

68. Kymlicka (1995), p. 139.

diferentes expedientes em que podemos pensar dão lugar, em todo caso, a polêmicas que merecem ser acompanhadas separadamente. Aqui, vou ocupar-me em especial de uma dessas possíveis medidas, que tem a ver com a implementação de um sistema de "cotas" destinado a dar uma "voz efetiva" aos membros de grupos desfavorecidos (como, por exemplo, reservando-lhes certo número mínimo de bancadas no Parlamento).

A simples pretensão de estabelecer um sistema de cotas ajuda-nos a perceber de imediato as enormes dificuldades que costumam ameaçar a maioria das políticas defendidas a partir de uma visão "multicultural". Vamos considerar, por exemplo, dificuldades como as enumeradas a seguir.

Por um lado, a decisão de estabelecer um sistema de cotas exige de nós um primeiro esforço, importante para definir os "contornos" dos grupos selecionados. Por exemplo, na hora de pensar como discutir de forma adequada a questão do aborto, deveríamos decidir se precisamos, em todo caso, escutar sobretudo a voz das mulheres em geral ou apenas a voz das mulheres que abortaram ou estão em condições de abortar. Por esse tipo de circunstância – tanto para ganhar em exatidão como para evitar, ao mesmo tempo, uma abrangência absurda de nossa especificação do grupo afetado –, precisamos fazer "recortes" que requerem uma clara justificação de nossa parte.

A observação anterior chama nossa atenção para outro tipo de dificuldade. Por exemplo, é importante lembrar que todos nós fazemos parte de uma multiplicidade de grupos ao mesmo tempo. Pode ser definidor da personalidade e dos interesses de algum sujeito, para dar apenas um exemplo, tanto o fato de ser mulher, como o de ser negra, o de ser mãe, o de ser pobre, ou o de ser incapacitada. Essa multidimensionalidade que nos distingue constitui uma permanente ameaça à pretensão de "separar" as pessoas drasticamente em "grupos" diferentes uns dos outros. Questiona-se aqui o ideal que se buscava reforçar no ponto anterior: definir contornos precisos em torno de grupos diferentes.

Considerando-se essa observação, não seria absurdo ver a sociedade como formada por distintos grupos? E os "recortes" que se quer propor não serão, em todo caso, artificiais e desnecessários?

Vamos admitir, de qualquer forma, que, por alguma razão, consideramos que é importante seguir em frente com nossa "política de grupos"; e que, além disso, encontramos uma boa forma de delimitar os contornos de diferentes "grupos relevantes". Então, o que deveríamos fazer quando descobrimos que existe uma enorme variedade de "grupos relevantes"? Vamos pensar no seguinte caso. Iris Marion Young, por exemplo, defende que devem ser assegurados direitos de representação especiais para todos os "grupos oprimidos" da sociedade. Mas sua definição de "grupos oprimidos" nos Estados Unidos (que parece desconsiderar o problema da multidimensionalidade antes mencionado) inclui as mulheres, os negros, os asiáticos, os hispânicos, os gays e lésbicas, os pobres, os trabalhadores, os velhos, os física ou mentalmente incapacitados etc. – ou seja, cerca de 80% da população norte-americana[69]. O que fazer diante dessa "inflação" de grupos? A quais grupos deveriam ser garantidos, se é que a algum, direitos especiais de representação? Como justificar o fato de que serão considerados apenas os pontos de vista de certos "grupos relevantes", e não os de outros?

Aos problemas teóricos gerados por um enfoque como o mencionado ligam-se outros vinculados de modo mais direto às suas conseqüências: uma política de "cotas", como a sugerida, favorece a conquista dos resultados que se propõe explicitamente alcançar (melhorar a representação dos mais desfavorecidos)? Examinemos algumas conseqüências previsíveis do tipo de medida em estudos. Antes de mais nada, poderia ser dito que um sistema de cotas parece mais reforçar e encorajar a divisão da sociedade em grupos diferentes e separados entre si que favorecer a melhor inte-

---

69. Kymlicka (1995), p. 141. Young (1989).

gração de todos esses grupos. Essa previsível conseqüência, em princípio, parece pouco atraente. Mais ainda, a política recomendada parece ocasionar o incremento das rivalidades e preconceitos entre esses grupos (os membros dos grupos majoritários que perdem poder – em termos relativos – podem dizer que os grupos que ganham cargo institucional "só" fazem isso à custa dos privilégios concedidos a eles pelo poder público – privilégios que esses grupos não "teriam ganhado" por si sós; ou que não "merecem"). Além do mais, alguns dos próprios indivíduos favorecidos por essas políticas poderiam considerar que esse tipo de programa de ação afirmativa é degradante para seu próprio grupo (vamos pensar na polêmica surgida nos Estados Unidos, sobre esse aspecto, ao serem discutidos os programas de cotas raciais implementados em algumas universidades)[70].

Por outro lado, tal política de "cotas" ajudaria as autoridades públicas a poderem se considerar importantes em sua tarefa de busca pela convivência justa e harmoniosa entre as diferentes partes integrantes da sociedade: "Agora cada grupo já tem quem os defenda" – poderiam pensar. Um risco ainda mais sério, entretanto, é o que provoca em relação aos próprios atores em jogo: cada um deles receberia incentivos por pensar exclusivamente em seus interesses. Ou, em outras palavras: cada um dos grupos em questão deixaria de ser motivado para "pôr-se no lugar dos membros do outro grupo". Por que tentar entender o que pensam os francófonos, se eles têm seus representantes "fixos", ali no (digamos) Parlamento, para que defendam seus interesses? Por fim, uma política de "cotas" como a sugerida ameaçaria também "balcanizar" a sociedade (como ocorreu em muitos países do Leste europeu, após a queda do

---

70. Ver, a esse respeito, e muito especialmente, Dworkin (1985), e a discussão do caso "The Regents of the University of Califórnia vs. Allan Bakke", de 12 de outubro de 1977. [Trad. bras. *Uma questão de princípio*. São Paulo, Martins Fontes, 2000, caps. 14 e 15.]

comunismo), desintegrando-a em facções que enfrentam umas às outras[71].

Apesar de tudo o que foi dito, alguém poderia insistir na "política de grupos", afirmando o seguinte: é verdade que essa política gera alguns riscos indesejáveis, no entanto, esse tipo de medida (isto é, cotas) continua sendo fundamental para garantir um tipo de representação que é indispensável para que o sistema institucional funcione de modo mais adequado. Ou seja, o que se perderia (em termos de garantir um bom sistema de representação) sem um sistema de cotas seria pior que certas ameaças hipotéticas derivadas da adoção desse tipo de mecanismo. Ocorre que, de qualquer maneira, um sistema como o de cotas não parece garantir sequer uma melhora nesse aspecto "representativo". Em primeiro lugar, como sugerimos antes, a presença de um ou dois representantes aborígines, por exemplo (em um corpo parlamentar de, digamos, 300 pessoas), não nos autoriza a pensar que, "agora, sim", os aborígines estão representados politicamente. Como é previsível, eles continuarão "perdendo" em cada votação que enfrentarem com uma imensa maioria que não compartilha seus interesses. Problemas de representação como os citados, além disso, tendem a se agravar por causa das dificuldades existentes para selecionar os representantes em questão. Por exemplo, se queremos que "os imigrantes" contem com alguém que os represente na discussão de certa lei imigratória, devemos selecionar um representante de cada uma das comunidades de estrangeiros que chegaram a nosso país? É preciso, em contrapartida, eleger um representante para cada uma das comunidades de imigrantes mais significativas das que residem no país? Basta, simplesmente, contar com "algum" estrangeiro presente nessa discussão?

Por fim, merece ser mencionado um problema que surge sobretudo quando se pensa na adoção de sistemas de "cotas" para instituições não diretamente representativas,

---

71. Kymlicka (1995).

como a Suprema Corte. A situação em que penso é a seguinte: alguns teóricos consideram que instituições tão importantes como a citada (a Suprema Corte) não sabem considerar de modo adequado os interesses das mulheres ou de certas minorias raciais, porque costumam não ter nenhum membro de tais grupos entre os seus. Daí que sugiram algo que, na prática, e informalmente, já vem ocorrendo de modo muito habitual: garantir que *sempre* haja, entre os membros do tribunal, pelos menos algum "representante" desses grupos desfavorecidos. A idéia é, então, adotar um sistema que garanta a presença efetiva, nesse órgão, de "representantes" de certas minorias desfavorecidas (nos Estados Unidos, grupos como o da minoria negra, ou o das mulheres; no Canadá, membros das diferentes comunidades lingüísticas)[72]. Surge aqui, entretanto, um problema óbvio demais (que já propusemos anteriormente): não há nenhuma boa razão para pensar que a presença de uma mulher na Suprema Corte, por exemplo, vai redundar em melhor consideração dos interesses das mulheres nas decisões da Corte. E isso não só pelo citado problema de previsível diferença numérica (uma mulher contra oito homens, por exemplo), mas, fundamentalmente, porque essa mulher-magistrado ou esse juiz negro podem ser, pessoalmente, de todo contrários aos interesses em geral identificados como interesses das mulheres ou dos negros (a substituição do juiz Marshal pelo juiz Thomas, na Suprema Corte norte-americana, ilustra de modo dramático essa situação)[73].

Apesar da avalanche de críticas produzida até aqui contra uma "política de grupos", considero que ainda existe espaço para continuar defendendo esse tipo de política. Talvez

---

72. Nedelsky (1994); Walzer (1995). Um interessante trabalho sobre as reivindicações do feminismo em sociedades multiculturais pode ser encontrado em Okin (1998).

73. Refiro-me ao caso do juiz Marshal, símbolo da mais digna e inflamada defesa dos interesses da comunidade negra na Corte norte-americana, substituído por um juiz, também negro, mas notabilizado por sua "hostilidade" para com muitas das demandas habituais da comunidade negra.

tenhamos tornado complexo demais um problema que podemos abordar de modo mais simples. Poderíamos dizer, por exemplo, e apenas, algo como o seguinte: se nossa sociedade, de fato, está profundamente dividida em grupos mais ou menos visíveis para todos (anglo e franco-falantes); e reconhecemos que essa fragmentação constitui uma fonte permanente de tensões; e entendemos que existem meios institucionais que podem contribuir para que esses grupos se encontrem, ou que podem ajudar-nos a oferecer um melhor tratamento aos membros desses grupos, então por que não adotarmos esses meios institucionais?

Por outro lado, muitas das objeções que verificamos anteriormente têm a ver com problemas de "coerência" (por que aceitar as reivindicações de certos grupos, e não de outros?). Mas podemos presumir que, como costuma ocorrer na prática, nas sociedades "multiculturais" modernas existem algumas tensões intergrupais muito profundas e divisoras, e muitas outras que não são tanto. De qualquer forma – poderíamos dizer –, convém prestarmos atenção prioritária aos problemas mais significativos que enfrentamos. Para casos "menores", possivelmente possamos utilizar outros "expedientes", também menos significativos. Além disso, devemos considerar que nenhuma Constituição moderna parece pôr obstáculos à adoção de "políticas de grupo" com as sugeridas. E, mais ainda, os princípios que animam essas políticas mostram-se como princípios claramente valiosos (melhorar o tratamento que destinamos a todos os que habitam a sociedade; impedir a violação de direitos fundamentais; garantir que ninguém sofra desvantagens por questões irrelevantes em termos morais). Ninguém deve esquecer, além do mais, da possibilidade de optar por soluções mais flexíveis que as sugeridas, capazes de solucionar alguns dos problemas mencionados anteriormente (na Noruega, por exemplo, há um Parlamento exclusivo para a minoria "sami", cujos membros são consultados pelo Parlamento nacional apenas quando são discutidos problemas que competem de modo direto aos direitos desse grupo –

problemas vinculados à distribuição de terras, à criação de represas, à regulamentação da caça e da pesca no norte do país, onde está estabelecida a maior parte da citada comunidade. Ou seja, em vez de buscar uma representação "permanente" da minoria em questão, aqui se procura dar uma voz especial a ela para os casos que a afetam de forma mais crítica). Também, e por outro lado, é possível pensar em soluções para os problemas vinculados à alegada falta de efetividade das medidas sugeridas (diz-se, por exemplo, que "por mais representantes que tenham, as minorias serão sempre minorias, e assim sempre existirá a possibilidade de que as maiorias persistam em seus abusos contra elas"). Nesse sentido, alguns autores sugeriram a possibilidade de complementar (ou, em alguns casos, substituir) as políticas de cotas com a atribuição de poderes de veto para questões relacionadas à língua e à cultura; ou o fornecimento de subsídios ou apoios especiais para garantir uma melhor defesa de certos interesses (concessão de maior autonomia local, concessão de terras, direitos lingüísticos etc.)[74]. A polêmica entre os defensores e detratores das "políticas de grupos" ainda está em seu início. Pelo menos agora temos mais clareza sobre quais são os problemas em jogo.

---

74. Kymlicka (1995).

Capítulo 6
O republicanismo

Nos últimos anos, a corrente teórica republicana irrompeu no cenário da filosofia política e participou de suas discussões mais importantes. Vinculado tanto ao comunitarismo quanto ao liberalismo, o republicanismo serviu de "abrigo" para comunitaristas e liberais "críticos" – insatisfeitos com as tradições de que faziam parte. Neste capítulo, examinaremos o significado *contemporâneo* que se costuma atribuir à posição republicana e ao modo como essa posição debate com as outras duas correntes teóricas mencionadas. Antes disso, tentaremos especificar quais são os traços mais distintivos que em geral foram associados ao republicanismo.

Qual republicanismo?

Com raízes na Antiguidade clássica, o republicanismo representa uma corrente de pensamento que começou a "renascer" no final do século XX, a partir do trabalho de um notável grupo de historiadores – em sua maioria norte-americanos –, que, desde o final dos anos 1970, investigaram as origens teóricas da tradição político-institucional anglo-americana em fontes até então não consideradas[1]. J. Pocock, por exemplo, fez referência às conexões entre a tra-

---

1. Bailyn (1967); Pocock (1975); Wood (1969).

dição mencionada e o humanismo cívico, que se desenvolvera na Itália renascentista. B. Bailyn demonstrou que as principais bases teóricas dos revolucionários norte-americanos estavam tanto no Iluminismo ou no puritanismo quanto no radicalismo inglês (séculos XVII e XVIII) e (mais notadamente) no pensamento clássico. Esse revisionismo da história anglo-americana significava desafiar a crença, até então compartilhada, segundo a qual as principais influências intelectuais dessa cultura política vinculavam-se, quase com exclusividade, a um pensamento liberal e individualista.

A reconsideração e revalorização do republicanismo, entretanto, não ficou como virtude exclusiva dos historiadores. Juristas, cientistas políticos e filósofos também se basearam naquelas influências republicanas para reexaminar algumas das discussões próprias de suas respectivas disciplinas. Autores liberais igualitários viram com simpatia esse ressurgir do republicanismo, e recorreram a ele, dando forma, em alguns casos, a um "republicanismo liberal", no qual encontraram uma fonte para assentar suas críticas contra o liberalismo conservador[2]. De qualquer maneira, foi o pensamento filosófico comunitarista que apareceu mais rápida e solidamente associado ao republicanismo. Isso, sobretudo, a partir de preocupações fundamentais comuns (por exemplo, em relação a determinados valores cívicos, ou ideais como o do autogoverno). Apesar de tais (aparentes) "parentescos teóricos", o republicanismo pode continuar a ser considerado uma visão teórica com conteúdo próprio.

Isto posto, o que, em suma, podemos entender por republicanismo? Até certo ponto, o significado próprio do republicanismo é vago e intangível demais (e talvez consista nessa imprecisão parte da repentina atração gerada por essa corrente). Alexander Hamilton pôde afirmar, sobre isso, que a noção de republicanismo a que se recorria em seu tempo era empregada com sentidos diferentes demais; e John

---

2. Penso, por exemplo, em autores como Cass Sunstein e Frank Michelman. Ver, sobretudo, Sunstein (1988) e Michelman (1988).

Adams confessava nunca ter chegado a entender o significado desse termo (mais que isso, afirmava que ninguém que ele conhecesse tinha alcançado tal entendimento)[3].

De qualquer forma, também não é verdade que estamos diante de uma radical situação de indeterminação conceitual. A história comumente associada ao republicanismo remete a autores, tempos e temas mais ou menos repetidos: o pensamento clássico, em geral (Homero, Sófocles, Eurípides, Tucídides, Heródoto, Plutarco, Cato, Ovídio, Juvenal, Cícero, Sêneca), e a república romana, em particular; o ressurgimento da idéia de república em algumas cidades-Estado da Itália renascentista, e os textos, em particular, de autores como Maquiavel; as províncias holandesas, assim que foram libertadas da monarquia hispânica; o republicanismo inglês do século XVII, que alcança sua principal expressão no influente modelo da – assim chamada – "constituição mista"; os anos de fundação do constitucionalismo norte-americano, sobretudo a partir dos anos imediatamente posteriores à independência; parte do ideário próprio da Revolução Francesa (e os trabalhos, em especial, de teóricos como Rousseau ou Montesquieu)[4].

Evidentemente, as épocas, as regiões e os nomes mencionados expressam certos elementos que, de fato, poderíamos considerar como distintivos do republicanismo. No

---

3. Wood (1992).
4. Haakonssen (1993), p. 569. Autores próximos do republicanismo, como Sandel, tendem a deixar de lado Rousseau ao pensar em modelos a partir dos quais despertar o republicanismo. Rousseau é criticado, nesse caso, por ser um "crítico das diferenças" (de opiniões, de interesses), por sua defesa do ideal de uma sociedade homogênea. Sandel, nesse sentido, contrasta o modelo social proposto por Rousseau com o proposto por Tocqueville (a quem prefere). Tocqueville – diz Sandel – "não despreza a diferenciação. Em vez de destruir o espaço entre as pessoas, completa-o com instituições públicas que reúnem as pessoas em suas diferentes capacidades, que tanto as separam como as vinculam. Essas instituições incluem as assembléias públicas, as escolas, as religiões e as ocupações capazes de proteger a virtude, e que tornam o "caráter mental" e os "hábitos do coração" que uma república democrática requer". Sandel (1996), pp. 320-1.

entanto, os mesmos dados citados fazem referência também à presença de fatores muito diferentes dentro dessas versões do republicanismo. Consciente de tais possibilidades e problemas, neste texto me predisporei a apresentar o republicanismo distinguindo-o a partir de um (o que poderíamos denominar) "mínimo denominador comum": certas marcas aparentemente comuns – "propriamente republicanas" – que não negam a presença de fortes diferenças para mais e para menos de tal "mínimo comum" (nem a existência de diferenças em relação a como interpretar ainda tais marcas comuns).

Também em busca desse núcleo comum, Philip Pettit destaca a concepção "antitirânica"– contrária a toda dominação – do republicanismo[5]. A reivindicação da liberdade – a ausência de domínio; a vida em um "estado livre" – unificaria, de forma resumida, as distintas visões republicanas. Esse estado livre é o que vai possibilitar a grandeza e o crescimento da comunidade, e, sobretudo, o que vai possibilitar que os cidadãos possam buscar livremente seus próprios objetivos. Q. Skinner refere-se também à defesa do "estado livre" como ideal republicano mais característico. Em sua opinião:

> [E]ste enfoque decididamente deriva da filosofia moral romana, e em especial daqueles autores que destinaram sua maior admiração para a condenada república: Lívio, Salustio e, particularmente, Cícero. Na teoria política moderna, sua linha de argumentação foi acolhida pela Itália da Renascença e empregada para defender as tradicionais liberdades das cidades-Estado tanto contra os *signori* como contra os poderes da Igreja. Dos muitos autores que abraçaram a causa do *vivere libero* em sua etapa de formação, o mais importante foi, sem dúvida, Maquiavel em seus *Discorsi* sobre os primeiros dez livros da *Historia de Roma* de Lívio. Uma defesa semelhante dos "estados livres" foi empreendida posteriormente – sob a clara influência de Maquiavel – por James Harrington,

---

5. Pettit (1997).

John Milton e outros republicanos ingleses no decorrer da revolução constitucional do século XVII. Inclusive mais tarde, vários elementos da mesma perspectiva foram condensados [...] na oposição ao absolutismo da França do século XVIII e, com particular nitidez, na análise da virtude republicana que Montesquieu desenvolve em L'Esprit des Lois[6].

Essa dimensão reativa, distintiva do republicanismo, foi acompanhada, no entanto, de pelo menos outra dimensão igualmente característica dessa corrente: a persistente defesa de certos valores cívicos – virtudes (como se admitia) indispensáveis para a conquista da liberdade almejada. A lista de virtudes defendidas pelo republicanismo é muito extensa. Os pensadores ligados a essa corrente tenderam a exaltar, antes de mais nada, valores como a coragem (para defender a própria comunidade contra ataques externos) e a prudência (para participar do governo da comunidade). Essa lista de virtudes, entretanto, pode ser facilmente ampliada com outros valores também defendidos pelos republicanos: a igualdade, a simplicidade, a honestidade, a benevolência, a moderação, o patriotismo, a integridade, a sobriedade, a abnegação, a laboriosidade, o amor à justiça, a generosidade, a nobreza, a solidariedade e, em geral, o compromisso com o destino dos demais. De acordo com Maquiavel, por exemplo, esse compromisso com os outros poderia chegar ao extremo de requerer que cada cidadão lutasse e desse a vida pelo bem comum. Apenas desse modo – apenas graças à presença de cidadãos assim disponíveis para sua comunidade – a república teria a oportunidade de sobreviver a contratempos incontestáveis.

---

6. Skinner (1992). Extraio o parágrafo citado da tradução de S. Mazzuca, pp. 107-8. Autores como Skinner defendem uma versão do republicanismo que alguns chamaram de "republicanismo instrumental", ou seja, um republicanismo que valoriza uma ativa participação dos cidadãos em política, não como algo bom em si mesmo, mas como um meio – um instrumento – adequado para a manutenção de uma sociedade livre. Ver, por exemplo, Patten (1996) e Burtt (1993)

A valores como os citados, os republicanos contrapuseram outra longa lista de males sociais e vícios de conduta. Assim, tenderam a repudiar a ambição, a avareza, o orgulho, o egoísmo, a prodigalidade, a ostentação, o refinamento, o cinismo, a covardia, a extravagância e o luxo – luxo no vestir, comer, beber, ou mesmo no modo de decorar o próprio lar. Suas principais críticas sociais em geral assinalavam a corrupção e as atitudes opressivas dos setores governantes. A monarquia surgia, então, como a óbvia fonte geradora dos males mencionados.

Assim caracterizada, a proposta dos republicanos implicava fortes exigências aos cidadãos e grandes riscos para a vida comum, no caso de essas exigências não serem satisfeitas. Para eles, segundo Pocock, "[a] comunidade deve representar uma perfeita união de todos os cidadãos e todos os valores, dado que, se não for assim, uma parte governaria em nome do resto [consagrando assim] o despotismo e a corrupção de seus próprios valores. O cidadão deve ser um cidadão perfeito, dado que, se não for assim, impediria que a comunidade alcançasse a perfeição e atrairia seus concidadãos [...] para a injustiça e a corrupção [...] A negligência de um único desses cidadãos, portanto, reduz as oportunidades de todo o resto de alcançar e manter a virtude, dado que a virtude [surge] agora politizada; consiste em um exercício compartilhado em que cada um governa e é governado pelos demais"[7].

Na articulação desse discurso, contrário a toda dominação e defensor do autogoverno, os republicanos foram desenvolvendo os traços mais *radicais* de sua postura. De fato – poderia ser dito, seguindo Gordon Wood –, o republicanismo constituiu, em boa parte, "uma ideologia radical". Isso, fundamentalmente, por meio de seu desafio a cada uma das "principais práticas e pressupostos da monarquia – sua hierarquia, sua desigualdade, sua devoção ao nepotismo, seu patriarquismo, seu patronato e sua dependência. [Contra ela, soube defender] concepções novas sobre o indivíduo, a família, o Estado, e as relações do indivíduo com

---

7. Pocock (1975), p. 75.

a família, o Estado e os demais indivíduos. O republicanismo ofereceu nada menos que novas formas de organizar a sociedade. Desafiou e desagregou as velhas conexões monárquicas e apresentou ao povo tipos de compromisso alternativos, novas formas de relações sociais. Transformou a cultura monárquica e preparou o caminho para os levantes revolucionários do final do século XVIII"[8].

Na seção seguinte, completaremos o quadro apresentado sobre o republicanismo e suas principais características, examinando o significado dessas novas relações entre o indivíduo e o Estado às quais se referia G. Wood.

---

8. Wood (1992), pp. 96-7. De qualquer forma, esses atrativos "radicais" do republicanismo não deveriam levar-nos a ver nesta uma concepção radicalizada no sentido que hoje poderíamos dar ao termo, nem deveriam fazer-nos ignorar seus traços mais opacos. De fato, embora a verdade seja que, em sua rejeição dos regimes opressivos, o republicanismo defendeu uma ordem política mais aberta à cidadania, também foi comum, na história dessa corrente, vincular o reconhecimento da cidadania ao prévio cumprimento de requisitos muito exigentes em matéria de propriedade (a posse de propriedade privada aparecia como uma exigência necessária sobretudo para que o votante desenvolvesse vínculos de pertencimento e um senso de responsabilidade para com a comunidade da qual fazia parte). Isso a tal ponto de alguns falarem da tradição republicana como uma tradição "basicamente antidemocrática" e de modo distintivo "proprietarista" [ver, por exemplo, De Francisco (1998)]. Por outro lado, em sua busca pela harmonia e integração sociais, o republicanismo tendeu a ser relativamente desatento aos direitos individuais, superexigente para com as qualidades de caráter da cidadania (voltaremos a esses pontos mais adiante) e mais para hostil ao pensamento dissidente e à heterogeneidade social, em geral. Como destaca Sustein: "Muito do que faz parte típica do pensamento republicano tradicional nos dá poucas razões para a comemoração. Existe uma variedade de estratégias de exclusão – dos não-proprietários, dos negros, das mulheres – interiores à tradição republicana. A crença republicana na deliberação sobre o bem comum sempre esteve associada a essas práticas de exclusão" (Sunstein (1988), p. 1.539). Por fim, convém deixar claro também que, em sua rejeição à autoridade despótica, o republicanismo não pretendeu promover uma concepção definitivamente anti-hierárquica e hostil à autoridade. Dada sua confiança nas virtudes da cidadania, o republicanismo tendeu mais a assumir a possibilidade de uma plena entrega do indivíduo a sua comunidade, entrega que – esperava-se – iria traduzir-se em uma ordenada e respeitosa relação com a autoridade. A "verdadeira liberdade" era vista, então, como "a liberdade natural restrita de tal maneira que transformasse a sociedade em uma grande família, em que cada um deve consultar a felicidade de seu próximo tanto quanto a própria" [afirmação citada em Wood (1969), p. 60)].

As precondições da vida republicana

As considerações feitas até aqui nos ajudam a reconhecer quais são e como se articulam as engrenagens fundamentais do republicanismo. Antes de mais nada, *em sua rejeição da dominação e da tirania, o republicanismo reivindicou uma idéia vigorosa de liberdade. Essa liberdade precisava, para sua preservação, da virtude dos cidadãos; e essa virtude, por sua vez, necessitava de certas precondições políticas e econômicas.* Um bom governo, portanto, devia contribuir para manter e desenvolver essas precondições, e apoiar a presença de cidadãos virtuosos, politicamente ativos[9]. Estamos aqui, desse modo, diante do que talvez represente o principal ensinamento do velho republicanismo para nossos dias: a idéia de que o autogoverno exige que as *instituições básicas* da sociedade – e, assim, o modo como se organiza o sistema de governo[10], o modo como se regula a economia – fiquem sob

---

9. Por outro lado, uma vez que conhecemos as condições de possibilidade da liberdade política, torna-se mais fácil para nós reconhecer quais são as condições que a ameaçam e a frustram. De fato, e como vimos, para o republicanismo, os cidadãos menos independentes e menos virtuosos são mais propensos à corrupção, e os aumentos na corrupção solapam as bases da liberdade. Para Maquiavel, por exemplo, a ambição pessoal era a pior dessas ameaças à liberdade: a ambição do governante tendia a levá-lo à conquista de comunidades vizinhas; a ambição dos dirigentes, por outro lado, podia levar a própria comunidade a situações arriscadas, sobretudo se tais dirigentes obtinham cargos militares de relevância, ou utilizavam suas riquezas para corromper seus parceiros e aumentar, assim, seu poder. Sem um forte componente de virtude cívica nos cidadãos e seus governantes, essas desgraças eram a bem dizer inevitáveis. Skinner (1992).

10. Para o republicanismo, então, a justificativa do ativismo do governo não era difícil. Uma vez que se atribuía tal importância institucional à presença de cidadãos dotados de certas "disposições morais" específicas (um senso de pertencer à comunidade, uma preocupação distintiva pela sina dos demais), a indiferença do governo perante as concepções do bem adotadas por seus cidadãos era simplesmente absurda, ininteligível, inaceitável. Um grupo dirigente preocupado de modo genuíno em assegurar as condições do "autogoverno" dos cidadãos não podia senão tentar "promover" aquelas virtudes cívicas que fossem consideradas indispensáveis para tornar possível esse ideal.

pleno controle dos cidadãos, e sejam orientadas para favorecer o ideal de cidadania assumido por eles[11].

Contudo, e mais especificamente, que medidas poderia sugerir um defensor do republicanismo, com o intuito de obter os fins que se propõe? Como deveria organizar de fato o sistema político e econômico da república almejada?

Quanto às *instituições políticas* da sociedade – poderia indicar-nos o republicanismo –, deveriam ser orientadas, em primeiro lugar, para assegurar a independência das pessoas – para assegurar sua *não-dominação*. Evidentemente, são vários os mecanismos aos quais, em termos teóricos, essa corrente teórica poderia recorrer com o intuito de satisfazer essa primeira finalidade. Mas vale a pena mencionar alguns dos mecanismos concretos aos quais, de fato, recorreram os republicanos, em diferentes tempos e circunstâncias.

Apesar das diversas versões do republicanismo que podemos encontrar, muitos dos autores ou dirigentes políticos que poderíamos incluir nessa tradição tenderam a defender mecanismos políticos mais ou menos semelhantes. Para assegurar aquela *não-dominação*, os republicanos buscaram ferramentas capazes de facilitar o controle dos cidadãos sobre seus representantes, e capazes, ao mesmo tempo, de tornar possível uma expressão mais plena deles[12].

---

11. Convém notar que os compromissos do republicanismo podem (e costumam) estender-se para além do estabelecimento de certos procedimentos e certas condições básicas para a obtenção da liberdade política. De fato, o republicanismo pode defender também a adoção de certas decisões específicas essenciais por parte dos funcionários públicos (por exemplo, a promoção de um sentimento de integração com a comunidade) ou de uma forma particular de argumentar na discussão sobre como utilizar a coerção estatal.

12. Em princípio, a exclusiva elaboração de uma constituição republicana era vista como uma necessidade imperiosa. Para John Adams, por exemplo, a adoção de uma constituição republicana poderia ajudar a introduzir "o conhecimento entre o povo". Essa constituição – continuava – inspiraria essas pessoas a "transformarem-se em homens livres; [e ajudaria a] ocorrer uma concorrência geral, em que o bom humor, a sociabilidade, as boas maneiras, a boa moral [chegariam a se transformar em] hábitos comuns". "É a forma de governo – concluía Adams – que dá a cor decisiva aos modos do povo, mais que qualquer outra coisa." Citado em Wood (1969), pp. 119-20.

Em Roma, por exemplo, "[o] ponto-chave do tipo ideal da *res publica* – segundo Haakonssen – era o de que o povo (*populus*, dando o adjetivo *publicus*) tivesse a palavra decisiva na organização do âmbito público"[13]. Em consonância com esse ideal, um incipiente republicanismo surgido nas primeiras comunas italianas formadas nos séculos XI e XII, bem como em Florença e Veneza durante a época do Renascimento, recorreu a sistemas de loteria para a seleção de funcionários públicos: por um lado, esse mecanismo parecia garantir, melhor que qualquer outro alternativo, uma adequada representação da sociedade, e, por outro, uma desejada neutralidade na seleção dos funcionários, ante os riscos impostos pelo estilo faccional que caracterizava a política local[14]. Maquiavel, por sua vez, considerava também que o povo devia se envolver ativamente na aceitação ou na rejeição dos planos de governo propostos por seus líderes. Em suma – dizia ele em seus *Discorsi* – os estados livres são aqueles afastados de toda servidão externa e, ao mesmo tempo, capazes de governar a si mesmos, de acordo com sua própria vontade. A partir de critérios semelhantes, muitos republicanos ingleses (nitidamente a partir do final do século XVII) tenderam a defender, por exemplo, uma ampliação dos direitos políticos (restritos nessa época a uma pequeníssima elite), e a reivindicar uma maior freqüência à convocação dessa cidadania para as eleições políticas (esse último aspecto, em especial, contra o espaçamento dos comícios reivindicado pelo conservadorismo). Em muitos estados norte-americanos, foram defendidas, por razões semelhantes – e normalmente também sob a inspiração do radicalismo inglês: a convocação de eleições anuais ("quan-

---

13. Haakonssen (1993), p. 569.
14. Manin (1997), cap. 2. Em um interessante estudo sobre as cidades-república italianas, Q. Skinner (1992b) faz referência tanto à importância que era atribuída então à idéia de autogoverno local quanto ao caos e à estabilidade com que tenderam a ser identificadas tais experiências. Skinner opõe também o estrito princípio segundo o qual todos os cargos públicos deviam ser eletivos às fortes restrições ao sufrágio então predominantes.

do acabam as eleições anuais – afirmavam –, começa a escravidão"); a adoção de métodos de rotatividade obrigatória nos cargos (um método que já havia sido empregado na antiga Grécia e no republicanismo florentino para impedir que os cidadãos eleitos pudessem chegar a abusar de suas posições de poder)[15]; instruções para os representantes (com o objetivo de limitar sua discricionariedade deles em suas decisões); ou direitos de revogação dos mandatos (a serem utilizados contra os mandatários que desafiassem as demandas de seus eleitores e os compromissos assumidos perante eles)[16].

Com essas instituições destinadas a assegurar a independência dos cidadãos – e a diminuir, assim, os riscos de abuso por parte dos governantes –, os republicanos tende-

---

15. A rotatividade nos cargos era defendida tanto com o intuito de assegurar uma maior abertura política (com cargos rotativos, mais cidadãos poderiam assumir controle direto dos assuntos da comunidade), quanto para impedir que os governantes, a partir de suas posições de poder, manipulassem os meios para permanecer em seus cargos por toda a vida. Nesse sentido, por exemplo, muitos estados norte-americanos, após a independência, modificaram suas constituições para incluir, entre outras coisas, cláusulas desse tipo. Nas constituições de Nova York, Delaware e Virgínia, por exemplo, foi regulamentada a possibilidade de reeleição dos senadores. Na Pensilvânia essa possibilidade foi restringida inclusive para a Câmara dos Deputados. Em todos os estados mencionados, além da Carolina do Norte e Geórgia, também foi imposta a rotatividade obrigatória do governador e dos mais altos funcionários do Executivo.

16. Muito antes, no âmbito britânico, tinha se começado a defender práticas semelhantes. Em seu famoso livro *Oceana*, publicado em 1656, James Harrington havia defendido, por exemplo, a obrigatoriedade da rotatividade nos cargos públicos. O inglês James Burgh e seu discípulo John Cartwright tinham se pronunciado, também, por uma estrita subordinação dos representantes a seus representados. O radical Joseph Priestley, no mesmo sentido, defendeu a adoção de instruções obrigatórias aos representantes, a fim de assegurar uma estreita relação entre eleitores e eleitos. Essa vinculação tão próxima obrigaria os representantes a se absterem, "por um senso de pudor, de propor ou aceitar [qualquer tipo] de medidas que os eleitores não aprovariam". Reiterando essas reivindicações, muitos estados norte-americanos pediram a inclusão de instruções e direitos de revogação, na própria constituição, quando ela foi posta em ratificação popular. Analiso esse tipo de recurso institucional em Gargarella (1995 e 1996).

ram a defender uma organização institucional *que incentivasse a discussão pública em torno do bem comum*, um objetivo que podia ser alcançado tanto por meio do sistema educacional como por meio do próprio sistema político. A discussão sobre o bem comum era vista, em suma, como uma forma de servir ao autogoverno – de dar voz à cidadania sobre o modo de organização de sua comunidade[17]. A forma encontrada na Roma antiga para garantir uma legislação protetora do bem comum foi a de recorrer a um governo misto: uma assembléia controlada pela nobreza, outra controlada pelo "povo comum", e a obrigação de que as decisões fossem o resultado de um acordo entre ambos os corpos. A idéia de uma "constituição mista", desse modo, passou a se transformar em "símbolo institucional" do republicanismo. No entanto, de maneira curiosa, quando observamos o republicanismo norte-americano do final do século XVIII, percebemos que uma de suas principais bandeiras políticas foi, justamente, a reação contra o modelo da "constituição mista". Esse modelo era identificado com o constitucionalismo inglês, e só por isso objeto de imediato repúdio. De fato, a principal e mais influente crítica dos republicanos ao sistema institucional defendido pelo conservadorismo norte-americano foi, exatamente, a crítica ao caráter "aristocrático" da constituição proposta: nada justificava dar tanto poder às minorias mais poderosas da nação[18].

Além disso, os republicanos mais radicais tenderam a se opor a qualquer idéia de "balanço" ou "equilíbrio" na nova constituição, sobretudo na medida em que isso implicava cercear de algum modo os poderes da legislatura. Porém,

---

17. Por outro lado, cabe registrar que essa defesa da discussão pública sobre o bem comum implica, entre outras coisas, rejeitar a visão "pluralista" da democracia, segundo a qual "os interesses primários dos cidadãos aparecem como pré-políticos, e a política, de modo correspondente, é um meio secundário e instrumental para a proteção ou para o avanço daqueles interesses 'exógenos'". Michelman (1988), p. 1.503.

18. Nesse sentido, nenhuma instituição sofreu maiores ataques por parte do republicanismo que o Senado, que era visto, simplesmente, como um órgão a serviço dos grupos privilegiados da sociedade.

esse tipo de crítica significa que não podemos considerar os republicanos nos Estados Unidos como "genuinamente republicanos"? Não creio. Diria, apenas, que o objetivo de honrar o "autogoverno" foi identificado com diferentes soluções institucionais em distintas épocas.

Em suma, para o republicanismo, o que distingue a política é, "como disseram Arendt e Aristóteles [...] a possibilidade de uma intervenção ativa, compartilhada, coletiva, deliberada, em nosso próprio destino, no que seria, de outro modo, o mero subproduto de decisões privadas. [Isso porque] só na vida pública podemos, de forma conjunta, e como uma comunidade, exercer nossa capacidade humana para 'pensar o que fazemos' e encarregar-nos da história com a qual estamos constantemente comprometidos"[19].

Em sua habitual defesa das virtudes cívicas, os republicanos preocuparam-se também em assegurar o estabelecimento de um tipo particular de *organização econômica, eficaz para o surgimento de tais virtudes*. Assim, por exemplo, alguns pensadores republicanos defenderam o estabelecimento de uma "república agrária" ou, em outros casos, de uma "república de artesãos", na qual os indivíduos podiam chegar a ter uma relação mais próxima com os meios de produção, e na qual seria mais fácil prevalecerem os valores mais apreciados pelo republicanismo. Por razões semelhantes, os republicanos acostumaram-se a considerar de forma crítica aquelas sociedades organizadas a partir da indústria ou do comércio, dado que, segundo entendiam, essas sociedades tenderiam a incentivar o desenvolvimento de qualidades não valiosas, como a cobiça ou a ânsia por lucro.

Um excelente exemplo do que foi destacado é apresentado pelo inglês James Harrington, que, já em 1656, pronunciava-se a favor de reorganizar a vida econômica de sua comunidade, com a finalidade de pô-la a serviço da república. Harrington defendeu, nesse sentido, a adoção de normas estritas destinadas a limitar a aquisição de terras e, as-

---

19. Pitkin (1981).

sim, as profundas desigualdades na riqueza. Seu ideal de república, manifestado em sua obra *Oceana*, vinculava-se a uma sociedade igualitária, com cidadãos dedicados fundamentalmente à agricultura.

No âmbito americano, muitos republicanos pareceram adotar um modelo ideal semelhante. Distinguimos assim, notavelmente, o caso de Thomas Jefferson, e sua firme convicção de que devia ser organizada uma república agrária, dado que só dessa forma poderiam ser obtidos bons cidadãos. Em suas "Notas sobre el Estado de Virginia" escritas em 1787, Jefferson criticava o desenvolvimento industrial incipiente de seu país, e recomendava a importação de bens manufaturados. Isso era preferível, dizia ele, ao incentivo da corrupção moral e às formas de comportamento que normalmente apareciam associadas à produção de manufaturas. Em um sentido análogo, John Adams declarava o seguinte: "[A] virtude e a simplicidade de modos são indispensáveis em uma república, em todas as ordens e grau humanos. [No entanto – continuava ele – encontramos] tanta corrupção e venalidade, tanta avareza e ambição [...] que às vezes duvido que exista o grau de virtude pública necessário para a manutenção da república"[20].

Para Jefferson, bem como para muitos republicanos, a defesa de uma organização da economia específica, como a economia agrária (afastada da indústria e do comércio), não só ajudaria o desenvolvimento de certas qualidades de caráter, mas também seria benéfica ao permitir a manutenção de relações mais ou menos igualitárias dentro da sociedade. Desse modo, uma economia agrária limitaria a influência perniciosa do dinheiro sobre os cidadãos e no poder. "Se houvesse algo assim como uma igualdade [na distribuição de] propriedades – afirmavam os antifederalistas norte-americanos –, isso ajudaria muito na preservação da liberdade civil." "O luxo – acrescentavam – é sempre proporcional

---

20. Citado em Sandel (1996)

à desigualdade de riqueza."[21] Nesse sentido, o também antifederalista Charles Lee propunha chegar a uma "Esparta igualitária", uma sociedade simples, agrária e livre dos efeitos perniciosos do comércio. Com as limitações antes assinaladas, os republicanos viam nesse igualitarismo um meio seguro para o estabelecimento de uma sociedade mais unida e homogênea.

Contudo, e para compreender os verdadeiros (e, a bem dizer, preocupantes) alcances das demandas do republicanismo, convém enfatizar o que estava implicado nelas: é razoável, para essa concepção, *utilizar o aparato coercitivo do Estado diretamente para o "cultivo" de certas virtudes e o desestímulo de outras*. Ou seja, para o republicanismo é aceitável que o Estado se comprometa de forma ativa com certo(s) modelo(s) de excelência humana. Essa reivindicação, deve-se alertar, significa um desafio direto a outras concepções teóricas, pelo menos também atendíveis, e por certo mais difundidas que a republicana (por exemplo, e como vimos, a teoria liberal), que alega o seguinte: a forma como se organizam a política, a economia, a educação em uma sociedade justa deve ser *compatível*, em princípio, com a possibilidade de as pessoas adotarem *qualquer* modelo de virtude pessoal que considerem adequado. Inclusive, poderia ser defendido de modo plausível que as instituições (mais que serem meramente compatíveis com qualquer modelo de virtude pessoal) fossem orientadas, fundamentalmente, para *tornar possível* às pessoas poderem optar pelo (e desenvolverem de forma livre o) modelo de vida que preferissem.

Uma formulação clara da abrangência do compromisso republicano com certo ideal de excelência humana aparece, por exemplo, nas palavras do citado Charles Lee. Para Lee, os cidadãos deviam ser "instruídos desde sua mais tenra infância para considerarem-se como propriedade do Estado [...] para estarem sempre dispostos a sacrificar suas preocupações a favor dos interesses daquele". O que Lee

---

21. Declarações citadas em Wood (1969), p. 70.

afirma representava uma amostra mais ou menos habitual do pensamento próprio do antifederalismo norte-americano[22].

Para autores como Sandel, esse tipo de compromisso republicano teria marcado a história dos Estados Unidos, pelo menos até o início do século [XX][23], época em que teriam começado a predominar ideais mais peculiares da tradição liberal (tradição que descreve como "neutralista" e "procedimentalista")[24]. Essa história estaria repleta de exemplos capazes de nos mostrar o alcance efetivo do republicanismo em seu pressuposto segundo o qual o caráter moral dos indivíduos é uma questão de interesse público, e não

---

22. Citado em G. Wood (1969), p. 53.

23. Sobre o período de fundação do constitucionalismo norte-americano, os melhores exemplos do republicanismo original, suas implicações e suas conseqüências jurídicas estão no excelente trabalho de Wood. Segundo o historiador, no contexto do republicanismo norte-americano, a primazia das políticas do bem comum era óbvia. Em sua opinião, "[o] sacrifício dos interesses individuais em benefício do bem maior da totalidade constituiu a essência do republicanismo, vindo a representar, para os americanos, o objetivo idealista de sua Revolução" [Wood (1969), pp. 63-4)]. As partes – dizia-se então – deviam ser consideradas como inferiores ao todo, e seus interesses subordinados aos interesses da totalidade. De acordo com sua análise, por volta do final do século XVIII, os republicanos não concebiam os direitos individuais tal como hoje tendemos a concebê-los. Postos diante da vontade da maioria, era óbvio que tais direitos deviam ser cedidos até dar prioridade às políticas em prol da comunidade. Para eles, portanto, não foi preocupante o fato de, após a revolução, alguns direitos serem fortemente restringidos. Assim, e a partir de tais pressupostos, alguns republicanos sugeriram a adoção de leis agrárias destinadas a estabelecer claros limites sobre a propriedade privada, e outros chegaram a propor normas contra os bens suntuosos, o luxo e os gastos extravagantes em bens de uso pessoal. Por fim, outros não reconheceram nenhuma contradição entre sua defesa de amplas margens de liberdade individual e a adoção de leis muito estritas contra os denominados "libelos difamatórios". (Ibid., pp. 63-4).

24. Contra as propostas sugeridas pelo republicanismo, e de acordo com Sandel, o liberalismo apareceria comprometido de modo exclusivo com o estabelecimento de um marco eqüitativo – um simples esquema de *procedimentos* –, a partir do qual cada indivíduo pudesse, livremente, escolher os valores que preferisse. Segundo Sandel, o liberalismo pretende manter-se "neutro" em relação aos distintos valores que os indivíduos podem aprovar, e considera inaceitável a possibilidade de estimular ou desestimular a adoção de ideais do bem mediante o uso do aparato coercitivo do Estado.

privado[25]. Sandel alude, assim, por exemplo, ao modo como o pensamento constitucional passou de uma aproximação à *liberdade religiosa*, entendida como "liberdade de consciência em uma área que todos consideram de especial importância", a um enfoque que começou a julgar essa liberdade como fazendo parte de um direito mais amplo à liberdade de escolha no âmbito pessoal. Do mesmo modo, Sandel mostra como o constitucionalismo passou de uma defesa da *privacidade*, como uma forma de estimular certas instituições sociais (por exemplo, o casamento), a um enfoque que a defendeu como modo de proteger a autonomia individual; ou como foi deixada de lado uma jurisprudência capaz de amparar certas sanções contra aqueles que causavam *ofensa aos símbolos pátrios*[26], para começar a defender uma jurisprudência preservadora da neutralidade estatal[27].

Em seu declarado respaldo a instituições direcionadas a promover a discussão pública sobre o bem comum, mecanismos capazes de dar maior voz à cidadania, uma economia a serviço da virtude cívica, ou o uso da coerção estatal para preservar (por acaso) determinada religião, ou estimular a identificação dos cidadãos com sua comunidade, o republicanismo surge como uma concepção claramente anti-

---

25. Ver também Pettit (1998).

26. Sandel pensa, sobretudo, em casos como "Minersville School District vs. Gobitis" (310 U.S 586, 1940), no qual a Corte deliberou a expulsão de uma criança de sua escola por ter se negado a saudar a bandeira. O juiz Frankfurter, nesse caso, recorreu a considerações republicanas para determinar que o Estado podia requerer a saudação à bandeira como meio de incutir nos cidadãos mais jovens o sentimento de coesão social de que a liberdade dependia. Sandel (1997), pp. 4-5.

27. Sandel refere-se também ao impacto dessa forma de pensar "liberal" nos modos habituais de fazer política na atualidade norte-americana: uma prática política que parece dar mais espaço à negociação entre grupos de interesses do que à cooperação e à discussão pública como meios privilegiados na busca do bem comum. O abandono dessa última atitude apareceria de novo vinculado – segundo Sandel – ao afã liberal de defesa da neutralidade: o Estado neutro-liberal não aceita pôr sob apuração o valor dos diferentes interesses em jogo. Todos eles, em princípio, contam como interesses aceitáveis sujeitos ao jogo político.

liberal[28]. Na seção seguinte, vamos nos ocupar em examinar com mais detalhe essa afirmação.

O republicanismo contra o liberalismo

A análise apresentada na seção anterior ajuda-nos a reconhecer quais são as principais diferenças que separam republicanos de liberais. Fundamentalmente, o republicanismo tenta dissipar qualquer distinção drástica entre o âmbito do público e do privado: dado o principal interesse republicano em contar com uma cidadania ativa, comprometida com a saúde política do Estado, eram justificáveis, portanto, as tentativas de promover certas qualidades de caráter nos indivíduos. O liberalismo, pelo contrário, surge em geral caracterizado por uma atitude diretamente oposta: a pretensão de distinguir, do modo mais firme e taxativo possível, as esferas do público e do privado; do político e do pessoal. Para o liberalismo, os indivíduos preexistem a qualquer organização social, e são mais importantes que os grupos aos quais podem pertencer. Como seres "independentes" e "separados" entre si, merecem ser protegidos contra qualquer sacrifício que se pretenda impor-lhes em nome dos demais. Nesse sentido, o liberalismo exige comumente que o Estado não interfira na moral privada dos indivíduos. Em particular, o liberalismo interessa-se em "blindar" ou "encouraçar" a vida pessoal de cada um contra as preferências circunstanciais que sobre isso um governo de plantão possa ter (exigindo, por exemplo, cidadãos ativos, ou valorosos, ou religiosos, ou castos). Esse tipo de exercício a favor da neutralidade faz que se associe o liberalismo a uma "arte da separação". Isso em contraposição a uma visão orgânica da sociedade, mais afim com o republicanismo, na qual a sociedade é vista como um todo cujas

---

28. Ver, também, a respeito, Offe e Preuss (1991).

partes devem conviver de maneira harmônica e integradas entre si[29].

As considerações anteriores vinculam-se a, e nos ajudam a reconhecer outra diferença fundamental entre as concepções republicanas e as liberais: o modo muito diferente como analisam a relação entre os direitos individuais e as políticas destinadas a maximizar o bem-estar geral[30]. O tema é importante, dado que, para o liberalismo, essas políticas para o bem comum devem reconhecer um limite intransponível nos direitos individuais. Para R. Dworkin, os direitos devem ser vistos como "trunfos" contra as pretensões majoritárias. Tanto é assim que, no caso de a norma em questão não ter essa capacidade de "bloqueio" a políticas destinadas a maximizar o bem-estar geral, isso deve ser considerado como uma mostra de que não estamos diante de um direito. Para o republicanismo, por outro lado, essa relação deve ser vista de maneira inversa: os direitos devem encontrar seu limite nas políticas de bem-estar geral.

A posição do liberalismo em matéria de direitos tem sua origem provavelmente na ameaça mais temida por essa concepção: a "tirania da maioria". A partir de tal risco, preocupa-se em manter um conjunto de direitos individuais invioláveis e, a partir disso, também concebe a liberdade como "liberdade contra a vontade democrática" – ou seja, como limite, e não como continuidade à política democrática[31]. O republicanismo, pelo contrário, busca mais

---

29. Segundo Charles Larmore, "O liberalismo é visto [...] como uma 'arte da separação' oposta à idéia da sociedade como um todo orgânico. Essa visão encontra sua exposição paradigmática nas teorias da tolerância de Bodin, Locke e Bayle, para os quais a importância suprema da religião é compatível com o fato de o Estado direcionar-se mais para assegurar a paz civil do que para a salvação. E foi o objeto de críticas por parte de inúmeros pensadores políticos, de Rousseau a Marx, e outros tantos, que, vendo nessa diferenciação entre âmbitos um caminho aberto para a 'alienação', tenderam a defender o homem como 'totalidade'." Larmore (1987), p. 76. Ver a respeito, fundamentalmente, Walzer (1984).

30. Nesse ponto, mais uma vez é reconhecido o vínculo existente entre o pensamento republicano e o comunitarista em sua crítica ao liberalismo.

31. Sandel (1996), cap. 2. Ver, especialmente, Skinner (1998), cap. 2.

apoiar-se na (do que por limites à) vontade majoritária. A principal ameaça, nesse caso, parece provir da potencial ameaça de minorias opressoras. A partir dessa cosmovisão, o republicanismo tende a conceber a liberdade não como liberdade contra as maiorias, mas como conseqüência do autogoverno da comunidade. Segundo Sandel: "Sou livre na medida em que sou membro de uma comunidade que controla seu próprio destino, e participante nas decisões que governam seus assuntos."[32] No mesmo sentido, Q. Skinner afirma que "uma república autogovernada é o único tipo de regime sob o qual uma comunidade pode esperar obter grandeza, garantindo, ao mesmo tempo, a liberdade individual de seus cidadãos"[33]. O ideal do autogoverno – objeto central da política republicana – parece rejeitado, em contrapartida, pela política liberal: uma ênfase nele tenderia a abrir a porta para aquela temida ameaça tirânica das maiorias.

Charles Taylor retoma as proposições anteriores, mas as reformula do seguinte modo. Para ele, os liberais tenderam a passar por cima dos ensinamentos republicanos e, em particular, do que denomina "tese republicana". De acordo com essa tese, a manutenção de uma sociedade livre requer, sobretudo, o "patriotismo"[34] – requer de seus membros um alto grau de identificação com os interesses da comunidade em que vivem[35]. Para Taylor, "a liberdade apóia-se na solidarieda-

---

32. Ibid., p. 26.
33. Skinner (1986), p. 241.
34. O patriotismo significa, mais especificamente, que "não estou dedicado à defesa da liberdade de qualquer um, mas que sinto um laço de solidariedade com meus compatriotas em nosso empreendimento comum". Taylor (1995), p. 166.
35. Ao contrário de Skinner, entretanto, Taylor reconhece a capacidade do liberalismo (igualitário) para sair da interferência de muitas das principais críticas republicanas. Em particular, Taylor reconhece que os liberais não excluem o uso de determinadas noções do bem comum: embora seja verdade que os liberais – ao exigir uma neutralidade estatal – exigem que o Estado não intervenha na escolha de cada um sobre sua concepção do bem, eles não excluem (e mais, requerem) a possibilidade de acordos sobre o bem, entendido este em um sentido amplo: acordos sobre "uma regra de direito", algo que também pode ser considerado um "bem compartilhado extremamente importante". Taylor (1995), p. 172; Patten (1996), p. 38.

de republicana": os regimes livres, ao contrário dos que não são, requerem o compromisso de seus membros na vida pública – a identificação com uma causa comum[36].

Como resultado dos mencionados contrastes, ambas as tradições (a liberal e a republicana) mostram preocupações muito diferentes quanto às relações entre os indivíduos e sua comunidade. Em primeiro lugar, alguns republicanos afirmam a necessidade de os indivíduos começarem a "colocar seus deveres [de participar ativamente na vida política da comunidade] acima de seus direitos"[37]. Alinhados a essa exigência, eles reconhecem também a possibilidade de o Estado utilizar seu poder coercitivo para "forçar o povo a ser livre" – expurgando, assim, da sociedade "os parâmetros habituais de uma conduta egoísta, e forçando o povo a cumprir todo o leque de seus deveres cívicos"[38]. Obviamente, isso significa que o Estado liberal abandona uma

---

36. Ibid., pp. 192-3. Para Taylor, o patriotismo continua cumprindo uma função muito importante para a manutenção da liberdade, por exemplo, quando leva os cidadãos a reagir escandalizados contra certos abusos das autoridades. Como exemplo desse tipo de reações, menciona o modo como os cidadãos norte-americanos responderam ao escândalo de Watergate (e, em menor parte, ao escândalo Irã-Contras); e, como exemplo da falta de reações adequadas, cita o caso da Argentina (e sua tolerância com os "desaparecimentos" perpetrados pelos governos militares) e o do Chile (e a tolerância com o regime de Pinochet). Taylor admite que o patriotismo é responsável também "por muitos males" – podendo tomar a forma, por exemplo, de um virulento nacionalismo. No entanto, ainda assim, continua defendendo que seus efeitos benignos foram "essenciais para a manutenção de uma democracia liberal". Ibid., pp. 195-6.
37. Skinner (1986), p. 250. Skinner apresenta sua posição polemizando com a idéia de Dworkin, segundo a qual os direitos devem ser entendidos como "trunfos" perante as reivindicações das maiorias.
38. Ibid., em especial, pp. 244-6. Nesse ponto, Skinner contrapõe a posição republicana à tradição contratualista, e salienta que: *"Para Hobbes, por exemplo, ou para Locke, a lei preserva nossa liberdade essencialmente por meio da coerção de outras pessoas.* Impede-as de interferir em nossos direitos, ajuda-nos a traçar um círculo ao redor de cada um de nós, um círculo que os demais não podem ultrapassar, e que me impede, ao mesmo tempo, de interferir, da mesma forma, na liberdade dos demais. Em contrapartida, *para um teórico como Maquiavel, a lei preserva nossa liberdade não só por meio da coerção de outro, mas também, diretamente, coagindo cada um de nós a atuar de modo particular. A lei, portanto, também é usada para forçar-nos a sair dos parâmetros habituais do comportamento egoísta, para forçar-nos a cumprir todo o leque de nossos deveres cívicos."* O itálico é meu.

de suas pretensões mais habituais, que é a de o Estado se manter *neutro* quanto às concepções do bem que seus membros escolhem[39]. Todas essas considerações levam-nos, enfim, a reconhecer uma das reivindicações distintivas do republicanismo ao longo de toda sua história: a de subordinar a organização política e econômica da sociedade à obtenção de bons cidadãos – uma pretensão que sempre tendeu a ser rejeitada pelo liberalismo[40].

Republicanismo e comunitarismo

A descrição apresentada até aqui sobre o republicanismo mostra-nos significativos pontos de contato entre essa

---

39. Patten (1996), p. 42.
40. Sandel resumiu os desacordos entre ambas as correntes do seguinte modo: "O liberal começa perguntando-se de que modo o governo deveria tratar seus cidadãos, e procura obter princípios de justiça capazes de tratar as pessoas de modo eqüitativo em sua busca de diferentes interesses e fins. O republicano começa perguntando-se de que modo os cidadãos podem alcançar seu autogoverno, e procura obter as formas políticas e as condições sociais que promovam seu exercício significativo." Ver Sandel (1996), p. 27. Do mesmo modo, Skinner afirma que, para o republicanismo, a maximização da liberdade requer que indivíduos decididos entreguem sua vida, incondicionalmente, à causa pública. O ideal do bem comum deve ser posto acima de qualquer outra consideração relacionada à obtenção de benefícios individuais [Skinner (1992)]. Mas por que é tão necessária – de acordo com a apresentação feita por Skinner – essa defesa prioritária do bem comum? Em primeiro lugar, porque, para o republicanismo (pelo menos para o republicanismo "clássico"), só uma cidadania que privilegie os destinos de sua comunidade acima dos próprios pode defender sua comunidade contra as forças externas que a ameaçam. E parece claro que, se a própria comunidade cai subjugada a outras externas, então a liberdade e até a vida de seus membros ficam expostas aos piores riscos. Em segundo lugar, contar com uma cidadania ativa também é indispensável para evitar que a comunidade fique à mercê da ambição de alguns governantes ou da voracidade de certas facções. A partir desses pressupostos, o republicanismo ("clássico") pôde considerar "indispensável para a manutenção de um governo livre que todo o corpo político dos cidadãos esteja imbuído de um senso da virtude pública tão poderoso que não possa ser corrompido nem obrigado por forças externas ou ambições faccio-sas que solapem o bem comum" (ibid., p. 110). Se o cidadão não reunisse as condições indicadas – conclui Skinner –, falaríamos de "um cidadão corrupto, em oposição a virtuoso; e o preço da corrupção é sempre a escravidão. O único caminho que leva à liberdade individual [então] é a via do serviço público" (ibid.).

concepção e as correntes de pensamento comunitaristas, ressurgidas nos anos 1980 (como continuação de tradições teóricas anteriores de origem hegeliana). Obviamente, é preciso examinar essas possíveis coincidências com cuidado, já que são tantas as versões diferentes do republicanismo e, sobretudo, do comunitarismo, que sempre será possível, em princípio, encontrar alguma versão de uma e de outra concepção que coincidam ou que difiram de forma radical. De qualquer maneira, pode-se pensar que, se considerarmos um certo "mínimo denominador comum" do republicanismo e um "mínimo denominador comum" do comunitarismo (admitindo que é possível encontrar tais "mínimos comuns"), sempre tenderemos a encontrar uma margem de coincidências importantes entre ambas as posturas.

Pensando nessas possíveis coincidências, poderíamos apontar as seguintes. Antes de mais nada, e como vimos, o republicanismo surge ligado ao comunitarismo em sua crítica ao pensamento liberal. Essa vinculação não tem a ver apenas com o fato de terem um "inimigo comum" para enfrentar. Mas inclusive, e o que é mais importante, por apontarem para o mesmo "alvo", a partir de razões comuns – isto é, a partir da forma semelhante como encaram muitos dos problemas mais importantes de nossas sociedades. Comunitaristas e republicanos coincidem, em primeiro lugar, ao criticar o liberalismo por seu individualismo, seu "atomismo". Coincidem em sua peculiar visão da liberdade (a liberdade não deve ser vista como uma mera "liberdade contra o Estado", nem como liberdade contra a "tirania das maiorias"). Coincidem também na prioridade que dão às políticas em favor do bem comum, uma prioridade que ainda permite a eles justificar a transferência de direitos individuais fundamentais em nome dos interesses gerais. Ambas as concepções dão um lugar principal à "ética das virtudes". Ambas valorizam, em particular, certas virtudes cívicas que consideram indispensáveis para a manutenção da boa ordem pública e, assim, a manutenção do ideal do autogoverno.

Para honrar as virtudes que privilegiam (e a partir da visão que têm sobre o conceito de bem comum – direitos individuais), tanto o republicanismo quanto o comunitarismo aceitam que o Estado esteja comprometido com uma certa concepção do bem e propõem que abandone sua pretensão de neutralidade valorativa. Para essas correntes de pensamento, não é insensato que o Estado faça uso de seu poder coercitivo no âmbito da (que seria denominada pelo liberalismo) moral privada; que organize as instituições políticas e a economia de tal modo que sejam postas a serviço de certo ideal da cidadania; que estimule ou desestimule, assim, determinadas concepções do bem.

Apesar do que foi dito, as coincidências entre republicanos e comunitaristas apresentam limites significativos. Um primeiro ponto de desencontro que pode ser mencionado relaciona-se ao modo como tais concepções vinculam-se à história e às tradições próprias da comunidade: como avaliar essas tradições? Até que ponto respeitá-las? Por um lado, muitos comunitaristas concordam em destacar que a melhor orientação para tomar decisões futuras está justamente no passado: devemos voltar nosso olhar para trás e tentar encontrar as respostas que buscamos nas melhores ou mais sedimentadas tradições de nossa comunidade. Para muitos comunitaristas, na hora de decidir qual é o modelo de vida – o ideal do bem – que vamos seguir, nossa pergunta deve tender a responder, de maneira prioritária, questões do tipo: "De onde venho?", "A qual comunidade pertenço?". O republicanismo, entretanto, não parece comprometido de jeito nenhum com esse tipo de olhar para o passado. Irá se espelhar no passado, de qualquer modo, em busca de exemplos valiosos, se houver algum. Porém, é claro que a preocupação republicana não terá uma "sustentação" *necessária* no passado. Nossa pergunta principal, como membros de uma mesma comunidade, continuará sendo uma pergunta aberta ao futuro: "Que tipo de comunidade queremos construir?", "O que, em termos coletivos, desejamos chegar a ser?". Nesse sentido, a resposta republicana estará, em princípio, livre das amarras do passado.

Pelo que foi dito, e contra a idéia (em geral associada ao comunitarismo) segundo a qual a identidade das pessoas é *definida* a partir do fato de pertencer a determinada comunidade – a partir de sua inserção em uma "narrativa" que transcende sua própria vida –, o republicanismo tenderá a vincular essa definição da identidade ao que se conclua a partir de um diálogo que se ponha em prática hoje: a comunidade vivente – as gerações atuais – deve ter autonomia para decidir como quer viver[41].

De fato, muitos dos pensadores mais notáveis ligados ao republicanismo erigiram seus principais argumentos políticos contra o valor das tradições. Esse foi, tipicamente, o caso de Thomas Paine, que escreveu boa parte de seus trabalhos contra Edmund Burke e o pensamento conservador (pensamento que, junto com Burke, reivindicava as "boas tradições inglesas")[42]. Contra o conservadorismo inglês, Pai-

---

41. Distinguindo o liberalismo, o comunitarismo e o republicanismo, Q. Skinner salienta o seguinte: "O liberalismo contemporâneo, em especial em sua forma libertária, ameaça arrancar do debate público toda noção diferente do interesse egoísta e dos direitos individuais. Os moralistas que se indignam contra semelhante empobrecimento em geral supõem que a melhor alternativa é ressuscitar a idéia aristotélica de que a cidadania é essencialmente uma questão de propósitos morais compartilhados. Como Alasdair MacIntyre destacara em época recente em seu *After Virtue*: "A dicotomia moral crucial defronta o individualismo liberal, em qualquer uma de suas versões, com a tradição aristotélica. Tentei defender que essa é uma oposição falsa. A suposição aristotélica de que uma vida pública saudável deve basear-se em uma concepção objetiva do Bem não é de jeito nenhum a única alternativa de que dispomos para desafiar os pressupostos e revelar as limitações do liberalismo contemporâneo. Temos aberta a possibilidade de investigar a potencial relevância de uma teoria que nos afirma que, se pretendemos maximizar nossa liberdade pessoal, não devemos depositar nossa confiança nos príncipes; devemos, pelo contrário, encarregar-nos, nós mesmos, do debate público." Skinner (1992), na tradução de 1996, pp. 113-4.

42. Burke, de fato, insistia em sua crítica ao radicalismo de Thomas Paine ou Richard Price e à idéia de autogoverno defendida por eles, ao mesmo tempo que se pronunciava a favor das doutrinas que fossem compatíveis com as práticas sociais que tivessem sobrevivido à passagem do tempo.

ne defendeu o princípio de que cada geração tinha direito a seu autogoverno – a idéia de que "o direito dos que vivem" devia prevalecer contra "a autoridade dos mortos"[43]. Thomas Jefferson, amigo pessoal de Paine, e republicano também, baseou-se, como ele, na idéia de que "a terra pertencia aos que estavam vivos". Como Paine, Jefferson opôs-se à possibilidade de que "a mão morta do passado" tencionasse continuar governando as gerações presentes: nem as melhores tradições, nem sequer os documentos constitucionais escritos pelas gerações anteriores, deviam ser preservados como uma autoridade indiscutível depois de um tempo prudente (sendo este, por exemplo, o tempo próprio da geração que tivesse redigido tal documento constitucional)[44]. A partir dessas citações, podemos reconhecer uma linha de pensamento republicana coerente, e claramente anticomunitarista (pelo menos, considerando versões mais ou menos centrais do comunitarismo)[45].

O que foi dito também nos remete a outro ponto, relativo ao âmbito de coincidências que vinculam o republicanismo ao comunitarismo. Conforme ressaltamos anteriormente, ambas as concepções pareciam coincidir na proposta de que o Estado se comprometesse com determinados valores morais, para pôr seu aparato coercitivo a serviço deles. No entanto, também ficaram sugeridas as diferenças que

---

43. Analiso esses debates em Gargarella (1995), cap. 1, p. 44. Ver, a respeito, Holmes (1988).
44. Ver, a respeito, Holmes (1988).
45. Assim, para o republicanismo, a veneração das tradições tendeu a ser vista, em princípio, como contrária ao ideal do autogoverno, como uma maneira habitual e sempre repudiável de obstacularizar a concretização desse ideal. A rejeição republicana das tradições também não significou, de qualquer modo, uma rejeição indiscriminada a elas. Muitos autores republicanos recorreram, de fato, a certas tradições de pensamento (por exemplo, certas tradições dentro do pensamento clássico), como o próprio Paine pôde recorrer às "genuínas" tradições inglesas (que ele considerava sem dúvida nenhuma igualitárias), contra as tradições conservadoras às quais recorria Burke. Mas esse foi, em todo caso, um uso instrumental, estratégico, das tradições: algumas tradições tinham sentido à medida que estivessem a serviço da causa do autogoverno.

separam ambas as posturas, apesar daquela coincidência inicial. De fato, o republicanismo não precisa se comprometer com o respeito de uma concepção moral vigorosa, mas com certos valores, em todo caso, "institucionalmente circunscritos". Pode desinteressar-se, em princípio, do modo particular como vivem os cidadãos, de seus ideais do bem, das práticas que adotam ou deixam de lado, do modo como se relacionam com os demais, enquanto e desde que preservem um compromisso ativo com o bem público, com o destino dos demais e, por isso, com o destino de sua comunidade. O comunitarismo, em contrapartida, não se mantém indiferente àquelas áreas da moral: as escolhas mais intimamente vinculadas com minha vida privada podem ser, em princípio, aceitáveis ou reprováveis, de acordo com o mundo moral em que estou inserido. Chegando nesse ponto, um bom resumo das diferenças que separam comunitaristas e republicanos nesse campo poderia ser o seguinte:

> Um traço notável do republicanismo tradicional é o de que, apesar de tudo, seu discurso em relação às virtudes raramente apresenta algo que possa ser chamado teoria moral. Em todo caso, pode haver uma invocação de Aristóteles ou de algumas idéias neo-estóicas para apoiar o que é, em suma, pouco mais que uma idéia intuitiva e tradicionalista sobre a totalidade do caráter que se exige do cidadão independente. De qualquer forma, essas partes do caráter total estão em boa parte determinadas a partir das funções públicas ou dos cargos requeridos pelo mecanismo constitucional republicano. Evidentemente, enfatiza-se o respeito das formas republicanas e, nesse sentido, acaba-se incluindo um *ethos* republicano. Mas isso está muito longe do modo de vida ético detalhado pelos comunitaristas e outros moralistas contemporâneos. Os tradicionais ataques republicanos contra a "corrupção" e o "luxo" tinham muito pouco a ver com a imoralidade como tal, sendo muito mais protestos contra a possibilidade de misturar a própria vida privada, seja esta boa ou má, com o âmbito público, e em especial em questões econômicas. Daí que a virtude republicana represente uma visão parcial e institucionalmente circunscrita da vida moral,

e a república constitua a institucionalização dos deveres públicos tradicionais e dos direitos a eles associados do homem de meios independentes.[46]

Um novo olhar sobre as relações entre republicanismo e liberalismo

Nas páginas anteriores, examinamos, em primeiro lugar, a existência de diferenças muito significativas entre certas vertentes do liberalismo e as versões mais comuns do republicanismo. Tais distinções entre o republicanismo e o liberalismo pareciam colocar ambos mais como concepções antitéticas. Nesta seção, gostaria de examinar a plausibilidade dessa afirmação: até que ponto – vai me interessar saber – o republicanismo e o liberalismo representam teorias antagônicas?

Deve-se alertar que, quando comparamos (em uma segunda etapa de nossa tarefa comparativa) o republicanismo com o comunitarismo, reconhecemos que a primeira dessas concepções abstinha-se de dar alguns passos "antiliberais" que o comunitarismo, sim, se animava a dar. Deve-se lembrar que, por exemplo, o republicanismo recusava-se a atribuir uma relevância moral especial às práticas tradicionais da comunidade, perante as decisões presentes dos membros de tal comunidade. Deve-se lembrar também que o republicanismo não parecia comprometido, como o comunitarismo, com uma concepção moral especialmente "vigorosa" (coincidindo, aqui também, com algumas das precauções próprias do liberalismo contra o comunitarismo). Deve-se pensar, além disso, que uma defesa genuína e coerente do ideal do autogoverno, como a que o republicanismo pretende assumir, pode exigir um compromisso muito forte com certos direitos "liberais" tradicionais (o direito a uma ampla liberdade de expressão, o direito à liberdade de associação etc.).

---

46. Haakonsen (1995), p. 571.

A meu ver, embora as diferenças entre o republicanismo e o liberalismo sejam inegavelmente importantes, o tipo de "antagonismo" teórico que os republicanos parecem reivindicar é muito claro só quando escolhemos, como adversário liberal, a versão mais conservadora do liberalismo. Entretanto, é duvidoso que o liberalismo igualitário defendido por autores como Rawls ou Dworkin possa ser visto como uma opção antitética à oferecida pelo republicanismo; ou como uma opção merecedora das críticas mais habituais promovidas pelo republicanismo.

Por um lado, pensemos em algumas das principais objeções republicanas[47]. Sobre isso, e em primeiro lugar, o liberalismo igualitário não é de jeito nenhum insensível às condições – e, em particular, às motivações – que são necessárias para se aproximar dos almejados ideais igualitários. Rawls, para dar um exemplo significativo, reconhece como uma condição necessária para alcançar uma sociedade justa o fato de os indivíduos possuírem um senso efetivo de justiça e, sobretudo, um desejo prioritário de se sujeitar ao cumprimento dos princípios de justiça. Em segundo lugar, também não parece certo que os liberais desconheçam a importância dos "deveres" que os cidadãos têm em relação a sua comunidade, junto com os "direitos" que defendem com insistência. A prioridade que os liberais dão aos direitos (de modo peculiar na idéia dworkiniana dos direitos como "trunfos") não é incondicional: ela se mantém "se e somente se [os direitos] tiverem prioridade justificatória na argumentação moral"[48]. Esse critério permite aos liberais reconhecer deveres sociais destinados – isso sim – à proteção e à conservação dos direitos. Em terceiro lugar, a idéia de neutralidade defendida pelo liberalismo não nega a possibilidade de se tomarem medidas que favoreçam determinada linguagem ou cultura: o que rejeita é que a justificação

---

47. Para a exposição desse ponto, tomo como base um interessante trabalho de Patten (1996).
48. Ibid., p. 32.

última de determinada política tenha a ver com o valor que é atribuído a uma concepção do bem particular.

Por outro lado, o liberalismo igualitário parece concordar com o republicanismo em muitas de suas reivindicações mais interessantes. Por exemplo, o ideal do autogoverno defendido pelo republicanismo não parece embater-se de forma direta com algumas das principais preocupações do igualitarismo. Ambas as concepções também coincidem em considerar como fazendo parte de sua missão essencial a crítica radical e a formulação de reformas para as instituições básicas da sociedade. As reformas sugeridas, em ambos os casos, destinam-se a ajudar os cidadãos a assumir maior controle sobre os destinos de sua comunidade. Deve-se pensar, por exemplo, nas explícitas propostas feitas por Rawls ou Dworkin quanto à influência do dinheiro em política. Ambos os autores, para considerarmos um exemplo relevante, criticaram com entusiasmo sentenças como "Buckley vs. Valeo"[49], em que a Suprema Corte norte-americana mostrou seu ceticismo diante das regulamentações que o legislativo pudesse estabelecer ao tentar impor limites ao dinheiro que podia ser utilizado em campanhas eleitorais. Essas críticas basearam-se não só na necessidade de assegurar uma intervenção e influência mais ampla dos cidadãos na política, mas também em uma valorização da importância da igualdade cívica e, ainda, da necessidade de reduzir os riscos de comportamentos corruptos[50]. A preocu-

---

49. 424 U.S. 1 (1976).
50. Rawls (1993), pp. 359-63. Para Rawls, nesse caso, a Corte "não reconheceu o ponto essencial, segundo o qual um procedimento político justo precisa do valor eqüitativo das liberdades políticas, e que para assegurar esse valor eqüitativo é necessário impedir que aqueles com maiores propriedades e mais dinheiro, com as maiores capacidades organizativas que os acompanham, controlem o processo eleitoral em seu próprio benefício". E acrescenta: "Se não ocorre um reconhecimento público de que a justiça do esquema geral é mantida, os cidadãos tendem a se deixar levar pelo cinismo, pelo ressentimento e pela apatia. São esses tipos de estados mentais que transformam a corrupção em um problema sério e incontrolável. Ibid., pp. 360 e 363. Ver, também, Dworkin (1996b).

pação de teóricos como os mencionados com a igualdade e com a elaboração de instituições mais igualitárias também é conhecida. De fato, os textos mais importantes de Rawls ou Dworkin destinam-se, fundamentalmente, a refletir sobre tais questões[51]. Por outro lado, autores como os citados se distinguiram também por rejeitarem de imediato (tal como faz o republicanismo contemporâneo) o "pluralismo" de grupos de interesse como concepção plausível da democracia. No caso particular de Rawls, essas discussões o levaram a aceitar diretamente um modelo *deliberativo* de democracia, que implica um óbvio e aberto compromisso com a necessidade de criar e defender fóruns públicos nos quais os cidadãos possam debater e chegar a um acordo sobre como resolver os principais conflitos que se manifestam em sua comunidade[52].

O fato de republicanos e liberais (igualitários) poderem concordar em muitas das políticas que recomendam não deveria nos surpreender: é verdade que tais concepções valorizam ideais diferentes, mas também é verdade que esses ideais têm muito em comum. Assim, enquanto o liberalismo igualitário reivindica, sobretudo, o valor da autonomia individual, o republicanismo prioriza a defesa do autogoverno coletivo. E parece claro que ambos os valores requerem, para sua materialização, que sejam tomadas decisões essencialmente semelhantes para evitar a opressão de uma minoria, favorecer a auto-expressão de cada indivíduo, assegurar a manutenção de certas liberdades básicas, ampliar os direitos políticos etc.

O leque de coincidências possíveis entre republicanos e liberais se estende quando nos concentramos (como fizemos) na versão mais igualitária do liberalismo. Recordemos, em primeiro lugar, que o liberalismo *conservador* ocupa-se fundamentalmente de potenciais ameaças do Estado con-

---

51. Ver, especialmente, os trabalhos de Dworkin sobre a igualdade e, em particular, Dworkin (1981 e 1981b).
52. Rawls (1997).

tra a liberdade "negativa" das pessoas (o direito de cada um a que não interfiram em sua vida). Nesse sentido, o liberalismo conservador preocupa-se com que o Estado, por meio de suas "ações", não avance sobre certos direitos básicos de cada um, como a vida e a propriedade. O liberalismo *igualitário*, em contrapartida, preocupa-se tanto com as "ações" quanto com as "omissões" do Estado. Por isso, essa vertente do liberalismo interessa-se em proteger a liberdade "negativa", e, além disso, a liberdade "positiva" de cada um – ou seja, a possibilidade efetiva de as pessoas realizarem os planos de vida que escolhem. A preocupação do igualitarismo com a liberdade "positiva" das pessoas leva seus defensores a comprometer o Estado, por exemplo, com o fornecimento de certos bens básicos para cada um. Esse fornecimento de bens seria indispensável para que cada pessoa assegure de fato sua autonomia. Essa idéia tão "vigorosa" de autonomia, valorizada pelo liberalismo igualitário e tão exigente em suas demandas com o Estado, é que amplia e aprofunda as áreas de coincidência entre liberais e republicanos[53].

De qualquer forma, convém destacar, coincidências como as expostas não nos revelam, de jeito nenhum, uma sobreposição de ambas as concepções. As diferenças entre o liberalismo igualitário e o republicanismo, como veremos, têm a ver com possíveis (e previsíveis) conflitos entre a pretensão liberal de defender, sobretudo, a autonomia individual (que leva o liberalismo a se resguardar na defesa última de certos direitos) e a pretensão republicana de garantir o autogoverno compartilhado. Tais diferenças se ampliam e

---

53. Autores como Cass Sunstein mostram a possibilidade certa de estender, de fato, firmes pontes entre o liberalismo igualitário e o republicanismo. Sunstein, por exemplo, defende uma versão liberal do republicanismo, que caracteriza com quatro marcas centrais: a importância atribuída à deliberação política; a igualdade dos atores políticos (que abrange "um desejo de eliminar as intensas disparidades que existem para a participação política ou a influência entre indivíduos ou grupos sociais"); a noção de acordo coletivo como ideal regulador; um compromisso com a noção de cidadania, expresso na ampla garantia de direitos de participação política. Sunstein (1988). Ver, também, Michelman (1988), Macedo (1990), Nino (1996).

se tornam mais claras quando lembramos os diferentes critérios que, em linhas gerais, orientam ambas as posturas.

Como vimos, republicanos e liberais diferem no modo como enfocam a idéia de liberdade. O liberalismo pensa a liberdade, fundamentalmente, em termos de "limites" contra os abusos das maiorias – e, de modo muito peculiar, em termos de "limites" contra o poder do Estado. Embora essa idéia seja apropriada em especial para descrever o liberalismo conservador, ela envolve também, em boa parte, o liberalismo igualitário. Em todo caso (e para melhor apresentá-lo), poderíamos dizer que o liberalismo igualitário preocupa-se com o Estado tanto em seus abusos (em suas ações violadoras de direitos) quanto em seu mau uso (entendendo desse modo as omissões do Estado no fornecimento de certos bens).

Perante essa postura – e, em particular, perante a obsessão que o liberalismo demonstra ter em relação ao Estado –, o republicanismo continuaria opondo-se ao liberalismo, apesar do amplo leque de coincidências assinalado. O republicanismo interessa-se em destacar, por exemplo, que muitos dos males que o liberalismo identifica no Estado, e apenas nele, podem provir perfeitamente de uma soma de ações "privadas" – ações independentes do uso explícito do aparato coercitivo estatal e, portanto, em princípio, "invisíveis" para o liberalismo. Para tomar alguns exemplos polêmicos, deve-se considerar os seguintes. Nas sociedades capitalistas costuma ocorrer que, de fato, e por um lado, a adoção de certos modelos de vida (como, por exemplo, o desejo de ser jardineiro ou músico) surge como mero produto da extravagância ou da irresponsabilidade (sobretudo quando se observa que essas opções são "estimuladas" em termos econômicos), enquanto, por outro lado, certas atividades e certos modelos de comportamento parecem receber extraordinários "incentivos" sociais (como a busca do sucesso econômico como modelo de vida). Em casos como os citados, ninguém é preso ou castigado com a força do Estado, mas as pessoas vêem drasticamente reduzidas suas capacidades de optar com liberdade pelos planos de vida mais favoráveis (ao mesmo tempo que a sociedade as estimula com muita intensidade a optar por ideais de comportamento bem definidos). É aqui que o republicano pode encontrar espaço para reprovar o liberal igualitário. Ao contrário do liberal, o republicano tende a defender com prioridade um ativo controle dos cidadãos sobre as normas que devem organizar sua sociedade. O mais pleno autogoverno coletivo pode requerer, nesse sentido, a limitação de certas ações privadas enquanto elas afetarem (o que for definido como) o bem comum.

Evidentemente, o liberal igualitário não precisa dar-se por vencido na fase anterior da discussão, e, pelo contrário, pode tentar mostrar que tanto a teoria liberal como a prática liberal são capazes de satisfazer o mais exigente dos republicanos. De fato, pode-se esperar que em uma sociedade mais igualitária aumentem as possibilidades de optar, de modo razoável, por planos de vida muito diferentes, e é possível também, com certos limites, realizar intensas mudanças na organização econômica da sociedade. No entanto, a aparência desse novo e possível encontro entre liberais e republicanos não deve nos impedir de ver a essência da discussão: as razões nas quais cada uma dessas concepções baseia suas posturas. Quanto a isso, é importante notar que o que para o liberalismo igualitário é visto como uma conseqüência altamente provável da implementação das políticas que recomenda (ou seja, ampliar a lista de planos de vida capazes de ser escolhidos de forma razoável por qualquer indivíduo) representa uma importante prioridade para o republicanismo (uma concepção que pretende que a sociedade assuma completo controle do modo como se organiza).

Algumas questões sobre o republicanismo

Depois de apresentar a concepção republicana e mostrar as possíveis relações entre essa concepção e outras visões teóricas igualmente significativas, nos resta analisar, pelo menos, algumas das principais afirmações com as quais o republicanismo encontra-se identificado. Por falta de espaço, só abordarei aqui alguns desses problemas básicos, que, em essência, deixarei pendentes para uma investigação futura.

Em primeiro lugar, não está nítida a idéia, habitualmente exposta pelo republicanismo, segundo a qual a decadência do "autogoverno coletivo" (ou, para dizer de modo mais claro, a crise de representação política e a atual apatia política dos cidadãos associada a essa crise) vincula-se de fato a uma falta de compromisso público com o "cultivo" de certas virtudes ou qualidades de caráter. Essa afirmação não é óbvia, sobretudo como afirmação descritiva. Haveria muitos casos com os quais poderíamos pô-la à prova, mas aqui vou ocupar-me apenas de um desses casos, em especial pertinente para a tradição republicana: o caso dos Estados Unidos.

Se aceitarmos que houve um momento genuinamente republicano nas origens do constitucionalismo nesse país (pressuposto, esse, que também não é óbvio), então restam muitas dúvidas de que essa cultura republicana tenha decaído a partir de um menor envolvimento público na promoção de certas virtudes cívicas. Alguém poderia ressaltar, por exemplo, que o (admitido) aumento da apatia política dos cidadãos foi devido, muito mais, ao desaparecimento dos tipos de mecanismos institucionais (mais adequados às exigências republicanas), que chegaram a existir no período pós-independentista. Os mecanismos aos quais me refiro (e que, em boa parte, poderiam ter sido defendidos também pelo liberalismo "neutralista") foram rapidamente substituídos, ao mesmo tempo que se consolidava a adoção da constituição nacional. De fato, a aprovação desse documento implicou a adoção de numerosas instituições "contramajoritárias" que contradiziam a pressão republicana em favor de uma democracia mais claramente "majoritária". Entre as inovações institucionais que acompanharam a aprovação do novo documento constitucional, estavam as seguintes: a inclusão de um Senado considerado com unanimidade "aristocrático" pelo pensamento "antifederalista"; a adoção (primeiro implícita e depois explícita) de um sistema de revisão judicial das leis; a atribuição de importantes poderes ao Poder Executivo (entre eles, fundamentalmente, um poder de veto ao legislativo); a rejeição das propostas "antifederalistas" a favor das eleições anuais, da rotatividade nos cargos e do direito de revogação. Do mesmo modo, cabe reconhecer que o estabelecimento da nova constituição foi seguido de um precoce desestímulo das práticas das "assembléias dos cidadãos" ou *town meetings*, que constituíam, até então, as formas mais distintivas do autogoverno local em muitos dos estados da confederação[54]. Uma descrição como a anterior chama nossa atenção para a presença de variáveis explicativas diferentes daquelas que mais interessam ao republicanismo. Talvez seja mais simples e mais apropriado explicar os males políticos descritos pelo republicanismo a partir da substituição desse tipo de instituições públicas do que pela falta de envolvimento estatal na regulamentação da ética pessoal.

Além dessa disputa sobre a melhor descrição de uma história como a norte-americana, interessa deixar assentados alguns pontos teóricos vinculados ao tema. Por um lado, não parece haver boas razões para pensar que o "cultivo público de certas virtudes cívicas" constitua uma condição *suficiente* para assegurar a possibilidade do "autogoverno coletivo"[55]. Há muitos outros fatores aos quais, de modo intuitivo, tendemos a atribuir igual ou maior importância que à presença de certas virtudes públicas (por exemplo, a adoção de procedimentos políticos aptos a facilitar a intervenção política dos cidadãos). Por outro lado, também não

---

54. Desenvolvo uma idéia semelhante em Gargarella (1995).

55. Um tratamento minucioso desses problemas teria que tentar revelar, sobretudo, o modo como os republicanos tendem a definir idéias tais como "autogoverno" ou a abrangência das ações do Estado na promoção das virtudes cívicas.

parece razoável pensar que essa promoção das virtudes cívicas constitua uma condição *necessária* para a conquista do desejado autogoverno – embora caibam poucas dúvidas sobre a óbvia importância dessas virtudes para contar com cidadãos que se "autogovernem". Podemos imaginar, de fato, uma situação em que uma comunidade tem um controle estrito dos temas que mais lhe interessam, sem que seus membros tenham desenvolvido um alto grau de compromisso com o destino dos demais. Se, diante desse tipo de caso, o republicanismo quisesse negar a existência de um "real autogoverno", então precisaria definir com muito mais exatidão – e muito além do que parece ser o entendimento compartilhado a respeito – o que na realidade entende por autogoverno coletivo, e por que devemos aceitar tal definição polêmica, aparentemente contraditória com o que parece nos sugerir o senso comum.

No entanto, quando chegamos a esse ponto e reconhecemos que existem *diferentes* estratégias capazes de favorecer tal autogoverno coletivo, logo precisamos avaliar qual dessas estratégias é a mais eficiente ou a menos custosa para a conquista do desejado autogoverno. É importante assinalar isso, dado que a proposta republicana, ao solicitar ao Estado que se comprometa de forma ativa com certa concepção do bem, pode chegar a envolver *riscos* muito altos para os resultados que promete. De fato, o compromisso público com o desenvolvimento de certas virtudes cívicas requer, por parte do poder público, ações e decisões perigosas demais para a liberdade da comunidade (isso, por exemplo, ao possibilitar que o Estado utilize seu poder coercitivo em favor do desenvolvimento de certos modelos de conduta considerados "apropriados" para o fortalecimento da comunidade, e contra outros comportamentos considerados "indesejáveis" para tal fim). Assim, poderíamos estar pagando um preço não só desnecessário, como também alto demais para os fins a que nos propomos (notar, além disso, que não sabemos quais são as medidas específicas que merecem que se pague um preço semelhante: que certeza temos, por exemplo, de que, ao enaltecer publicamente certos valores patrióticos, os cidadãos chegarão a ser, tal como se pretende, mais patriotas, e não o contrário?). Sandel é consciente do tipo de dificuldades que ameaçam o republicanismo ao reconhecer que "[a política republicana] é uma política de risco, uma política sem garantias [...] Atribuir à comunidade política um papel na formação do caráter de seus cidadãos é admitir a possibilidade de que comunidades más formem indivíduos de mau caráter. A dispersão do poder e a existência de vários lugares para essa formação cívica podem reduzir tais riscos, mas não podem eliminá-los. Essa é a verdade na queixa liberal sobre a política republicana"[56].

Boa parte do que foi destacado até aqui leva-nos a uma mesma direção: precisamos de maiores definições sobre alguns dos conceitos básicos aos quais recorre o republicanismo. No que resta deste texto, vou tratar brevemente de um único desses conceitos: o que se refere à idéia de autogoverno.

Alguém poderia afirmar, de modo razoável, e perante algumas reivindicações de origem republicana, que um autogoverno "completo", "pleno", requer que as pessoas não só possam intervir de forma decisiva nos assuntos de sua comunidade, como também, e sobretudo, possam ter controle sobre os aspectos mais importantes de sua própria vida. Esse autogoverno, enquanto controle da própria vida, seria pelo menos instrumentalmente necessário para alcançar um "completo"controle da vida política da comunidade. De fato, poderíamos pensar que a possibilidade de intervir de modo significativo nas discussões públicas seria solapada se parte dos membros dessa comunidade fosse discriminada, ofendida ou perseguida por algumas de suas convicções mais íntimas. Violentados em suas convicções

---

56. Sandel (1996), p. 321. Para Maquiavel, por exemplo, o comportamento virtuoso "empregado de forma espontânea pelos grandes heróis e legisladores não era assumido naturalmente pela maioria da população". Daí, então, que a referida maioria deveria ser "[forçada a assumir esse comportamento virtuoso], talvez por meio de medidas drásticas". Schneewind (1993), p. 186.

mais íntimas, tais indivíduos tenderiam a perder confiança em sua comunidade, ou a ser marginalizados dela (se é que já não foram, de fato, excluídos dela). Embora não esteja claro que tipo de medida poderia justificar o republicanismo, com o objetivo de promover o desenvolvimento de certas virtudes cívicas, ele pareceria inaceitável se reconhecesse como válidas amplas intervenções públicas no âmbito da moral individual. Sobre isso, poderíamos dizer que, do mesmo modo que uma discussão pública significativa requer que as pessoas não sejam censuradas em suas opiniões, essa intervenção pública requer que nenhuma pessoa deixe de ser tratada como um igual, capaz de determinar por si mesma quais são suas principais convicções. Sobre o tema, por exemplo, o filósofo Jürgen Habermas afirma que "[s]em direitos básicos que assegurem a autonomia privada dos cidadãos, também não haveria nenhum meio para a institucionalização legal das condições sob as quais tais cidadãos podem utilizar sua autonomia pública. Assim, a autonomia privada e a pública pressupõem mutuamente uma a outra, de tal forma que nem os direitos humanos nem a soberania popular podem reivindicar primazia sobre sua contraparte"[57].

Poderíamos dizer, além disso, que o mérito de que sejam os próprios indivíduos a ter o completo controle de suas próprias vidas não precisa ser defendido, simplesmente, por seu caráter instrumental – por sua contribuição para o autogoverno coletivo. De fato, se alguém não pode seguir o modelo de virtude pessoal que prefere, porque sua comunidade impede ou desestimula isso, então a afirmação de que esse indivíduo se autogoverna plenamente (e por mais que tenha amplas possibilidades de intervir na política) começa a aparecer como duvidosa demais. Um entendimento habitual, sensato, da idéia de autogoverno deve dar conta da importância que atribuímos tanto ao controle coletivo sobre os destinos da comunidade como à importância que damos à possibilidade de que cada pessoa escolha por si mesma a direção que quer imprimir a sua vida.

---

57. Habermas (1997).

Capítulo 7
John Rawls, **Liberalismo político** *e seus críticos*

Neste capítulo, vamos nos concentrar especialmente no estudo do último livro de John Rawls, *Liberalismo político* (doravante, *LP*)*. Por meio da análise desse trabalho (e de outros textos recentes do mesmo autor), veremos até que ponto Rawls modificou sua "teoria da justiça" original. Após uma apresentação mais ou menos detalhada deste novo "liberalismo político", examinaremos também algumas das principais revisões críticas recebidas por esse trabalho.

Introdução

Desde o momento de sua publicação, a "teoria da justiça" recebeu – como vimos – numerosas críticas, às quais Rawls tentou responder em uma variedade de textos**. Dois trabalhos fundamentais nesse paulatino processo de mudança foram: "Justice as Fairness: Political not Metaphysical" e "The Domain of the Political and Overlapping Consensus"[1]. Neles, Rawls começou a desenvolver uma radical

---
* Trad. bras. São Paulo, Ática, 2.ª ed., 2000.
** John Bordley Rawls, nascido no dia 24 de fevereiro de 1921, em Baltimore, Maryland, faleceu aos 81 anos, no dia 24 de novembro de 2002, em Lexington, Massachusetts. (N. do T.).
1. Ver Rawls (1985 e 1989).

reformulação da "teoria da justiça", reduzindo as pretensões "universalistas" e os traços "metafísicos" dela, a ponto de transformá-la em uma "mera" doutrina política.

Embora não haja dúvidas de que as mudanças fundamentais ocorridas na "teoria da justiça" tenham a ver com as questões apontadas anteriormente, é preciso dizer que Rawls foi muito receptivo às objeções que iam sendo feitas a seu trabalho por frentes muito diferentes. Assim, por exemplo, repensou seus textos originais – como vimos – à luz das críticas formuladas pela teoria feminista[2]; foi aprimorando o igualitarismo que distingue sua proposta[3]; procurou defender uma concepção mais sólida da democracia – a partir de muitas das objeções que recebera, sobretudo do campo do republicanismo[4]; considerou o modo como as sociedades modernas foram mudando até se tornarem sociedades multiculturais (consideração essa que é crucial para entender todo *LP*); e voltou a refletir sobre as implicações internacionais de sua "teoria da justiça", reconhecendo a necessidade de prestar atenção na extraordinária diversidade cultural que existe nas diferentes regiões do planeta[5].

LP representa, decerto, o ponto mais importante nesse processo de reformulação teórica. Nessa obra, aparecem sintetizadas ou propostas muitas das mudanças citadas. Entretanto, *LP* demonstra também que, entre as inúmeras observações formuladas contra seu trabalho original, Rawls admite ser afetado sobretudo por uma delas: a que afirma que sua "teoria da justiça" não é – tal como ele pretendia – uma concepção "neutra" de fato perante as diferentes concepções do bem existentes, sendo, portanto, uma teoria incapaz de garantir as bases de sua própria estabilidade[6]. Essa

---

2. Ver, em particular, Rawls (1997).
3. Ver, entre outros, Rawls (1982a, 1982b, 1988).
4. Ver, por exemplo, Rawls (1997).
5. Ver, especialmente, Rawls (1993b).
6. Segundo Rawls, em *LP* tenta "resolver um sério problema interno à idéia de justiça como eqüidade, como é o fato de a noção de estabilidade, incluída na parte III de *Teoria*, não ser coerente com a visão completa [dela]". *LP*, pp. XV e XVI.

crítica, apresentada por inúmeros autores, foi seguida particularmente – como vimos, principalmente – por alguns teóricos comunitaristas (e em especial por Michael Sandel)[7]. E embora Rawls rejeite em *LP* a "acusação" de ter cedido às críticas comunitaristas, o fato é que no ponto citado – sua revisão da idéia de estabilidade – demonstra atenção para com elas.

A questão da estabilidade perante o "fato do pluralismo razoável"

Comparando o trabalho original de Rawls com *LP*, podemos observar que as mudanças que apareceram em *LP* têm a ver com o que constituía a última parte de *Uma teoria da justiça*. De fato, a primeira parte daquele trabalho, que coincide com a primeira parte de *LP*, mantém-se basicamente inalterada. Essa primeira parte estava destinada a defender uma concepção justa, entendida essa como uma concepção *razoável* e capaz de concordar com nossas convicções de justiça[8]. Na última parte de ambos os trabalhos, em contrapartida, Rawls tenta mostrar a concepção defendida como *estável*, ou seja, como uma concepção que é *racional*, e que os cidadãos estarão motivados a defender porque ela está associada a suas próprias concepções sobre o que é bom alcançar[9]. E é aqui, então, que se registram as principais mudanças entre *Uma teoria da justiça* e *LP*.

Chegando neste ponto, convém reforçar a idéia de Rawls segundo a qual, para que certa concepção de justiça seja estável, é necessária a presença das "motivaç[ões] apropriada[s]

---

7. Sandel (1982).
8. De qualquer forma, convém notar que, em *LP*, Rawls procura enfatizar que a concepção de justiça está vinculada a idéias próprias da cultura política das sociedades democráticas modernas – idéias tais como as de que as pessoas são livres e iguais etc.
9. Assim, essa segunda parte da "teoria da justiça" estava destinada a mostrar a congruência entre o razoável e o racional, entre o justo e o bom. Ver, por exemplo, Freeman (1994).

para realizar aquilo que a justiça requer"[10]. Nesse sentido, dizer que uma concepção de justiça pode gerar as bases de sua própria estabilidade não significa apenas que pode manter-se em certo equilíbrio. Como afirma Thomas Hill Jr., a imagem da estabilidade não é a de uma bola imóvel sobre uma mesa plana, mas a de uma bola em uma xícara: ali, se por alguma razão a bola é movimentada, logo ela mesma tende a voltar ao ponto de equilíbrio[11].

Contudo, por que se pode dizer que a "teoria da justiça" não é uma concepção capaz de garantir as bases de sua própria estabilidade? Basicamente, porque, apesar de a "teoria da justiça" não constituir uma concepção "plenamente abrangente"[12], ela não esclarecia de modo conveniente qual era seu alcance, quais eram seus limites. O leitor, então – e segundo a opinião do próprio Rawls –, "podia concluir, razoavelmente, que a [idéia da] justiça como eqüidade [era] entendida como parte de uma visão abrangente que logo [e, se fosse necessário, podia] ser desenvolvida"[13]. Essa conclusão – acrescenta Rawls – era, em suma, apoiada pela discussão realizada na "teoria da justiça" sobre o significado de se contar com uma sociedade bem organizada. Ali, assu-

---

10. Assim, segundo Barry (1995b), p. 875.
11. Hill, Jr., (1994), p. 337.
12. Rawls considera que certa concepção é "abrangente" quando ela "inclui concepções sobre o que é valioso dentro da vida humana, assim como ideais de virtude e caráter pessoal", como costumam fazer, por exemplo, as doutrinas religiosas e filosóficas. Rawls (1993), p. 175.
13. Rawls (1989), p. 248. É importante notar o seguinte: desde o momento em que o liberalismo admitiu que, em suas apresentações mais tradicionais (e, por exemplo, em sua defesa da idéia da autonomia), aparecia comprometido com uma concepção do bem, "essencial" ocorreram dois tipos de reações fundamentais entre os autores vinculados a essa doutrina. Alguns, como Raz, começaram a defender de forma direta ideais como o da autonomia, assumindo, desse modo, uma espécie de "liberalismo perfeccionista". Outros, como ocorrera de maneira típica no caso de Rawls, aqui sob análise, deram um rápido passo atrás, e começaram a apresentar sua postura como uma "mera" doutrina política. Dworkin, segundo alguns, tentou mostrar a possibilidade de um caminho "intermediário", consistente em um liberalismo "abrangente", mas "não perfeccionista". Ver, a respeito, Neal (1995).

mia-se que todos os membros dela aceitavam a mesma concepção de justiça e, segundo parece, a mesma doutrina abrangente, como se aquela concepção fosse, necessariamente, uma parte ou uma derivação dessa doutrina: a "teoria da justiça", assim apresentada, pressupunha um ideal "iluminista" segundo o qual se podia esperar a descoberta de uma doutrina filosófica que fosse capaz de nos revelar quais condutas são corretas e quais não, e que fosse, ao mesmo tempo, capaz de ser reconhecida por qualquer pessoa que raciocinasse de modo adequado[14].

O "novo" Rawls rejeita aquela aspiração iluminista – própria da formulação inicial de sua teoria –, considerando-a ambiciosa e pouco realista[15]. E, para chegar a essa drástica conclusão, baseia-se no reconhecimento de alguns fatos gerais que – segundo enfatiza em seus últimos trabalhos – não se pode deixar de considerar na hora de construir uma concepção adequada da justiça. Entre tais fatos, podemos citar os seguintes: a enorme variedade de "doutrinas abrangentes" existente; o fato de que a única forma de garantir o permanente respaldo geral a uma dessas doutrinas abrangentes é por meio do uso opressivo da força estatal; o fato de que um regime democrático, para ser duradouro, deve contar com o livre e voluntário apoio de seus cidadãos politicamente ativos; e a convicção de que "a cultura política

---

14. A partir daqui entende-se também que, em seu novo trabalho, a posição original aparece com o mero papel de um esquema representativo, capaz de expressar o modo como são gerados os princípios de justiça. De qualquer maneira, tem sentido perguntar qual é o papel efetivo da posição original nesse novo trabalho. A esse respeito, ver Powers, Jr. (1993), p. 455. Antes mesmo de escrever LP, Rawls havia encontrado críticos que defendiam a inutilidade da posição original e, em particular, do véu da ignorância. Ver, por exemplo, Barry (1989), p. 345. Uma análise a esse respeito pode ser encontrada em Audard (1995).

15. Ver, por exemplo, Rawls (1993), p. XVIII. Jean Hampton, entretanto, afirma que Rawls, ainda hoje, mantém uma visão essencialmente semelhante à de sua "teoria" – algo que, por si só, não é inadequado. Ver Hampton (1994), p. 186. Ver, também, Hampton (1989 e 1992).

de uma sociedade democrática razoavelmente estável em geral contém, pelo menos de modo implícito, certas idéias intuitivas fundamentais a partir das quais é possível elaborar uma concepção política da justiça"[16].

Dos dados antes citados, há um, em particular, que é muito significativo para o "novo" Rawls, mas que, entretanto, aparecia especialmente negligenciado em seu trabalho anterior. Refiro-me ao "fato do pluralismo razoável". Esse "pluralismo razoável" pretende chamar nossa atenção para a circunstância de que as sociedades modernas "não se caracterizam meramente pelo fato de um pluralismo de doutrinas religiosas, filosóficas e morais abrangentes, mas sim por um pluralismo de doutrinas incompatíveis entre si, mas, mesmo assim, razoáveis"[17]. Com essa afirmação, Rawls quer dar conta do fato de que nós, as pessoas, muitas vezes divergimos de modo radical em relação a nossas convicções mais básicas, mas fazemos isso, no entanto, a partir de nossa adesão a concepções "razoáveis" (e não necessariamente, por exemplo, a partir de nosso dogmatismo, ou a partir de uma estrita irracionalidade, que nos impede de reconhecer certos dados incontestáveis da realidade). O "fato do pluralismo razoável" – acrescenta Rawls – não constitui um mero fato histórico, capaz de perder significado de um dia para outro. Ele aparece, antes, como "um traço permanente da cultura política da democracia", um fato com o qual devemos contar, e que é derivado dos *limites naturais do conhecimento humano*[18].

Esses "limites naturais da razão" (que Rawls menciona por meio da idéia de *burdens of judgement*) levam as pessoas a divergir, razoavelmente, em muitas de suas convicções básicas[19]. Como exemplos desses "limites naturais", Rawls faz referência, entre outros, a: a) a complexidade habitual

---

16. Ibid., pp. 36-8.
17. Ibid., p. XVI.
18. Ibid.
19. Ibid., pp. 54-7.

das evidências empíricas e científicas sobre um mesmo caso; b) a dificuldade de sopesar de maneira adequada tais evidências, mesmo que concordemos na determinação delas; c) a ambigüidade que é própria de todos os conceitos (políticos, morais etc.) que utilizamos; d) nossa tendência a avaliar, de modo distinto, as evidências e valores com os quais deparamos, a partir de nossas próprias vidas e experiências particulares; e) a dificuldade para sopesar as diferentes considerações normativas que em geral se situam de um lado e de outro de uma mesma questão[20]; f) a genuína dificuldade que existe para tomar uma decisão última diante desse tipo de dilemas valorativos.

Segundo Joshua Cohen, essa ênfase na "diversidade moral característica de uma sociedade justa" constitui o traço distintivo de *LP*. Dadas as circunstâncias citadas, e as liberdades (de consciência, associação, expressão) e recursos disponíveis em uma sociedade justa, é inevitável que os cidadãos acabem aceitando concepções religiosas e filosóficas diferentes: a razão prática – afirma Cohen –, "atuando sob as condições favoráveis fornecidas pelas liberdades básicas, não produz uma convergência nas concepções avaliadoras" das diferentes pessoas[21].

O "Consenso sobreposto"

Perante o quadro descrito na seção anterior – em que vimos que as sociedades modernas se distinguem pela presença de um "pluralismo razoável" de concepções do bem –, a principal intenção de *LP* é mostrar que, mesmo nesse contexto, é possível construir uma concepção de justiça compartilhada e que funcione. Para isso, Rawls propõe-se superar os desacordos entre a multiplicidade de doutrinas existen-

---

20. Segundo Rawls, isso alude, de algum modo, ao que Nagel chamou de "a fragmentação do valor", em Nagel (1979), pp. 128-41.
21. J. Cohen (1994), p. 598.

tes e identificar as possíveis bases de um acordo suficientemente amplo (para abranger princípios essenciais) e profundo (para incluir concepções da pessoa e da sociedade)[22].

Com essa finalidade em mente, Rawls apresenta sua teoria, agora, como uma concepção "política" da justiça. O fato de defender uma concepção "política" da justiça não significa que ela seja distinta de todo ou, muito menos, oposta de uma concepção "moral"[23]. Como diz Rawls, a concepção política da justiça *é* uma concepção moral, porém "elaborada em relação a um objeto mais específico": "as instituições políticas, sociais e econômicas"[24]. Em suma, trata-se de uma concepção que se refere à estrutura básica da sociedade, e que não se estende, por exemplo, a normas sobre nossa conduta pessoal ou ideais de vida.

O traço citado – uma concepção limitada quanto ao objeto de que se ocupa – constitui uma das características definitórias de uma concepção política da justiça que pretenda transformar-se no foco de um acordo social[25]. Mas Rawls menciona pelo menos outras duas características distintivas dessa concepção. Por um lado, ela deve surgir sendo capaz de "manter-se por si só". Isto é, deve mostrar-se como uma concepção independente de qualquer doutrina abrangente particular (o kantismo, o utilitarismo, o cristianismo etc.). E, além disso, seu conteúdo deve ser expresso em termos que sejam familiares aos cidadãos, no sentido

---

22. Convém dizer que, tanto nessa ênfase na busca de um acordo amplo entre pessoas razoáveis quanto nessa relativa marginalização da idéia da "posição original" como estratégia argumentativa, percebe-se (entre outras coisas) a enorme influência exercida pelo contratualismo de Thomas Scanlon sobre a teoria de Rawls. Vamos lembrar que, de acordo com a explicação contratualista da moralidade apresentada por Scanlon, um ato é considerado correto se é requerido ou permitido por princípios que nenhuma pessoa, motivada de forma adequada, poderia rejeitar razoavelmente como base de um acordo geral, informado e não imposto pela força. Ver, a respeito, Scanlon (1988). Consultar, também, Scanlon (1982b) e (1998), cap. 5. Uma análise crítica muito boa sobre isso pode ser encontrada em Barry (1995).
23. Rawls (1993), p. 11.
24. Ibid.
25. Ibid., pp. 11-3.

de estar baseado em idéias implícitas na cultura política de uma sociedade democrática.

Por outro lado – e no que constitui, por certo, a inovação mais importante destinada a dar estabilidade à teoria –, Rawls recorre agora a um "consenso sobreposto" (*overlapping consensus*) destinado a tornar possível que concepções abrangentes razoáveis e opostas convirjam em certos acordos básicos – convergência essa que a "teoria da justiça" impedia, ao estar baseada em uma concepção compreensiva particular. Em que consiste, então, essa idéia do consenso sobreposto? Segundo Rawls, o consenso sobreposto refere-se a um acordo entre pessoas razoáveis que só aceitam doutrinas abrangentes razoáveis[26]. Nesse sentido, o consenso sobreposto aparece como a única forma de permitir que, em um contexto "pluralista", cada indivíduo chegue a aderir à concepção pública da justiça: esse consenso só pode ser alcançado uma vez que a concepção pública em questão apareça como razoável, ou mesmo como verdadeira, aos olhos de todos.

Para deixar claro o atrativo próprio desse consenso sobreposto, Rawls se apressa a apresentar e ao mesmo tempo responder quatro objeções possíveis a ele. As possíveis críticas ao consenso sobreposto seriam as seguintes: primeiro, afirmar que implica uma visão cética perante a possibilidade de uma concepção da justiça ser certa; segundo, afirmar que implica uma visão "abrangente"; terceiro, afirmar que implica, simplesmente, uma situação de *modus vivendi*; e quarto, afirmar que constitui uma idéia utópica. Rawls rebate uma a uma essas objeções, do seguinte modo.

Em primeiro lugar, o pretenso ceticismo do consenso sobreposto é refutado em virtude das mesmas razões que vêm a dar origem a esse consenso: uma atitude cética ou in-

---

26. Para Rawls, só se pode falar da produção desse acordo quando as pessoas "aderem, em geral, à concepção da justiça como dando conteúdo a seus juízos políticos sobre as instituições básicas", e quando, ao mesmo tempo, "as doutrinas abrangentes não razoáveis [...] não obtêm apoio suficiente para solapar a justiça essencial da sociedade". Ibid., p. 139.

diferente como a sugerida implicaria fechar as portas a inúmeras concepções abrangentes, e impediria, assim, desde o início, a possibilidade de atingir um consenso sobreposto.

Em segundo lugar, a concepção política em questão também não é "abrangente", tal como afirmam alguns. De fato, ela não pretende resolver nem todas nem a maioria das questões que podem ser formuladas sobre a justiça política, mas apenas umas poucas, e, entre elas, as mais urgentes[27]. Nesse sentido, a concepção vem representar um marco para a reflexão e a deliberação, que nos ajuda a conseguir acordos sobre as questões constitucionais básicas e as perguntas fundamentais sobre a justiça[28]. Porém, mais uma vez, a concepção política da justiça "afasta de sua agenda política as questões mais divisivas", dado que a disputa em torno destas pode chegar a solapar as próprias bases da cooperação social[29].

Em terceiro lugar, Rawls distingue o consenso sobreposto de uma situação de mero *modus vivendi*. Para isso, enfatiza que os acordos aos quais se refere continuam sendo, em algum sentido, acordos morais, e não, meramente, acordos firmados por pessoas ou grupos não comprometidos de jeito nenhum com o destino dos demais. Esse último tipo de acordo diferenciaria-se do consenso sobreposto por razões como as seguintes: a) em primeiro lugar, o próprio objeto do consenso sobreposto – a concepção política da justiça – é uma concepção moral; b) o consenso sobreposto, além disso, assenta-se em bases morais (incluindo, por exemplo, certas concepções sobre a sociedade e as pessoas, assim como princípios de justiça), e, por fim, c) o consenso sobreposto tende a ser mais estável, já que quem o ratifica não vai deixá-lo de lado pelo simples fato de a "força relativa de sua visão dentro da sociedade aumentar e, eventualmente, tornar-se dominante"[30].

---

27. Ibid., p. 156.
28. Ibid., p. 156.
29. Ibid., p. 157.
30. Ibid., pp. 146-50.

O que foi assinalado é significativo também porque nos ajuda a perceber a profundidade (*depth*), a amplitude (*breadth*) e a especificidade do mencionado consenso: ele é suficientemente profundo para abranger idéias tais como as de que a sociedade constitui um sistema cooperativo eqüitativo e as pessoas são consideradas livres e iguais, razoáveis e racionais; é suficientemente amplo para estender-se sobre todas aquelas questões vinculadas à estrutura básica da sociedade; e está concentrado em uma específica concepção política da justiça, como pode ser – ou não – a concepção rawlsiana de "justiça como eqüidade"[31].

A resposta de Rawls à última das objeções mencionadas – o caráter supostamente utópico da idéia do consenso sobreposto – também é interessante para conhecer o caráter progressivo do programa político aprovado pelo autor de *LP*. Segundo Rawls, não é verdade que "não existem as forças políticas, sociais ou psicológicas suficientes, necessárias para alcançar [...] ou tornar estável [o consenso sobreposto]"[32]. Em sua opinião, pode-se imaginar uma situação de progressiva aproximação a esse consenso. Assim, Rawls faz referência à possibilidade de uma passagem gradual de uma situação de mero *modus vivendi* ao que denomina um "consenso constitucional", para chegar, por fim, ao "consenso sobreposto".

Na primeira etapa, de um "mero *modus vivendi*", chegam-se a incorporar certos princípios de justiça como única forma de encerrar permanentes e destrutivos enfrentamentos civis (do mesmo modo que, segundo Rawls, aceitou-se o princípio de tolerância após a reforma religiosa). Em uma segunda etapa, os princípios de justiça incorporados à constituição, e reconhecidos muito mais a contragosto, chegam a ser aceitos por diferentes concepções rivais: passa-se en-

---

31. Ibid., p. 149. Nas páginas 164 e 167, por exemplo, Rawls considera como mais provável que o foco do consenso sobreposto não seja a visão da justiça como eqüidade, mas uma série de concepções liberais um pouco diferentes daquela visão.

32. Ibid., p. 158.

tão a uma situação em que "a aquiescência inicial a uma constituição que satisfaz [certos] princípios liberais transforma-se em um consenso constitucional no qual tais princípios são ratificados"[33].

O "consenso constitucional" refere-se a um consenso ainda não suficientemente profundo e amplo: não atinge princípios essenciais nem se baseia em certas idéias sobre a sociedade e as pessoas nem implica ter alcançado uma concepção pública compartilhada. Fundamentalmente, estabelece certos procedimentos eleitorais democráticos destinados a refrear os enfrentamentos políticos na sociedade; e garante certos direitos e liberdades políticas muito básicas.

De maneira gradual, e à medida que o êxito do consenso estabelecido permanece, os cidadãos vão adquirindo confiança uns nos outros. Chega-se, assim, a uma última etapa, na qual o consenso mostra-se: a) mais profundo, ao basear-se em certas idéias particulares sobre as pessoas e a sociedade; b) mais amplo, até abranger princípios relativos a toda a estrutura básica da sociedade – incluindo, assim, certos direitos essenciais como os de uma eqüitativa igualdade de oportunidades e princípios relativos à satisfação das necessidades básicas de cada um; e c) mais específico, concentrando-se em uma peculiar concepção de justiça. Esse consenso mais profundo é forçado, de forma paulatina, por várias razões.

Por um lado, e uma vez que se estabelece o "consenso constitucional", os diferentes grupos políticos que fazem parte da sociedade se vêem forçados a transcender sua própria concepção do bem e recorrer – no foro público – a razões que possam ser atraentes para outros que não compartilham sua visão mais abrangente. Isso porque, para defender cada uma de suas posições, precisam ganhar o apoio de uma ampla maioria. Isso os obriga a formular concepções políticas de justiça, desenvolvendo idéias que possam ser aceitáveis para os demais. De modo semelhante, nos

---

33. Ibid., p. 159.

casos em que existe um sistema de revisão judicial das leis, os juízes se vêem forçados a desenvolver uma concepção política da justiça à luz da qual interpretar a constituição vigente.

Por outro lado, os diferentes grupos sociais começarão a ver o âmbito constitucional existente como limitado demais, o que vai gerar o surgimento de novos conflitos: ocorre que esse âmbito constitucional não tende a cobrir certas liberdades básicas que vão muito além da liberdade de pensamento ou da palavra (liberdades tais como a liberdade de consciência, de associação, de movimento) nem tende a garantir a satisfação de certas necessidades básicas (de educação, alimentação saúde) que permitem a todos os indivíduos "participar da vida social e política"[34]. A limitação dos direitos, liberdades e procedimentos existentes tende, então, a levar as partes ou a modificar a constituição, ou a determinar a legislação, de modo que essas conquistas se expandam até cobrir as questões constitucionais e temas básicos de justiça ainda não atendidos. Para conseguir esse objetivo, então, os diferentes grupos precisam convencer aqueles que não pensam como eles e, portanto, se vêem obrigados a desenvolver uma concepção política não só mais profunda, como também mais ampla, que faça referência à estrutura básica da sociedade. O consenso a que se chega, por fim, é notavelmente mais amplo e profundo que os acordos iniciais dos quais se partia: contamos, agora, com um "consenso sobreposto".

A passagem de uma mera situação de *modus vivendi* a um consenso constitucional, assim como a passagem deste para um consenso sobreposto, baseia-se, fundamentalmente, na concepção de psicologia moral que Rawls admite como presente ao longo de *LP*[35]. De acordo com ela, as pessoas têm, junto com ("os dois poderes morais") sua capacidade para formar uma concepção do bem e sua capaci-

---
34. Ibid., p. 166.
35. Essa concepção é explicada em *LP*. Ibid., pp. 81-6.

dade para aceitar concepções de justiça e eqüidade, o desejo de agir em virtude de tais concepções[36].

Razões públicas

O "consenso sobreposto", que Rawls defende, surge como uma expressão do que ele denomina a "razão pública compartilhada" pelo conjunto da sociedade. A idéia de "razão pública" é importante, para o "novo" Rawls, sobretudo na explicação de como pode ser possível estabelecer uma constituição justa e estável em uma sociedade pluralista. Quanto a essa idéia, convém salientar que, embora constitua um dos principais pontos de apoio de *LP*, ela não representa uma modificação tão essencial da "teoria da justiça", tal como pode ser a idéia de um "consenso sobreposto". Como afirma S. Freeman, a noção de razão pública aparece, antes, como uma "extensão natural" de idéias tais como a de "contrato social", ou solicitações como a de publicidade, desenvolvidas previamente naquele trabalho[37]. De algum modo, a idéia de razão pública vem apenas desenvolver "o familiar critério liberal segundo o qual um governo democrático não deveria justificar suas políticas apelando para valores religiosos"[38].

---

36. Rawls faz referência a três tipos básicos de desejos: os que dependem de objetos (por exemplo, o desejo de comer ou dormir, o desejo de *status*, poder, riqueza etc.); os que dependem de princípios (por exemplo, os que dependem de princípios racionais, como o de adotar os meios mais efetivos para conseguir nossos fins, o de priorizar nossos objetivos quando eles entram em conflito); e os que dependem de princípios razoáveis, que regulam como nos comportarmos em nossas relações com os demais (como o princípio da fidelidade ou o de dizer a verdade). Segundo Rawls, entretanto, os desejos mais importantes, em *LP*, têm a ver com os desejos dependentes de concepções, como o desejo de agir de acordo com um ideal formado em relação a princípios racionais e razoáveis. Aqui desenvolvo sua idéia de uma "psicologia moral razoável". Ibid., pp. 86 e 163.
37. Ver, nesse sentido, Freeman (1994), p. 647.
38. De Marneffe (1994), p. 233.

Entretanto, o que precisamente Rawls entende pela idéia de razão e, de modo mais específico, pela idéia de razão pública? A razão de uma sociedade política, antes de mais nada, aparece referindo-se à forma como são formulados planos, determinadas as prioridades entre diferentes fins, e tomadas as decisões em uma sociedade. A razão pública, em contrapartida, aparece como a razão dos "cidadãos democráticos", sendo "pública" de três modos distintos: a) enquanto a razão dos cidadãos como tais: é a razão do público; b) quanto ao objeto que tem como próprio: questões que têm a ver com o bem público em assuntos fundamentais de justiça; e c) quanto a sua natureza e conteúdo, que se vincula a ideais e princípios expressos pela concepção política de justiça da sociedade[39].

A defesa da idéia de "razões públicas" vem sugerir-nos a qual tipo de razões pode-se recorrer, e a qual tipo de razões não se pode recorrer, quando se pretende, por exemplo, apoiar determinada lei ou interpretar a constituição de certo modo. A idéia seria que, quando o que está em jogo são questões tão básicas como as citadas, não convém que os cidadãos ou os diferentes grupos e partidos políticos apelem para razões que os demais não possam aceitar razoavelmente. Para utilizar a linguagem de Rawls, na discussão e resolução de questões constitucionais essenciais e questões básicas de justiça não cabe apelar para razões que não sejam razões públicas[40]. O contrário implicaria violar o "princípio de legitimidade", que nos revela quando se exerce de maneira adequada o poder político e quando não, quando se exerce a coerção de modo apropriado e quando não. Se-

---

39. Rawls (1993), p. 213.
40. Rawls define o conteúdo essencial da constituição mencionando os "princípios fundamentais que especificam a estrutura geral do governo e do processo político: os poderes da legislatura, o poder executivo e o judiciário; o alcance da regra da maioria"; e "os direitos e liberdades básicos iguais dos cidadãos, que as maiorias legislativas devem respeitar: como o direito a votar e participar da política, a liberdade de consciência, a liberdade de pensamento e associação, bem como as garantias próprias do Estado de Direito". Ibid., p. 227.

gundo Rawls, e tal como vimos, só se pode dizer que o poder político é exercido de modo conveniente – e, portanto, só se respeita o princípio de legitimidade – quando ele é exercido "de acordo com uma constituição cujo conteúdo essencial é razoável esperar que todos os cidadãos aprovem, como livres e iguais, à luz de princípios e ideais aceitáveis em termos de sua razão humana comum"[41]. Assim, por exemplo, se alguém quisesse interpretar a idéia de liberdade incorporada à constituição, a partir de razões não públicas, como as fornecidas pela sua própria religião, para dizer, por exemplo, que a constituição proíbe as práticas homossexuais, estaria violando o princípio de legitimidade. Ou seja, ao pedir que a constituição seja interpretada e aplicada a partir de razões não públicas, isto é, recorrendo a convicções que outros podem, razoavelmente, rejeitar[42].

O respeito ao princípio de legitimidade é, então, em síntese, o que vem a promover nos cidadãos um "dever que não é legal, mas moral", que é o dever de recorrer a razões públicas toda vez que se discute o conteúdo essencial da constituição. Rawls chama esse dever de "dever de civilidade". De modo mais preciso, em *LP*, o dever de civilidade é definido como um dever próprio do "ideal de cidadania", que exige que sejamos capazes de explicar uns aos outros "de que modo os princípios e políticas [que propomos e pelos quais votamos], em tudo o que tange a questões fundamentais, podem ser apoiados pelos valores políticos da razão pública"[43]. Esse dever – continua Rawls – envolve também nossa disposição para escutar os outros e determinar quando temos que nos adaptar a seus pontos de vista[44]. Na "teoria da justiça", como bem destaca Freeman, esse dever já estava presente na noção de "dever natural de respeito mútuo", que incluía nossa disposição para ver a situação dos demais a partir de seu próprio ponto de vista – a partir da

---

41. Ibid., p. 137.
42. Esse exemplo é analisado em Freeman (1994), p. 650.
43. Rawls (1993), p. 217.
44. Ibid.

perspectiva de sua própria concepção do bem –, assim como nossa disposição para justificar nossas ações toda vez que afetarmos seus interesses materiais[45].

As objeções feitas a *LP*

É possível dizer que muitas das mudanças introduzidas por Rawls em sua teoria original, por meio de *LP*, têm importância: ao não reivindicar "verdade" para sua teoria – apresentando-a como uma concepção política de justiça –, ela não entra em conflito direto com doutrinas compreensivas razoáveis sobre o que é verdadeiramente justo ou devido; ao basear-se em idéias que provêm da cultura pública, a teoria não requer tampouco a prévia aceitação de alguma doutrina abrangente particular etc. Ao mesmo tempo, o consenso sobreposto não é tão aprimorado para ser praticamente insignificante. Ele exige, antes, a aceitação de certas liberdades básicas, bem como de um mínimo de recursos para cada um[46].

De qualquer forma, cabe dizer também que as objeções feitas a Rawls, após ter publicado *LP* – e já, desde muito antes, em sua progressiva aproximação a essa obra –, foram numerosas e provenientes de posições teóricas também muito diferentes.

Em primeiro lugar, é preciso mostrar os questionamentos que foram feitos a Rawls em torno da idéia fundamental do "razoável", que aparece em sua obra inúmeras vezes, com sentidos diferentes, sempre representando um papel decisivo, e sempre carregada de uma extrema ambigüidade (assim, e como mostra Leif Wenar, Rawls faz referência a princípios de justiça razoáveis, juízos razoáveis, decisões razoáveis, uma concepção de justiça razoável, expectativas razoáveis, um consenso sobreposto razoável, normas razoáveis, uma sociedade razoável, desacordos razoáveis, fé razoável, medidas ra-

---

45. Rawls (1991), p. 337, e Freeman (1994), p. 651.
46. Ver, a respeito, Hill, Jr. (1994), pp. 340-1.

zoáveis, dúvidas razoáveis, uma crença razoável, respostas razoáveis, uma psicologia moral razoável, e um longo *et cetera*)[47].

De um ponto de vista diferente, Jean Hampton também destaca que o êxito do consenso sobreposto requer um prévio e urgente esclarecimento sobre as noções do "razoável" e do "não-razoável": é claro, esse esclarecimento é fundamental, dado que o consenso é realizado entre sujeitos "razoáveis", e por meio da exclusão de todas aquelas doutrinas que são consideradas "não razoáveis". Entretanto, como afirma Hampton, não existe nenhuma passagem em *LP* na qual as idéias do razoável e do não-razoável sejam descritas de modo claro[48]. Por isso, em última instância, tais idéias acabam recebendo conteúdo a partir da mera intuição. E isso é o que vem a ser inaceitável para Hampton: a "tentativa de garantir a estabilidade a partir da exclusão de certos pontos de vista, com base em noções que dependam [meramente] da intuição"[49]. Como diz Abner Greene, esse

---

47. Wenar (1995), p. 34.

48. A única aproximação ao tema, mais ou menos detalhada, aparece na página 49 de *LP*, na qual Rawls faz referência a alguns requisitos que seriam próprios das pessoas razoáveis: a vontade de propor e honrar termos de cooperação eqüitativos, a vontade de reconhecer os limites da razão e de aceitar suas conseqüências, a vontade de orientar a própria conduta por princípios determinados a partir da argumentação comum com outros, e a predisposição a considerar as conseqüências das próprias ações sobre os demais.

49. Hampton (1994), p. 210. Hampton dá um interessante exemplo sobre isso, citado pelo próprio Rawls. Adotando uma postura que Hampton compartilha, Rawls faz em seu livro uma defesa do aborto nos primeiros três meses da gravidez. No entanto, faz isso referindo-se aos que se opõem a critérios como os que ele defende como assumindo pontos de vista não razoáveis (Rawls, 1993, pp. 233-4, n. 32). Para Hampton, chamar de não-razoável a quem se opõe a alguém em questões como a citada implica "não só desmerecer a conclusão [daquele], mas [pior ainda] fazer isso de modo que lança dúvidas até sobre a capacidade de tal oponente raciocinar a respeito" (Hampton, 1994, p. 209). Isso é o que Hampton considera uma conclusão "antiliberal" (ibid., p. 210). De acordo com essa conclusão, a partir do mesmo exemplo do aborto, Hampshire (1993), p. 44. Ressaltando o caráter exclusivo demais da idéia do "razoável" empregada por Rawls, ver também o excelente artigo de Wenar (1995). Rawls responde às críticas, como as de Hampton e Hampshire, sobre o tema do aborto em Rawls (1997), p. 798.

fato de que alguns sujeitos possam ser coagidos, por fim, a partir de leis estabelecidas após seus argumentos serem excluídos do cenário político, pode ser visto como uma atitude indevida: poderia ser dito que o Estado, em tais casos, trata esses sujeitos como "cidadãos de segunda classe"[50].

Em segundo lugar, gostaria de destacar aquelas críticas relacionadas aos limites determinados por Rawls a sua teoria, na tentativa de apresentá-la como uma posição "autosustentável", não comprometida com nenhuma concepção do bem.

As referidas limitações são de diferentes tipos. Existem, sobretudo, limitações quanto ao objeto ao qual está destinada a teoria de Rawls. De fato, essa teoria surge vinculada à discussão do que Rawls chama de "questões constitucionais essenciais" e "questões básicas de justiça". Essa simples decisão é criticada por quem defende uma idéia sobre o sistema de governo – em suma, uma idéia da democracia – mais ampla que a que Rawls parece defender. Para esse tipo de autores – entre os quais incluiria em especial aqueles que argumentam a favor de uma idéia "deliberativa" da democracia[51] –, a "agenda" da discussão pública não deve estar restrita a questões tão específicas. Pelo contrário, eles diriam que um dos pontos centrais da democracia deveria ser, justamente, o de que a discussão pública seja ampliada até alcançar áreas situadas muito mais além das questões constitucionais básicas.

---

50. Greene (1994), p. 671.
51. Refiro-me àqueles autores que justificam a democracia, basicamente, a partir da idéia de discussão pública, vendo naquela um sucedâneo imperfeito de uma discussão moral ideal. Para uma apresentação mais adequada dessa idéia de democracia, ver, por exemplo, Elster (1998); Nino (1996). Ver, também, Gargarella (1998). Entretanto, de maneira explícita, e em um artigo posterior a *LP*, Rawls aceita de modo direto uma visão "deliberativa" da democracia [Rawls (1997)]. Porém, essa declaração não equivale a dizer que defenda a maioria das idéias que os defensores da idéia deliberativa da democracia costumam defender. Examinando a posição de Rawls, nesse ponto, convém considerar o trabalho de Benhabib (1994). Ver, em resposta a Benhabib, J. Cohen (1994).

A limitação mais discutida, proposta em *LP*, entretanto, tem a ver com as razões às quais – segundo essa teoria – pode-se recorrer na discussão de questões como as mencionadas antes. Como vimos, na discussão de questões constitucionais básicas, o dever de civilidade deve impedir que recorramos a razões que são próprias de nossa particular visão compreensiva (moral, filosófica, religiosa). Nessas ocasiões, é preciso que recorramos apenas a argumentos que todos possam aceitar razoavelmente, em vista da concepção política de justiça compartilhada e dos valores políticos distintivos do consenso sobreposto. Essa idéia de não recorrer a certas razões durante o diálogo público também é muito polêmica: por que não pensar, por exemplo, que sejam os próprios indivíduos que, em seu diálogo, vão aceitando e descartando argumentos? Por que não deixar que os próprios cidadãos encontrem seus pontos básicos de acordo, sem correr o risco de que os teóricos "congelem" a "comunicação política pública", dizendo-nos a que argumentos podemos recorrer e a quais não?[52]

As restrições à discussão propostas por Rawls, assim apresentadas, são objetáveis não só por questões de princípio, como também por razões práticas. Paradoxalmente, tais restrições – propostas por Rawls para ajudar a "teoria da justiça" a poder ser acessível a quem parte de visões compreensivas diferentes – ameaçam transformar o projeto ralwsiano em um projeto irrealizável. Para Samuel Scheffler, o requisito de não recorrer à própria concepção do bem durante as discussões básicas sobre política é "extraordinariamente poderoso", a ponto de "solapar a plausibilidade da idéia de que o consenso sobreposto possa ser de fato alcançado"[53]. De modo semelhante, para Thomas McCarthy, a estratégia rawlsiana de "evitar" certos argumentos em determinados âmbitos traz implícitos "impressionantes pro-

---

52. McCarthy (1994), p. 61.
53. Scheffler (1994), p. 16. Ver, também, Greene (1994) e, em especial, Sandel (1994). Em Rawls (1997), p. 802, o autor dá uma resposta a Sandel.

blemas [não só] conceituais [como também], psicológicos, culturais e institucionais"[54]. Entre os inconvenientes práticos que são relacionados nas críticas citadas, mencionaria pelo menos dois.

Primeiro, a dificuldade de elaborar um sistema institucional capaz de estimular a referida "estratégia de evitação". Isto é, como diz McCarthy, a dificuldade de "erguer barreiras institucionais entre [...] as opiniões não oficiais e... o discurso oficial e quase oficial". A dificuldade, em suma, de criar "filtros institucionais" capazes de eliminar do último tipo de discurso todos aqueles valores e crenças controversos"[55].

Em segundo lugar, mencionaria também as dificuldades que existem para motivar e instruir os indivíduos, de tal modo que, em sua ação pública, comecem a separar o "pessoal" do "político". Segundo Ronald Dworkin, Rawls parece nos pedir que na e para a política "anestesiemos nossas convicções mais profundas e potentes sobre a fé religiosa, a virtude moral e como viver", isto é, que deixemos de lado nossas convicções éticas ao votar ou ao discutir política. Porém, essa solicitação de que, em suma, dividamos nossa própria personalidade – solicitação vinculada à necessidade de oferecer a estabilidade que busca a *LP* – não parece realizável com facilidade. Isso, sobretudo, se considerarmos que em tais ocasiões teríamos que deixar de lado tudo aquilo que constitui "a maior parte de [nossa] vida cotidiana"[56].

---

54. Nesse sentido, McCarthy critica a idéia de que nos espaços não governamentais (como as universidades e as igrejas) as pessoas apareçam como livres para discutir com plenitude questões básicas de justiça – por exemplo, recorrendo a todas as considerações que julguem relevantes –, enquanto essa conduta é impugnada justamente nos âmbitos mais vinculados, com distinção ao público. McCarthy (1994), p. 52.

55. MacCarthy (1994), p. 52. Rawls parece não se preocupar com esse tema em especial, já que ele está pensando, antes de mais nada, no dever de civilidade que deriva do ideal de cidadania.

56. Dworkin (1993), pp. 57 e 63 (é tradução do trabalho de Dworkin, 1990b). Ao assumir essa posição, Dworkin pretende desafiar, de modo direto, o tipo de liberalismo defendido por Rawls. Comentando esse ponto, e os últimos trabalhos de Dworkin sobre o tema, ver Williams (1989), Selznick (1989),

A confiança demonstrada por Rawls nesse aspecto, pelo que parece, pode derivar apenas da pressuposição de certa psicologia moral, ainda de origem kantiana[57]. Tal psicologia moral admitida por Rawls inclui "o desejo de agir de acordo com um ideal formado em relação a princípios razoáveis ou racionais" (o que Rawls chama de *conception-dependent desires*)[58]. Então, as afirmações de Rawls podem ser entendidas em torno da disposição das pessoas em cumprir seus "deveres de cidadania"[59]. A visão defendida por Rawls em torno da motivação moral tem a virtude de chamar a atenção sobre um aspecto de nosso raciocínio prático pouco considerado do ponto de vista de outras concepções[60]. No entanto, talvez peque por um excesso de confiança nas virtudes

---

Neal (1995) e Sherwin (1995). Seguindo, em parte, o que Dworkin afirma, S. M. Okin nota que a posição de Rawls exigiria que deixássemos de lado tudo aquilo que constitui "a maior parte de [nossa] vida cotidiana" [Okin (1993)]. Em sentido semelhante, McCarthy duvida que "[o]s valores e os princípios políticos podem ser separados de fato das [...] razões que os nutrem". De forma mais específica, pergunta-se: "Pode-se realizar essa operação justamente quando estamos debatendo de modo público diferenças... enraizadas em nossas distintas visões abrangentes? Pode-se esperar razoavelmente que os indivíduos divorciem seus valores e crenças públicas dos privados [da maneira como requer Rawls]?" McCarthy (1994), pp. 52-3. Ver, também, Hampshire (1993), pp. 45-6, e Hampton (1994), p. 210.

57. Esse reconhecimento é surpreendente, dada sua intenção de não se comprometer com alguma concepção do bem abrangente. Entretanto, isso talvez pudesse ser entendido, dado o caráter aparentemente limitado desse compromisso. Ver, por exemplo, Rawls (1993), p. 85, n. 33.

58. Wenar (1995), em especial nas pp. 48-51. Segundo assinala Wenar, esse critério implicaria deixar de lado visões diferentes de psicologia política como as defendidas por Hume (como indivíduos guiados basicamente por paixões "como o apetite geral pelo bem, e não, como em Rawls, por princípios razoáveis e racionais, por causa de sua autoridade racional". Ibid., p. 50), ou Bentham (segundo o qual as pessoas estão motivadas com exclusividade pelo prazer e pela dor), ou Hobbes (e objetivos tais como a autopreservação e a glória).

59. Ver, por exemplo, Rawls (1993), p. 84, vinculando a psicologia moral assumida à possibilidade de os indivíduos concretizarem o ideal de cidadania.

60. De fato, concepções alternativas à proposta por autores contratualistas, como Rawls (ou Scanlon, por exemplo), ressaltam que nossas ações se devem meramente a nossos interesses ou a nossos desejos mais imediatos, e deixam de lado o peso que em geral damos, no nosso raciocínio prático, às considerações morais.

da cidadania, excesso de confiança capaz de transformar sua proposta em uma concepção inadequadamente idealista[61].

Críticas derivadas da busca de "Estabilidade" para a teoria política da justiça

A enorme preocupação manifestada pelo "novo Rawls" sobre como conseguir a possível "estabilidade" da concepção política da justiça também foi fonte de diversas e muito significativas observações críticas. Basicamente, segundo Rawls, uma vez esboçada a teoria da justiça, essa deve ser posta à prova quanto a sua estabilidade. E se depois, nessa segunda etapa, demonstra-se que ela não é suficientemente estável, então "a concepção política da justiça [...] deve ser de algum modo revista"[62]. Esse último critério é diferente do que era defendido na "teoria da justiça" original. Nessa obra, a validade da teoria "não era afetada pela falta de êxito que pudesse ter em fazer parte das concepções do bem das pessoas"[63]. Em síntese, as concepções do bem que se mostravam incompatíveis com a teoria ali defendida eram consideradas não razoáveis. Entretanto, em *LP*, a validade da teoria fica ligada a sua estabilidade, o que representa uma decisão teórica particularmente polêmica. Como diz Barry, em *Uma teoria da justiça*, a falta de congruência entre

---

61. Como ele mesmo destaca, a idéia da razão pública, como "concepção ideal da cidadania para um regime democrático constitucional", "descreve o que é possível e pode ser, embora nunca chegue a ocorrer". É, assim, uma proposta logicamente possível. Entretanto, como esse último acontecimento, nem constitui um ideal regulador capaz de orientar possíveis reformas políticas e sociais, nem descreve uma situação que seja – em minha opinião – concebível de modo adequado. Como afirma Scanlon, conviria admitir, a "notória insuficiência da motivação moral para levar as pessoas a agir do modo correto não se deve simplesmente à fraqueza do motivo ali subjacente, mas muito mais ao fato de que ele é derrotado com facilidade pelo auto-interesse e pelo auto-engano". Scanlon (1992), p. 117. Ver, também, Scanlon (1998), pp. 37-41.
62. Rawls (1993), p. 141.
63. Barry (1995), p. 890.

o definido como correto e algumas concepções do que é bom era "um inconveniente, porque aqueles com visões não razoáveis (concepções do bem incompatíveis com as demandas da justiça) podiam ser coagidos. Em *LP*, por outro lado, [isso passaria a representar de forma direta] uma catástrofe [...] dado que implicaria solapar a [própria] legitimidade das instituições rawlsianas"[64]. Nessa mesma linha de observações, foi salientado que esse tipo de vinculação estabelecida por Rawls entre validade e estabilidade ameaça transformar sua teoria em uma proposta "essencialmente complacente" com a realidade. Isso perante o fato de que – como afirma Raz – "[qualquer] teoria moral e política deve estar aberta à possibilidade de que a sociedade à qual [a referida teoria] seja aplicada venha a ser fundamentalmente imperfeita"[65].

Em relação às considerações anteriores, muitos também assinalaram com preocupação que a busca de estabilidade para sua teoria levou Rawls a se desfazer dos conteúdos mais igualitários dela[66]. Essa linha de análise tende a enfatizar uma diferença significativa entre *LP* e *Uma teoria da justiça* que muitos autores observaram de maneira crítica, e que, de algum modo, o próprio Rawls reconheceu: a idéia de que em *LP* ocorre uma abdicação do tradicional "segundo princípio" defendido na "teoria da justiça", o igualitário princípio da diferença[67].

---

64. Ibid. De modo semelhante, ver o importante trabalho de Habermas (1995) comentando Rawls.

65. Raz (1990), p. 19. Ver, também, Bruce Ackerman (1994) em sua rejeição à idéia de que "o liberalismo político seja – ou deva ser – uma concepção parasitária da prática".

66. Talvez isso ajude a entender, por exemplo, por que *LP* está tão focalizado em questões como as vinculadas à religião e à tolerância filosófica, em vez de se concentrar em outros temas que ocuparam um lugar muito mais proeminente na agenda política norte-americana dos últimos vinte anos: por exemplo, questões como as da raça, dos problemas de gênero, as crescentes disparidades de renda e riqueza etc. Indicando essa consideração, por exemplo, ver Okin (1994), p. 24. Ver, também, Hill, Jr. (1994), p. 348.

67. Ou seja, vamos lembrar, o princípio segundo o qual a "teoria da justiça" requeria uma igual distribuição dos bens primários, salvo se uma distribuição desigual deles favorecesse os grupos mais desfavorecidos da sociedade.

Por último, caberia ressaltar que a concepção da estabilidade defendida por Rawls foi criticada, também, por razões que vão muito mais além das assinaladas. Por exemplo, alguns autores destacaram, simplesmente – e contra o que é sugerido em *LP* –, que a estabilidade e a unidade de uma sociedade dependem só de um modo muito secundário do acordo que seus membros possam conseguir em um consenso sobreposto, em torno de uma particular teoria política. Na opinião desses críticos, objetivos como os citados (estabilidade, unidade social) parecem ser muito mais dependentes de questões tais como a história ou cultura comum de cada sociedade[68].

Uma vez apresentado esse panorama de críticas, restam-nos pelo menos duas observações sobre as quais convém chamar a atenção. Por um lado, é evidente que *LP* introduziu mudanças importantes em relação à "teoria da justiça" (a opção por uma concepção "política" da justiça, a idéia do consenso sobreposto, a renovada idéia de razão pública, a renovada preocupação com a estabilidade da concepção política). Porém, e por outro lado, também parece óbvio que

---

Brian Barry, entre outros, por exemplo, destaca que o êxito do consenso sobreposto "implica, decerto, que o segundo princípio [de justiça] tem de ser sacrificado". Barry (1995), p. 913. Ver, também, Susan Moller Okin, que afirma que a prioridade da liberdade adquire agora um "virtual monopólio" na teoria, deixando praticamente de lado a parte distributiva daquela [em Okin (1993)]; Bernard Williams, fazendo referência ao lugar secundário a que fica relegado o princípio de diferença em *LP* [em Williams (1993), p. 8]; Iris Young (1995); ou Philip Pettit, acentuando a virtual ausência do igualitarismo da "teoria da justiça" em *LP* [Pettit (1994), p. 217]; ou Fernando Vallespín, referindo-se às limitações do igualitarismo de *LP* [Vallespín (1995), p. 48]. O próprio Rawls, de modo mais ou menos explícito, parece reconhecer a veracidade de tais afirmações [ver, entretanto, Estlund (1996), pp. 68-78].

68. Ver, por exemplo, Hill, Jr. (1994), p. 342, ou Raz (1990), p. 31. Por motivos como os indicados, Raz impugna o caminho teórico escolhido por Rawls em *LP*: para que serve – pergunta-se – orientar a filosofia política para a busca desse tipo de acordos? Em sua opinião, Rawls não deu nenhuma explicação convincente para justificar que "a filosofia política abandone sua finalidade tradicional de entender os pressupostos morais das instituições existentes, criticá-los e defender outros melhores" (ibid.).

essas mudanças – destinadas a tornar a "teoria da justiça" original uma concepção plausível para qualquer pessoa razoável – causaram mais rejeição que entusiasmo em muitos dos – até pouco tempo – fiéis devotos do sempre lúcido pensamento de Rawls.

BIBLIOGRAFIA

ACKERMAN, B. Political Liberalisms, *Journal of Philosophy*, 1994, v. XCI, n. 7.
ALTHUSSER, L. *For Marx*, Londres, Allen Lane, 1969.
ARNESON, R. Equality of Opportunity for Welfare, *Philosophical Studies* 56, 1989, pp. 77-93.
ATIENZA, M. *Las razones del derecho. Teorías de la argumentación jurídica*, Madri, Centro de Estudios Constitucionales, 1991.
AUDARD, C. The Idea of 'Free Public Reason', *Ratio Juris*, 1995, v. 8 n. 1, pp. 15-29.
BAILYN, B. *The Ideological Origins of the American Revolution*, Cambridge, Mass., Harvard University Press, 1967.
BARRY, B. *Theories of Justice*, Londres, Harvester-Wheatsheaf, 1989.
____. Chance, Choice and Justice, *Liberty and Justice. Essays in Political Theory 2*, Oxford, Clarendon Press, 1991.
____. *Justice as Impartiality*, Oxford, Clarendon Press, 1995.
____. John Rawls and the Search for Stability, *Ethics* 105, 1995b.
BENHABIB, S. The Generalized and the Concrete Other: The Kohlberg-Gilligan Controversy and Moral Theory, 1989, em D. Meyers (org.), *Women and Moral Theory*, Rowman e Littlefield.
____. *Situating the Self*, Nova York, Routledge, 1992.
____. Deliberative Rationality and Models of Democratic Legitimacy, *Constellations*, 1994, v. 1, n. 1.
BERLIN, I. *Four Essays on Liberty*, Oxford, Oxford University Press, 1969.
BUCHANAN, A. *Marx and Justice. The Radical Critique of Liberalism*, Towota, Nova Jersey, Rowman & Allanheld, 1982.
____. *Ethics, Efficiency, and the Market*, Nova Jersey, Rowman & Allanheld, 1985.

BUCHANAN, A. Marx, Morality and History: An Assesment of Recent Analytical Work on Marx, *Ethics* 98, 1987, pp. 104-36.
____. *Secession: The Morality of Political Divorce from Fort Sumter to Lithuania and Quebec*, Boulder, Colorado, Westview Press, 1991.
____. Theories of Secession, *Philosophy and Public Affairs* 26, 1997, n. 1, pp. 31-61.
____. Self-Determination, Secession, and the Rule of Law, em R. McKim & J. McMahan, *The Morality of Nationalism*, Oxford, Oxford University Press, 1997b, pp. 301-23.
BUCHANAN, J. *The Limits of Liberty: Between Anarchy and Leviathan*, Chicago, University of Chicago Press, 1975.
BURTT, S. The Politics of Virtue Today: A Critique and a Proposal, *American Political Science Review*, 1993, v. 87, n. 2, pp. 360-8.
CALSAMIGLIA, A. Un egoísta colectivo. Ensayo sobre el individualismo según Gauthier, *Doxa* 6, Universidad de Alicante, 1989.
CARENS, J. The Virtues of Socialism, *Theory and Society*, 15, 1987.
COHEN, G. Robert Nozick and Wilt Chamberlain: How Patterns Preserve Liberty, *Erkenntis* 11, 1977.
____. *Karl Marx's Theory of History: A Defense*, Princeton, Princeton University Press, 1978.
____. The Labor Theory of Value and the Concept of Exploitation, *Philosophy and Public Affairs* 8, 1979, n. 4.
____. Reply to Elster, Marxism, Functionalism, and Game Theory, *Theory and Society* 11, 1982, pp. 483-96.
____. Are Workers Forced to Sell Their Labor Power?, *Philosophy and Public Affairs*, 1985, v. 14, n. 1.
____. Self-Ownership, World-Ownership and Equality, em F. Lucash (org.), *Justice and Equality Here and Now*, Ithaca, Cornell University Press, 1986.
____. *History, Labour, and Freedom: Themes from Marx*, Oxford, Oxford University Press, 1988.
____. On the Currency of Egalitarian Justice, *Ethics* 99, 1989, pp. 906-44.
____. Marxism and Contemporary Political Philosophy, or: Why Nozick Exercises some Marxists more than he does any Egalitarian Liberals, *Canadian Journal of Philosophy*, 1990, sup. v. 16.
____. The Future of Disillusion, *New Left Review*, 1991, n. 190.
____. Incentives, Inequality, and Community, em Grethe Peterson (org.), *The Tanner Lectures on Human Values*, Salt Lake City, University of Utah Press, 1992, v. 13.
____. Equality as Fact and as Norm: Reflection on the (partial) Demise of Marxism, manuscrito, Oxford University, 1993.

COHEN, G. Equality of What? On Welfare, Goods, and Capabilities, em M. Nussbaum e A. Sen (orgs.), *The Quality of Life*, Oxford, Clarendon Press, 1993b.
____. *Self-Ownership, Freedom, and Equality*, Cambridge, Cambridge University Press, 1995.
____. The Pareto Argument for Inequality, *Social Philosophy and Policy*, 12, 1995b.
____. Where the Action Is: On the Site of Distributive Justice, *Philosophy and Public Affairs*, 1997, v. 26, n. 1, pp. 3-30.
____. If you're an Egalitarian, How Come You're so Rich?, manuscrito, Oxford University, 1997b.
____. Commitment Without Reverence: Reflections on Analytical Marxism, *Imprints*, 1997c, v.l. 1, n. 3, pp. 23-36.
____. Freedom and Money, manuscrito não publicado, *All Souls College*, Oxford, 1999.
COHEN, J. Review of Karl Marx's Theory History: A Defense, by G. A. Cohen, *Journal of Philosophy* 79, 1982, pp. 266-70.
____. Pluralism and Proceduralism, *Chicago-Kent Law Review*, 1994, v. 69-589.
CHODOROW, N. *The Reproduction of Mothering*, Berkeley, Califórnia, University of California Press, 1978.
DANCY, J. Intuitionism, em P. Singer (org.), *A Companion to Ethics*, Oxford, Basil Blackwell, 1991.
DANIELS, N. Equal Liberty and Unequal Worth of Liberty, em N. Daniels (org.), *Reading Rawls*, Nova York, Basic Books, 1975.
DE FRANCISCO, A. Nuevo Republicanismo y modernidad, manuscrito não publicado, Madri, Universidad Complutense, 1998.
DE MARNEFFE, P. Rawls's Idea of Public Reason, *Pacific Philosophical Quarterly*, 1994, v. 75, n. 3 e 4.
DWORKIN, R. *Taking Rights Seriously*, Londres, Duckworth, 1977.
____. What is Equality? Part I: Equality of Welfare, *Philosophy and Public Affairs*, 1981, 10/3-4, pp. 185-246.
____. What is Equality? Part 2: Equality of Resources, *Philosophy and Public Affairs*, 1981b, v. 10, n. 4, pp. 283-345.
____. In Defense of Equality, *Social Philosophy and Policy*, 1983, 1/1, pp. 24-40.
____. *A Matter of Principle*, Cambridge, Mass., Harvard University Press, 1985.
____. *Law's Empire*, Cambridge, Harvard University Press, 1986.
____. What is Equality? Part 4: Political Equality, em *University of San Francisco Law Review*, 1987, v. 22.

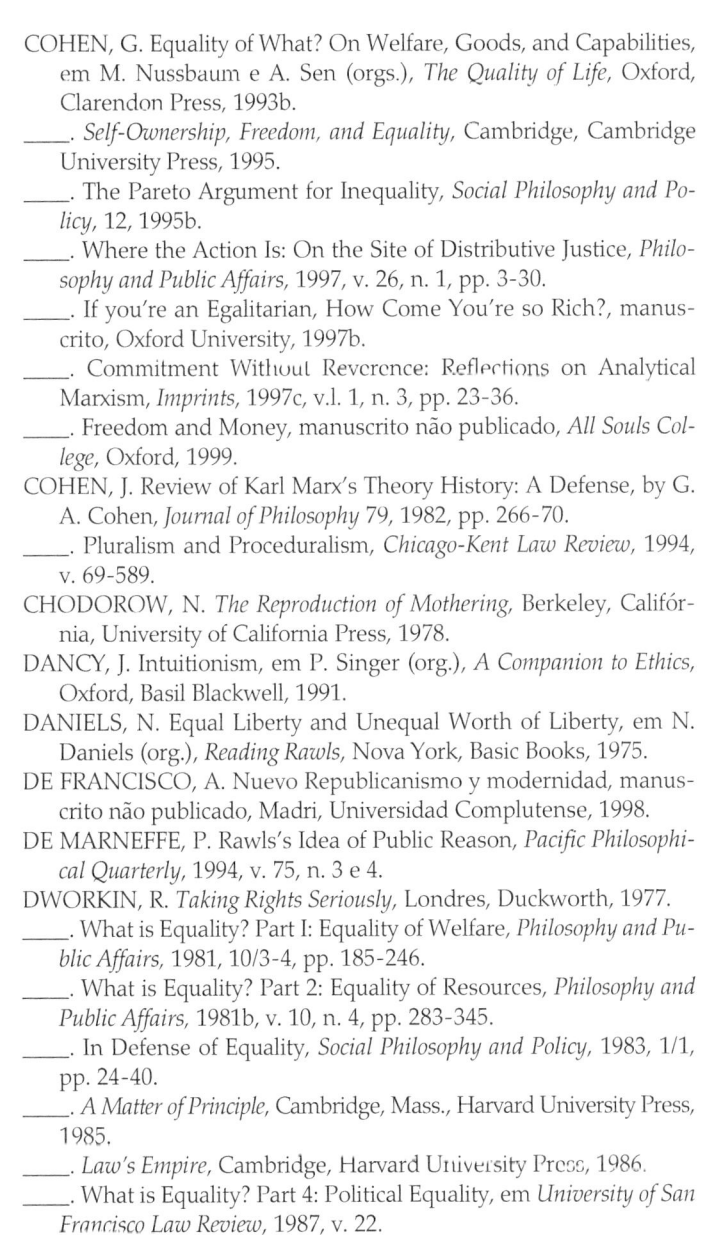

DWORKIN, R. Equality, Democracy, and Constitution, *Alberta Law Review*, 1990, v. XXVIII, n. 2.
____. Foundations of Liberal Equality, em G. Peterson (org.), *The Tanner Lecture on Human Values*, 1990b, v. 11, pp. 1-119.
____. The Ethical Basis of Liberal Equality, *Ethics and Economics*, Universidad de Siena, 1991.
____. *Ética privada e igualitarismo político*, Barcelona, Paidós, 1993.
____. *Freedom's Law. The Moral Reading of American Constitution*, Oxford, Oxford University Press, 1996.
____. The Curse of Money, em *The New York Review of Books*, 1996b, v. XLIII, n.º 16, pp. 19-22.
ELSTER, J. Review of G. Cohen: Karl Marx's Theory of History, *Political Studies* 28, 1980, pp. 121-8.
____. Marxism, functionalism, and game theory, *Theory and Society* 11, 1982, pp. 453-82.
____. *Sour Grapes*, Cambridge, Cambridge University Press, 1983.
____. Exploitation, freedom, and justice, em J. R. Pennock e J. Chapman (org.) *Marxism*, NOMOS XXI, Nova York, New York University Press, 1983b, pp. 277-304.
____. *Explaining Technical Change*, Cambridge, Cambridge University Press, 1983c.
____. *Ulysses and the Syrens*, Cambridge, Cambridge University Press 1984.
____. *Making Sense of Marx*, Cambridge, Cambridge University Press, 1985.
____. Self-Realization in Work and in Politics, *Social Philosophy and Policy* 3, 1986, p. 2.
____. Comment on Van der Veen y Van Parijs, *Theory and Society* 15, 1987.
____. *Salomonic Judgements*, Cambridge, Cambridge University Press, 1989.
____. From Here to There; or, If Cooperative Ownership Is So Desirable, Why Are There So Few Cooperatives?, *Social Philosophy and Policy*, 1989b, v. 6, n.º 2.
____. *An Introduction to Karl Marx*, Cambridge, Cambridge University Press, 1990.
____. Entrevista de E. Hamburger, publicada em *Novos Estudos*, São Paulo, CEBRAP, 1991, n.º 31.
____. The Empirical Study of Justice, em D. Miller e M. Walzer, *Pluralism, Justice, and Equality*, Oxford, Oxford University Press, 1995.
____. (org.), *Deliberative Democracy*, Cambridge, Cambridge University Press, 1998.

ELSTER, J. e MOENE, K. O. Introduction, em *Alternatives to Capitalism*, Cambridge, Cambridge University Press, 1989.
FESTINGER, L. *A Theory of Cognitive Dissonance*, Califórnia, Stanford University Press, 1957.
FISS, O. Group and the Equal Protection Clause, 5 *Philosophy and Public Affairs*, 1976, 107.
FREEMAN, S. Reason and Agreement in Social Contract Views, em *Philosophy and Public Affairs*, 1990, v. 19, n.º 2, pp. 122-56.
____. Contractualism, Moral Motivation, and Practical Reason, *The Journal of Philosophy*, 1991, v. l. LXXXVIII, n. 6.
____. Political Liberalism and the Possibility of a Just Democratic Constitution, *Chicago-Kent Law Review*, 1994, v. 69, pp. 619-68.
GARGARELLA, R. *Nos los representantes*, Buenos Aires, Miño y Dávila, 1995.
____. *La justicia frente al gobierno*, Barcelona, Ariel, 1996.
____. Full Representation, Deliberation, and Impartiality, em J. Elster (org.), *Deliberative Democracy*, Cambridge, Cambridge University Press, 1998.
GARZÓN VALDÉS, E. El problema ético de las minorias étnicas, em E. Garzón Valdés, *Derecho, Ética y Política*, Madri, Centro de Estudios Constitucionales, 1993, pp. 519-40.
GAUTHIER, D. *Moral by Agreement*, Oxford, Oxford University Press, 1986.
GILLIGAN, C. *In a Different Voice*, Cambridge, Mass., Harvard University Press, 1987.
GREENE, A. Uncommon Ground, *The George Washington Law Review*, 1994, v. 62, n.º 4, pp. 646-73.
GUTMAN, A. Communitarian critics of Liberalism, *Philosophy and Public Affairs*, 1985, 14, pp. 308-22.
HAAKONSSEN, K. Republicanism em R. Goodin e P. Pettit (orgs.), *A Companion to Contemporary Political Philosophy*, Oxford, Basil Blackwell, 1993.
HABERMAS, J. Moral Development and Ego Identity, em *Communication and the Evolution of Society*, Boston, Mass., 1979.
____. Reconciliation Through the Public Use of Reason: Remarks on John Rawl's Political Liberalism, *The Journal of Philosophy*, 1995, v. XCII, n. 3.
____. Retrospective Comments on Faktizitat und Geltung, manuscrito apresentado em The Program for the Study of Law, Philosophy & Social Theory, Nova York, New York University, 1997.
HAMPSHIRE, S. Liberalism: The New Twist, *The New York Review of Books*, 1993, v. XL, n. 14, pp. 45-6.

HAMPTON, J. Contract and Choices: Does Rawls Have a Social Contract Theory?, *Journal of Philosophy* 77, 1980, pp. 315-38.
____. Should Political Philosophy Be Done Without Metaphysics? *Ethics*, 1989, v. 99, pp. 791-814.
____. The Moral Commitments of Liberalism, em D. Copp, J. Hampton e J. Roemer (orgs.), *The Idea of Democracy*, Cambridge, Cambridge University Press, 1992, pp. 292-313.
____. Contract and consent, em R. Goodin e P. Pettit, *A Companion to Contemporary Political Philosophy*, Oxford, Blackwell Publishers, 1993, pp. 379-93.
____. The Common Faith of Liberalism, *Pacific Philosophical Quarterly* 75, 1994.
____. *Political Philosophy*, Boulder Colorado, Westview Press, 1997.
HARTNEY, M. Some Confusions Concerning Collective Rights, em W. Kymlicka (org.), *The Right of Minority Cultures*, Oxford, Oxford University Press, 1995.
HILL Jr., Thomas. The Stability Problem in Political Liberalism, *Pacific Philosophical Quarterly*, 1994, v. 75, n. 3 e 4.
HOHFELD, W. *Fundamental Legal Conceptions*, New Haven, Yale University Press, 1919.
HOLMES, S. Precommitment and the Paradox of Democracy, em J. Elster e R. Slagstad (orgs.), *Constitutionalism and Democracy*, Cambridge, Cambridge University Press, 1988, pp. 195-240.
HONORÉ, T. Ownership, em Guest, *Oxford Essays in Jurisprudence*, Oxford, Oxford University Press, 1961.
HORTON, J. Charles Taylor: Selfhood, Community and Democracy, em A. Carter & G. Stokes (orgs.), *Liberal Democracy and its Critics*, Oxford, Polity Press, 1998.
HUSAMI, Z. Marx on Distributive Justice, *Philosophy and Public Affairs* 8, 1978, pp. 27-64.
KAGAN, S. *Normative Ethics*, Boulder, Colorado, Westview Press, 1998.
KYMLICKA, W. *Liberalism, Community, and Culture*, Oxford, Oxford University Press, 1989.
____. *Contemporary Political Philosophy*, Oxford, Clarendon Press, 1990.
____. *Multicultural Citizenship. A Liberal Theory of Minority Rights*, Oxford, Clarendon Press, 1995.
____. *The Right of Minority Cultures*, Oxford, Oxford University Press, 1995b.
____. The New Debate over Minority Rights, documento apresentado na conferência Shaping Ethnicity Toward the Millenium, R. F.

Harney *Program in Ethnic, Immigration and Pluralism Studies*, Universidade de Toronto, 1997.
LANGE, O. e TAYLOR, F. *On the Economics of Socialism*, Nova York, McGraw Hill, 1956.
LARMORE, C. *Patterns of Moral Complexity*, Cambridge, Cambridge University Press, 1987.
LINDSTEDT, G. Un salario social mínimo (garantizado) para todos, *Zona Abierta*, Madri, 1988, pp. 46-7
LA VUOLO, R. (org.), *Contra la exclusión*, Buenos Aires, Miño y Dávila, 1996.
MACEDO, S. *Liberal Virtues: Citizenship, Virtue, and Community in Liberal Constitutionalism*, Oxford, Clarendon Press, 1990.
MACINTYRE, A. *After Virtue*, Londres, Duckworh, 1981.
MACKINNON, C. *Feminism Unmodified*, Cambridge, Harvard University Press, 1987.
MANIN, B. *The Principles of Representative Government*, Cambridge, Cambridge University Press, 1997.
MARX, Karl. *Crítica del programa de Gotha*, Buenos Aires, Anteo, 1973.
____. *La ideología alemana*, México, Pueblos Unidos, 1985.
MCCARTHY, T. Kantian Constructivism and Reconstructivism: Rawls and Habermas in Dialogue, *Ethics*, 1994, v. 1.
MICHELMAN, F. On Protecting the Poor though the Fourteenth Amendment, 83, *Harvard Law Review* 7, 1969.
____. Law's Republic, *The Yale Law Journal*, 1988, v. 97, n. 8, pp. 1493-1538.
MILLER, D. *On Nationality*, Oxford, Clarendon Press, 1995.
____. e WALZER, M. (orgs.), *Pluralism, Justice and Equality*, Oxford, Oxford University Press, 1995.
MILLER, R. *Analyzing Marxism*, Princeton, Princeton University Press, 1984.
MULHALL, S. e SWIFT, A. *Liberals and Communitarians*, Oxford, Blackwell, 1992.
NAGEL, T. *Mortal Questions*, Cambridge, Cambridge University Press, 1979.
____. *Equality and Partiality*, Oxford, Oxford University Press, 1991.
____. Nozick: Libertarianism without Foundations, em *Other Minds. Critical Essays 1969-1994*, Oxford, Oxford University Press, 1995.
NEAL, P. Dworkin on the Foundations of Liberal Equality, *Legal Theory*, 1995, v. 1, n. 2, pp. 205-26.
NEDELSKY, J. The Puzzle and Demands of Modern Constitutionalism, *Ethics* 104, 1994, pp. 500-15.

NINO, C. *El constructivismo ético*, Madri, Centro de Estudios Constitucionales, 1989.
____. *Ética y derechos humanos*, Buenos Aires, Astrea, 1991.
____. *The Constitution of Deliberative Democracy*, Connecticut, Yale University Press, 1996.
NOVE, A. *The Economics of Feasible Socialism*, Londres, Allen & Unwin, 1983.
____. A Capitalist Road to Communism. A Comment, *Theory and Society*, 1987, 15.
NOZICK, R. *Anarchy, State, and Utopia*, Nova York, Basic Books, 1974.
____. *The Nature of Rationality*, Princeton University Press, 1995.
OFFE, C. A Non-Productivist Design for Social Policy, em P. Van Parijs (org.), *Arguing for Basic Income. Ethical Foundations for a Radical Reform*, Londres, Verso, 1992.
____. e PREUSS, U. Democratic Institutions and Moral Resources, em D. Held (org.), *Political Theory Today*, Cambridge, Polity Press, 1991.
OKIN, S. M. Reason and Feeling in Thinking about Justice, em C. Sunstein, (org.), *Feminism & Political Theory*, Chicago, The University of Chicago Press, 1990, pp. 15-25.
____. *Justice, Gender, and the Family*, Nova York, Basic Books, 1989.
____. Review of Political Liberalism, *American Political Science Review*, 1993, v. 87, n. 4, pp. 1009-11.
____. Political Liberalism, Justice, and Gender, *Ethics*, 1994, v. 105, n. 1.
____. Feminism and Multiculturalism: Some Tensions, *Ethics*, 1998, v. 108, n. 4, pp. 661-84.
OLSON, M. *The Logic of Collective Action*, Cambridge, Harvard University Press, 1965.
____. *The Rise and Decline of Nations*, New Haven, Yale University Press, 1982.
PARFIT, D. Equality and Priority, em A. Mason (org.), *Ideals of Equality*, Oxford, Blackwell Publishers, 1998.
PATEMAN, C. Feminist Critiques of the Public/Private Dichotomy, em A. Phillips (org.), *Feminism and Equality*, Oxford, Blackwell, 1987.
PATTEN, A. The Republican Critique of Liberalism, *British Journal of Political Science*, 1996, v. 26, parte 1, pp. 25-44.
PETTIT, P. Review of John Rawls, Political Liberalism, *The Journal of Philosophy*, 1994, v. XCI. N. 4.
____. *Republicanism: A Theory of Freedom and Government*, Oxford, Oxford University Press, 1997.

PETTIT, P. Reworking Sandel's Republicanism, *The Journal of Philosophy*, 1998, v. XCV, n. 2, pp. 73-96.
PHILLIPS, A. *The Politics of Presence: Issues in Democracy and Group Representation*, Oxford, Oxford University Press, 1996.
PITKIN, H. Justice: On Relating Private and Public, 9 *Political Theory* 327, 1981, pp. 344-5.
POCOCK, J. *The Machiavellian Moment: Florentine Political Thought and the Atlantic Republican Tradition*, Princeton, NJ, Princeton University Press, 1975.
POWERS, Jr. W. Constructing Liberal Political Theory, *Texas Law Review*, 1993, v. 72, n. 2.
PRZEWORSKI, A. *Capitalism and Social Democracy*, Cambridge, Cambridge University Press, 1985.
____. The Feasibility of Universal Grants Under Democratic Capitalism, *Theory and Society*, 1987, 15.
____. *Democracy and the Market*, Cambridge, Cambridge University Press, 1991.
____. e SPRAGUE, J. *Paper Stones*, Chicago, Chicago University Press, 1986.
RAKOWSKI, E. *Equal Justice*, Oxford, Clarendon Press, 1993.
RAWLS, J. *A Theory of Justice*, Cambridge, Harvard University Press, 1971.
____. The Basic Liberties and their Priority, em S. McMurrin (org.), *The Tanner Lectures on Human Values*, iii, Salt Lake City, Utah, The University of Utah Press, 1982a.
____. Social Unity and Primary Goods, em Sen e N. Williams (orgs.), *Utilitarism and Beyond*, Cambridge, Cambridge University Press, 1982b.
____. Justice as Fairness: Political not Metaphysical, *Philosophy and Public Affairs*, 1985, 14/3, pp. 223-51.
____. Priority of Right and Ideas of the Good, *Philosophy and Public Affairs*, 1988, 17/4, pp. 251-76.
____. The Domain of the Political and Overlapping Consensus, *New York University Law Review*, 1989, v. 64, n. 2, pp. 233-55, 1989.
____. *Political Liberalism*, Nova York, Columbia University Press, 1993.
____. Law of Peoples, em S. Shute & S. Hurley (orgs.), *On Human Rights. The Oxford Amnesty Lectures*, Oxford, Oxford University Press, 1993b.
____. Reply to Habermas, *The Journal of Philosophy*, 1995, v. XCII, n. 3.
____. The Idea of Public Reason Revisited, *The University of Chicago Law Review*, 1997, v. 64, n. 3, pp. 765-807.

RAZ, J. *The Morality of Freedom*, Oxford, Oxford University Press, 1986.
____. Facing Diversity: The Case of Epistemic Abstinence, *Philosophy and Public Affairs* 19, 1990, n. 1.
____. Multiculturalism: A Liberal Perspective, *Dissent* 67, 1994, pp. 67-79.
REIMAN, J. An Alternative to Distributive Marxism: Further Thoughts on Roemer, Cohen and Exploitation, *Canadian Journal of Philosophy*, 1989, sup. v. 15.
ROEMER, J. Property Relations vs. Surplus Value in Marxian Exploitation, *Philosophy and Public Affairs*, 1982, 11/4, pp. 281-313.
____. *A General Theory of Exploitation and Class*, Cambridge, Harvard University Press, 1982b.
____. *Analytical Marxism*, Cambridge, Cambridge University Press, 1985.
____. Should Marxists be Interested in Exploitation?, *Philosophy and Public Affairs* 14/1, 1985b, pp. 30-65.
____. What is Exploitation? Replay to Jeffrey Reiman, *Philosophy and Public Affairs*, 1989.
____. The Morality and Efficiency of Market Socialism, *Ethics* 102, 1992, pp. 448-64.
____. The Possibility of Market Socialism, em Copp, D., Hampton, J. e Roemer, J. (orgs.), *The Idea of Democracy*, Cambridge, Cambridge University Press, 1993.
____. e outros. *The Idea of Democracy*, Cambridge, Cambridge University Press, 1993.
____. e BARDHAM, P. (orgs.), *Market Socialism. The Current Debate*, Cambridge, Cambridge University Press, 1993.
____. *Theories of Distributive Justice*, Cambridge, Harvard University Press, 1996.
SANDEL, M. *Liberalism and the Limits of Justice*, Cambridge, Cambridge University Press, 1982.
____. Morality and the Liberal Ideal, *New Republic* 7, 1984.
____. Political Liberalism, A Review, *Harvard Law Review*, 1994.
____. *Democracy's Discontent*, Cambridge, The Belknap Press of Harvard University Press, 1996.
____. The Constitution of the Procedural Republic: Liberal Rights and Civic Virtues, *Fordham Law Review*, 1997, v. LXVI, n. 1, pp. 1-20.
SCANLON, T. Preference and Urgency, *Journal of Philosophy*, 1975, LXXII, n. 19.
____. Nozick on Rights, Liberty, and Property, em J. Paul (org.), *Reading Nozick*, Oxford, Blackwell, 1982.

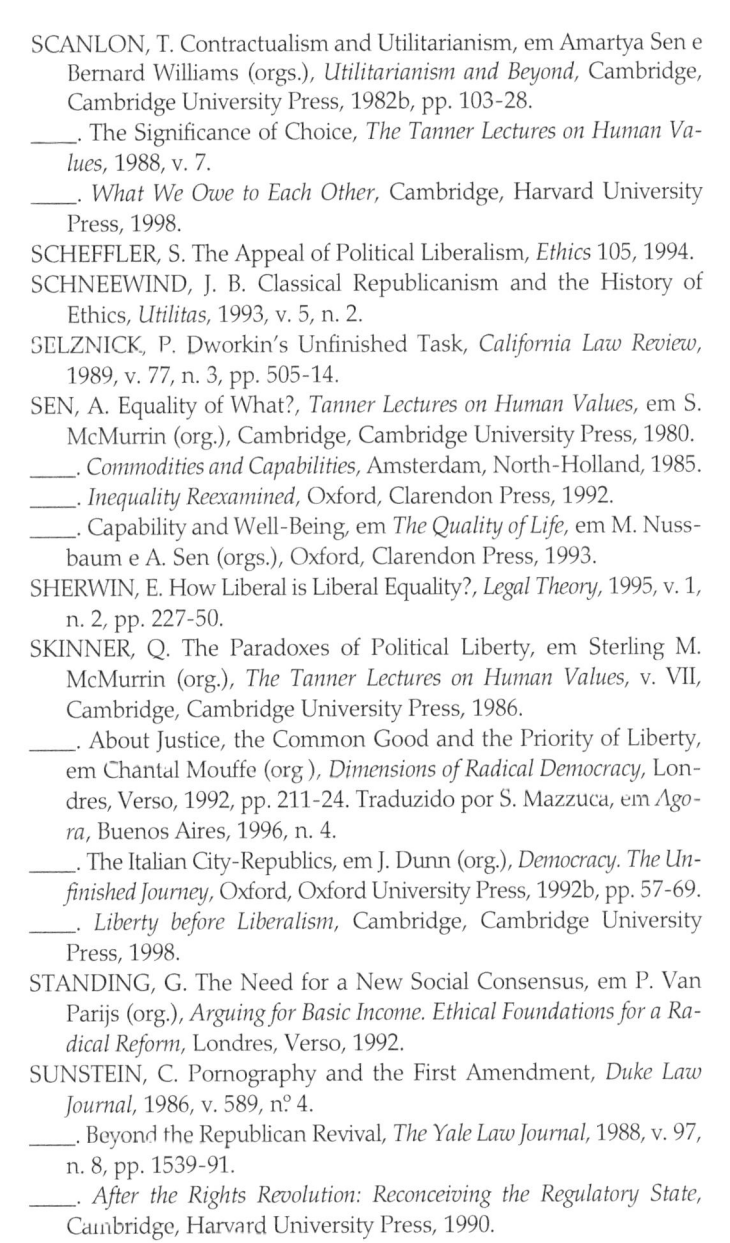

SCANLON, T. Contractualism and Utilitarianism, em Amartya Sen e Bernard Williams (orgs.), *Utilitarianism and Beyond*, Cambridge, Cambridge University Press, 1982b, pp. 103-28.
____. The Significance of Choice, *The Tanner Lectures on Human Values*, 1988, v. 7.
____. *What We Owe to Each Other*, Cambridge, Harvard University Press, 1998.
SCHEFFLER, S. The Appeal of Political Liberalism, *Ethics* 105, 1994.
SCHNEEWIND, J. B. Classical Republicanism and the History of Ethics, *Utilitas*, 1993, v. 5, n. 2.
SELZNICK, P. Dworkin's Unfinished Task, *California Law Review*, 1989, v. 77, n. 3, pp. 505-14.
SEN, A. Equality of What?, *Tanner Lectures on Human Values*, em S. McMurrin (org.), Cambridge, Cambridge University Press, 1980.
____. *Commodities and Capabilities*, Amsterdam, North-Holland, 1985.
____. *Inequality Reexamined*, Oxford, Clarendon Press, 1992.
____. Capability and Well-Being, em *The Quality of Life*, em M. Nussbaum e A. Sen (orgs.), Oxford, Clarendon Press, 1993.
SHERWIN, E. How Liberal is Liberal Equality?, *Legal Theory*, 1995, v. 1, n. 2, pp. 227-50.
SKINNER, Q. The Paradoxes of Political Liberty, em Sterling M. McMurrin (org.), *The Tanner Lectures on Human Values*, v. VII, Cambridge, Cambridge University Press, 1986.
____. About Justice, the Common Good and the Priority of Liberty, em Chantal Mouffe (org.), *Dimensions of Radical Democracy*, Londres, Verso, 1992, pp. 211-24. Traduzido por S. Mazzuca, em *Agora*, Buenos Aires, 1996, n. 4.
____. The Italian City-Republics, em J. Dunn (org.), *Democracy. The Unfinished Journey*, Oxford, Oxford University Press, 1992b, pp. 57-69.
____. *Liberty before Liberalism*, Cambridge, Cambridge University Press, 1998.
STANDING, G. The Need for a New Social Consensus, em P. Van Parijs (org.), *Arguing for Basic Income. Ethical Foundations for a Radical Reform*, Londres, Verso, 1992.
SUNSTEIN, C. Pornography and the First Amendment, *Duke Law Journal*, 1986, v. 589, n? 4.
____. Beyond the Republican Revival, *The Yale Law Journal*, 1988, v. 97, n. 8, pp. 1539-91.
____. *After the Rights Revolution: Reconceiving the Regulatory State*, Cambridge, Harvard University Press, 1990.

SUNSTEIN, C. Preferences and Politics, 20 *Philosophy and Public Affairs* 3, 1991, pp. 3-34.
____. Neutrality on Constitutional Law (with special reference to pornography, abortion, and surrogacy), *Columbia Law Journal*, 1992, v. 92:1, pp. 1-52.
____. *The Partial Constitution*, Cambridge, Harvard University Press, 1993.
TAMIR, Y. *Liberal Nationalism*, Princeton, Princeton University Press, 1993.
TAYLOR, C. *Hegel and Modern Society*, Cambridge, Cambridge University Press, 1979.
____. Atomism, em *Philosophical Papers*, v. 2, Cambridge, Cambridge University Press, 1985, pp. 187-210.
____. Alternative Futures. Legitimacy, Identity, and Alienation in Late Twentieth Century Canada, em A. Cairns e C. Williams (orgs.), *Constitutionalism, Citizenship and Society in Canada*, Toronto, University of Toronto Press, 1986.
____. *Sources of the Self*, Cambridge, Cambridge University Press, 1990.
____. *Multiculturalism and The Politics of Recognition*, Princeton, Princeton University Press, 1992.
____. Cross-Purposes: The Liberal Communitarian Debate, em *Philosophical Arguments*, v. 3, Cambridge, Harvard University Press, 1995.
VALLESPÍN, F. 1995, Diálogo entre gigantes, *Claves de la razón práctica*, n. 55.
VAN DE VEEN, R e VAN PARIJS, P. Universal Grants versus Socialism. Reply to Six Critics, *Theory and Society*, 1987, 15.
VAN PARIJS, P., e Van de Veen, R. A Capitalism Road to Communism, *Theory and Society* 15, 1988.
WALDRON, J. Minority Cultures and the Cosmopolitan Alternative, em W. Kymlicka (org.), *The Rights of Minority Cultures*, Oxford, Oxford University Press, 1995.
WALZER, M. *Spheres of Justice*, Oxford, Blackwell, 1983.
____. Liberalism and the Art of Separation, *Political Theory* 12, 1984, n. 3, pp. 315-30.
____. Pluralism: A Political Perspective, em W. Kymlicka (org.) *The Right of Minority Cultures*, Oxford, Oxford University Press, 1995.
____. The Politics of Difference. Statehood and Toleration in a Multicultural World, em R. McKim e J. McMahan, *The Morality of Nationalism*, Oxford, Oxford University Press, 1997, pp. 245-57.

WEINSTOCK, D. The Justification of Political Liberalism, *Pacific Philosophical Quarterly*, 1994, v. 75, n. 3 e 4.
WILLIAMS, A. Incentives, Inequality, and Publicity, *Philosophy and Public Affairs*, v. 27, 1998, n. 3, pp. 225-47.
WILLIAMS, B. The Idea of Equality, em H. Bedau (org.), *Justice and Equality*, Nova Jersey, Prentice-Hall, Englewood Cliffs, 1971.
____. Dworkin on Community and Critical Interests, *California Law Review*, 1989, v. 77, n. 3, pp. 515-20.
____. Review of John Rawls, Political Liberalism, *London Review of Books*, n. 3, 13 maio, 1993, p. 8.
WOLFF J., *Robert Nozick. Property, Justice and the Minimal State*, Cambridge, Polity Press, 1991.
WOOD, A. The Marxian Critique of Justice, *Philosophy and Public Affairs* 1, 1982, pp. 244-82.
WOOD, G. *The Creation of the American Republic 1776-1787*, Chapell Hill, NC, University of North Carolina Press, 1969.
____. *The Radicalism of the American Revolution*, Nova York, Alfred Knopf, 1992.
WRIGHT, E. O. *Classes*, Londres, New Left Books, 1985.
____. Why Something Like Socialism is Necessary for the Transition to Something Like Socialism, *Theory and Society*, 1987, 15.
____. Rethinking, Once Again, the Concept of Class Structure, em Wright, E. O. (org.), *The Debate on Classes*, Londres, Verso, 1989.
____. What is Analytical Marxism?, em *Interrogation Inequality. Essays on Class Analysis, Socialism and Marxism*, Londres, Verso, 1994.
YOUNG, I. M. Toward a Critical Theory of Justice, *Social Theory and Pratice* 7, 1981, pp. 279-301.
____. Polity and Group Difference: A Critique of the Ideal of Universal Citizenship, *Ethics* 99/2, 1989, pp. 250-74.
____. Rawls's Political Liberalism, *The Journal of Political Philosophy*, 1995, v. 3, n. 2, pp. 181-90.
ZIMMERLING, R. La pregunta del tonto y la respuesta de Gauthier, *Doxa* 6, Alicante, Universidad de Alicante, 1989, pp. 49-76.